TS 한국교통안전공단 시행

택시 *No.1* 유튜버 이영민의

택시운전 자격시험

2026 최신판

무료강의 100%

직전 3일 완성 [요약 + 문제]

서울 · 경기 · 인천지역

저자직강 무료강의 제공

단기 합격 핵심 요약집!

≪ 이영민의 개인택시 유트브 바로가기

≪ 이영민의 개인택시 네이버 카페 바로가기

택시는 그저 '운전'만 하는 일이 아닙니다.

누군가의 출근을 지켜주고, 누군가의 약속을 이어주고, 누군가의 귀가를 안전하게 책임지는 일. 하루 수많은 사람의 이동과 안전을 맡는, 도시에서 가장 가까운 공공 서비스입니다.

저는 처음부터 택시를 꿈꿨던 사람은 아니었습니다. 2018년 평창 올림픽 무렵, 우연처럼 이 업계에 발을 들였고 같은 해 법인택시로 첫걸음을 뗐습니다. 그때는 몰랐습니다. 그 '우연'이 제 인생을 통째로 바꿔 놓을 줄은요.

3년 뒤 개인택시에 입문했고, 2022년부터는 유튜브 '이영민의 개인택시'를 통해 현장 경험을 나누기 시작했습니다. 하루하루 땀으로 쌓인 이야기들이 모여, 어느새 3년 만에 9만 구독자와 함께하게 됐습니다. 지금은 이영민의 택시교실(이택교)의 장으로, 네이버 카페 '이영민의 개인택시' 7,500명 회원 여러분과 매일 현장을 배우고 나누는 대표로 활동하고 있습니다.

그리고 이 책은 정식으로 출판되는 제 '첫 책'입니다.

원고를 쓰고 다듬으며 끝내 한 권으로 묶는 과정이 이렇게 벅찬 줄 몰랐습니다. 종이 위에 찍힌 문장들은 단지 글자가 아니라, 제가 지나온 시간과 여러분과 함께한 하루하루의 기록처럼 느껴졌습니다. 택시는 이제 제 삶에서 '직업'이 아니라 '삶의 중심'이 되었습니다. 그 무게가 때로는 버겁기도 했지만, 그보다 더 크게 남은 감정은 감사와 감격이었습니다.

제가 가장 소중하게 여기는 순간은, '개인택시를 시작하기 위한 첫걸음'에서 여러분을 만나 입문하여 시행착오를 지나 마침내 스스로 운영을 완성해 "졸업"하는 그 여정을 함께 걷는 일입니다. 특히 이택교에 오신 분들은 처음엔 초보였어도, 최신 트렌드를 함께 연구하고 공부하며 배움을 실전으로 바꾸는 힘을 꾸준히 증명해 오셨습니다.

그 결과 2025년에는 평균 매출 550만 원이라는 성과도 함께 만들어냈습니다. 이건 제 자랑이 아니라, "함께 공부하면 현실이 바뀐다"라는 우리 모두의 증거라고 믿습니다.

이 책을 펴낸 이유도 그 연장선에 있습니다. 시험은 단순히 외우는 싸움이 아니라, 짧은 시간 안에 핵심을 잡고 실수 없이 점수를 완성하는 '전략'의 싸움입니다.

그래서 이 책은 시험 직전 회독에 맞춰 요약을 강화했고, 문제 아래에 정답과 해설을 바로 배치해 학습의 흐름이 끊기지 않게 만들었습니다. 처음 시작하는 분들은 덜 불안하게, 이미 현장을 아는 분들은 더 단단하게 준비할 수 있도록 공을 들였습니다.

언젠가 "나도 이제 혼자서 운영할 수 있다"라는 확신으로 당당히 제2의 인생을 시작하는 그날까지, 이 책이 여러분의 작은 희망이자 지름길이 되기를 진심으로 바랍니다.

2026년 1월
이영민 | 이영민의 개인택시 대표 | 이택교장

목차

NOTES

PART 0

족보 (요약집)

족보 (요약집)

 ## 시험엔 이게 나와요 (통합 액기스)

시험장 직전 3일 회독용 (숫자/기준/순서 집중)

- 사용법(추천 루틴)

Day 3	전체 구조 1회독(표/숫자만 빠르게 훑기)
Day 2	숫자 · 기준(벌점/감속/검사/응급/LPG) 2회독
Day 1	실수 방지 체크리스트만 3회독(틀릴 것만 제거)

1 | 시험 한 장 요약

항목	요약
시험 방식	CBT
시험 시간	70분
문항 수	총 70문항
합격 기준	42문항 이상(60점)
구성	법규 20 / 안전운행 20 / 운송서비스 20 / 지리 10(16개 지역 중 1개 선택)
풀이 전략	쉬운 문제 선점 → 숫자 · 기준 처리 → 애매한 것 표시 후 2회전

가) 최우선 숫자 12개

- 음주 기준: 0.03% / 0.08%
- 보고 기한: 24시간 / 72시간
- 감속 기준: 20% / 50%
- 벌점(사고결과): 사망 90 / 중상 15 / 경상 5 / 부상신고 2
- 행정처분 시작: 처분벌점 40점(프레임)
- 면허 취소 누산(대표 표기): 1년 121 / 2년 201 / 3년 271 (누산벌점 기준, 이상 시 취소)

가) 4대 법령 목적(한 줄)

- 여객자동차운수사업법: 여객의 원활한 운송, 질서 확립, 공공복리
- 택시발전 관련 법: 택시산업의 건전한 발전, 운수종사자 복지, 국민 교통편의
- 도로교통법: 교통 위험 · 장애 방지/제거, 안전하고 원활한 교통 확보
- 교통사고처리특례법: 교통사고 피해의 신속한 회복(원칙/예외 구분)

나) 권한 주체(빈출 축)

- 국토교통부장관: 제도 · 기준 · 자격시험 등 큰 틀
- 시 · 도지사(관할관청): 사업자 관리/행정처분 등 현장 행정
- 시 · 도경찰청장: 교통 단속 · 면허 행정처분(벌점) 축

다) 운수종사자 준수사항 5개

- 승차거부 금지(정당한 사유 없는 거부 금지)
- 부당요금 금지(미터/요금 절차 준수)
- 합승 강요 금지
- 카드 · 영수증 거부 금지(증빙 제공)
- 개문발차 금지(문 완전 닫힘 후 출발)

라) 중대 교통사고 보고

- 24시간 이내: 개략 보고(일시 · 장소 · 피해 · 개요)
- 72시간 이내: 사고보고서 제출

마) 교육·검사(시험형 프레임)

구분	대상(핵심)	시간/기한	암기 포인트
신규교육	새로 채용된 운수종사자 등	16시간	신규=16
보수교육	무사고 · 무벌점 5년 미만	4시간(매년)	5년 미만=매년
보수교육	무사고 · 무벌점 5~10년	4시간(격년)	5~10년=격년
법령위반자 교육	법령 위반 등	8시간	위반자=8
수시교육	필요 인정 시	4시간	필요 시
운전적성정밀검사(신규)	사업용 운전업무 신규 등	적합 필요	접수/요건 단계 적합
자격유지검사	연령 등 유지 대상	3개월 이내(표현)	기한형 주의

가) 출발 전 점검(3대 + 추가)

- 3대: 타이어 / 등화 / 브레이크 감각
- 추가: 와이퍼 · 워셔액 / 경고등 / 후사경 시야 / 안전벨트 · 헤드레스트

나) 악천후 감속 기준(표)

상황	감속 기준
노면 젖음	최고속도 20% 감속(=80% 운행)
가시거리 100m 이내(폭우 · 폭설 · 안개)	최고속도 50% 감속
결빙 · 적설 20mm 이상	최고속도 50% 감속

다) 사고 직후 4단계(순서 문제)

탈출	⇨	인명구조	⇨	후방방호(2차 사고 방지)	⇨	신고 · 대기

라) 승객 안전 멘트(실전 2개)

- 출발 전: 안전띠 부탁드립니다.
- 하차 전: 뒤차(자전거 · 오토바이) 확인 부탁드립니다.

마) 응급처치(초압축)

- 우선: 의식 확인 → 호흡 확인 → 119/AED 요청
- CPR: 가슴압박 분당 100~120회, 깊이 약 5cm 이상, 30:2
- 구토/의식없음: 옆으로 눕혀 기도 확보
- 출혈: 직접 압박 지혈
- 골절: 움직임 최소화 + 고정(부목)
- 쇼크 의심: 보온 · 안정 + 119

바) LPG 자동차(시험 + 현장 핵심)

- LPG는 공기보다 무거워 누출 시 '낮은 곳(지하 · 피트)'에 고이기 쉬움
- 충전: 시동 OFF, 화기 금지, 85% 이하(과충전 금지)
- 누출 확인: 라이터/스위치 금지, 비눗물(거품)로 기포 확인
- 누출/화재 의심: 정차 → 시동 OFF → 환기 → 대피 → 119/정비

밸브	색(암기)
충전밸브	녹색
액체 출구밸브(액출)	적색
기체 출구밸브(기출)	황색

사) 자동차 검사 · 보험(핵심만)

- 정기검사: 안전장치 중심(제동 · 조향 · 등화 등) + 기본 기준 점검
- 종합검사: 안전 + 환경(배출가스 등)까지 폭넓게 확인(대상/지역에 따라)
- 유효기간 경과 운행: 과태료 등 제재 대상 + 지체 없이 검사 필요
- 검사 장소: 한국교통안전공단 검사소 또는 지정검사소
- 보험·공제: 대인(사람) / 대물(재물), 자손 · 자동차상해(내 인적) / 자차(내 차량)
- 자동차 검사 지연 과태료(정기 · 종합, 2022. 4. 14. 이후 기준): 30일 이내 4만원 / 31일째부터 3일마다 2만원 가산 / 115일 이상 60만원(상한)

4 운송서비스 핵심 키워드

- 요금 · 경로 분쟁 예방: 우회 사유 + 예상 소요 + (유료도로 포함 여부) 출발 전 확인
- 민원 대응 4단계: 사과 → 사실 확인 → 해결안 제시 → 마무리
- 분실물 처리: 절차 보관 · 인계 / 개인정보 노출 금지(사진 업로드 금지)

가) 외국인 승객 응대(짧은 템플릿)

- Where would you like to go? (어디로 가실까요?)
- Could you show me the address on the map? (지도에서 주소를 보여주실 수 있나요?)
- Do you prefer the toll road or the free road? (유료도로로 갈까요, 무료도로로 갈까요?)

5 지리 핵심 키워드(실전 풀이법)

- 접근 순서: 시 · 도 구분 → 구 · 군 확인 → 역 · 공항 · 터미널 판단 → 마지막 2지선 함정 체크
- 동명 함정: 서구(인천) vs 강서구(서울), 광명(시) vs 광주(경기) 등

가) 최소 암기 랜드마크

- 서울: 김포공항(강서), 서울역 · 청량리, 고속 · 시외터미널, 한강 교량
- 경기: 킨텍스(고양), KTX광명역, 서울 인접 도시 구분(판교/분당 등)
- 인천: 인천공항(중구 · 영종), 강화 · 옹진(군 단위), 부평 중심

- ☐ **감속**: 20% vs 50% 조건을 정확히 구분했나?

- ☐ **사망 기준**: 벌점 산정에서 72시간을 먼저 떠올렸나?

- ☐ **검사**: 유효기간 경과 운행은 제재 대상이라는 문구를 놓치지 않았나?

- ☐ **LPG**: 85% / 밸브색(녹-적-황) / 비눗물 누출 점검을 기억하나?

- ☐ **CPR**: 100~120회/분, 30:2, AED 사용 시 환자 접촉 금지

- ☐ **서비스**: 목적지 확정 + 유료도로 선택권 확인(한 문장으로)

- ☐ **지리**: 시 · 도 먼저 확정 후 동명 함정 제거

PART 1

법규 (200 문항)

법규 (200 문항)

Q001

택시운전자가 정당한 사유 없이 승차를 거부했다. 법령상 기본적으로 문제되는 행위는?

① 승차 거부
② 목적지 확인
③ 요금 미터기 확인
④ 안전띠 안내

해 정당한 사유 없는 승차거부는 운수종사자 준수사항 위반으로 제재 대상이다.

답 ①

Q002

보행자 신호가 녹색 점멸로 바뀌었다. 보행자의 올바른 행동은?

① 새로 횡단을 시작한다
② 횡단을 시작하지 말고, 이미 횡단 중이면 신속히 완료하거나 되돌아간다
③ 그대로 서서 기다린다
④ 아무 조치 없이 느리게 걸어도 된다

해 녹색 점멸은 곧 적색으로 바뀔 수 있음을 의미한다.

답 ②

Q003

택시운전자가 승객의 카드 결제를 거부하고 현금 결제만 요구했다. 가장 알맞은 평가는?

① 합승 강요에 해당한다
② 카드·영수증 거부 금지 등 운수종사자 준수사항 위반 소지가 있다
③ 교통사고처리특례법의 중대법규 위반이다
④ 도로교통법상 중앙선 침범에 해당한다

해 결제 수단·영수증 제공을 정당한 사유 없이 거부하면 준수사항 위반으로 제재 대상이 될 수 있다.

답 ②

Q004

택시운전자가 요금미터기를 사용하지 않고 임의로 요금을 요구했다. 가장 알맞은 평가는?

① 정상 영업행위다
② 부당요금·요금부정 수수료 제재 대상이 될 수 있다
③ 운전적성정밀검사 미이행에 해당한다
④ 자동차 검사 유효기간 경과 운행에 해당한다

해 택시요금은 미터기 사용과 절차를 따르는 것이 원칙이며, 임의 요금 요구는 위반 소지가 크다.

답 ②

Q005

택시운전자격시험 합격을 위해 최소 몇 문항 이상 맞혀야 하는가?

① 41문항 ② 45문항
③ 42문항 ④ 40문항

🗊 숫자·기준 문항은 자주 반복 출제된다.

🚗 암기: 합격 최소 42문항(=60점).

🗊 ③

Q006

다음 설명에 해당하는 용어로 가장 알맞은 것은?

택시운송사업 관련 중요 정책을 심의하기 위해 필요 시 구성·운영할 수 있는 기구

① 택시정책위원회 ② 택시운행정보
③ 규제표지 ④ 주의표지

🗊 제시된 설명은 '택시정책위원회'에 해당한다.

🗊 ①

Q007

제한속도 120km/h 구간에서 노면이 얼어붙은 경우 감속 기준을 적용한 최고속도는?

① 96km/h ② 60km/h
③ 84km/h ④ 120km/h

🗊 해당 조건에서는 최고속도의 50% 감속(즉 50%로 운행) 기준을 적용한다.

🗊 ②

Q008

제한속도 80km/h 구간에서 비로 노면이 젖어 있는 경우 감속 기준을 적용한 최고속도는?

① 72km/h ② 56km/h
③ 80km/h ④ 64km/h

🗊 해당 조건에서는 최고속도의 20% 감속(즉 80%로 운행) 기준을 적용한다.

🗊 ④

Q009

다음 중 '노선 여객자동차운송사업'의 설명으로 옳은 것은?

① 운행계통을 정하고 정기적으로 운행하려는 구간을 정하여 여객을 운송하는 사업
② 택시운송사업의 건전한 발전을 도모하고 택시운수종사자 복지 및 국민 교통편의 제고에 이바지
③ 사업구역에서 자동차 1대를 사업자가 직접 운전하여 여객을 운송하는 사업
④ 택시운전업무 종사자격을 취득하려는 사람이 한국교통안전공단이 시행하는 시험에 합격해야 하는 제도

🗊 '노선 여객자동차운송사업'의 정의는 법령에서 위와 같이 정한다.

🗊 ①

Q010

운전석 좌우 옆면 창유리 가시광선 투과율 기준(미만이면 운전 금지)은?

① 30% 미만
② 40% 미만
③ 70% 미만
④ 50% 미만

🖩 창유리 가시광선 투과율 기준은 정면(앞면) 창유리 70% 이상, 운전석 좌우 옆면 창유리 40% 이상이다. 따라서 운전석 좌우 옆면은 40% 미만이면 운전 금지(단속 · 제재 대상).

🚗 암기 : 정면 70 / 옆면 40.

🗝 ②

Q011

다음 중 '횡단보도'의 설명으로 옳은 것은?

① 다른 사람의 수요에 응하여 자동차를 사용해 유상으로 여객을 운송하는 사업
② 보행자가 도로를 횡단하도록 안전표지로 표시한 도로의 부분
③ 사상 사실을 인식·예견하고도 구호조치 없이 현장을 이탈하는 등 일정 요건을 충족하는 사고
④ 차로와 차로를 구분하기 위해 노면에 표시한 선

🖩 '횡단보도'의 정의는 법령에서 위와 같이 정한다.

🗝 ②

Q012

택시운전업무 종사자격을 위한 최소 연령 기준은?

① 21세
② 18세
③ 19세
④ 20세

🖩 택시 운전업무 종사자격 요건은 '20세 이상'이 기본 기준이다(운전경력 1년 이상 등 다른 요건은 별도).

🗝 ④

Q013

다음 중 용어와 설명의 연결이 올바른 것은?

① 개인택시운송사업 - 노선·운행계통을 정하여 정기적으로 여객을 운송하는 사업
② 중대법규 12개 항목 - 신호·지시 위반, 중앙선 침범, 횡단·유턴·후진 위반, 제한속도 20km/h 초과, 앞지르기/끼어들기 금지 위반, 철길건널목 통과방법 위반, 횡단보도 보행자 보호의무 위반, 무면허, 음주·약물, 보도침범, 승객추락방지의무 위반, 어린이보호구역 안전운전의무 위반, 화물고정조치 위반
③ 도주사고 - 운전자가 5분을 초과하지 아니하고 차를 정지시키는 것으로 주차 외의 정지 상태
④ 도로 - 사업구역에서 자동차 1대를 사업자가 직접 운전하여 여객을 운송하는 사업

🖩 중대법규 12개 항목은 교통사고처리특례법상 공소제기 예외(반의사불벌 배제) 범위를 이루는 핵심 위반 유형이다.

🗝 ②

Q014

교통사고처리특례법의 반의사불벌 특례가 적용되지 않을 수 있는 사유로 가장 적절한 것은?

① 피해자가 처벌을 원하지 않는다
② 중대법규 위반으로 인한 사고에 해당한다
③ 차량이 오래됐다
④ 보험에 가입되어 있다

🖩 중대법규 위반 등 일정 사유에 해당하면 반의사불벌 특례가 배제될 수 있다.

🗝 ②

Q015

운수종사자 보수교육은 사고·무벌점 기간이 5년 미만이면 교육주기가 어떻게 되는가?

① 격년
② 3년마다
③ 매년
④ 필요 시

해 보수교육 주기는 무사고·무벌점 기간에 따라 달라진다. 무사고·무벌점 5년 미만은 '매년', 5년 이상 10년 미만은 '격년(2년마다)', 법령위반자는 '수시교육' 대상이다.

답 ③

Q016

다음 중 '도주사고(뺑소니)'로 볼 가능성이 가장 높은 경우는?

① 연락처를 남기고 즉시 신고한 뒤 현장을 떠난 경우
② 피해자를 병원까지만 후송하고 추가 치료 조치 없이 떠난 경우
③ 사고 사실을 전혀 인지하지 못한 경우
④ 사고 장소가 혼잡해 잠시 이동 후 즉시 돌아온 경우

해 피해자 구호·필요 조치 없이 이탈하는 유형이 도주사고로 정리된다.

답 ②

Q017

택시운전업무 종사자격 취득을 위해 요구되는 검사로 가장 적절한 것은?

① 운전적성정밀검사
② 시력검사만
③ 청력검사만
④ 혈압검사만

해 사업용 운전업무에는 운전적성정밀검사 기준 적합이 요구된다.

답 ①

Q018

교통사고로 사람이 다쳤다. 운전자의 올바른 초동조치로 가장 알맞은 것은?

① 연락처만 남기고 현장을 떠난다
② 즉시 정차 → 부상자 구호 → 2차 사고 방지 → 신고(경찰·119) 순으로 조치한다
③ 블랙박스를 삭제한 뒤 신고한다
④ 보험사에만 연락하면 된다

해 인명피해 사고는 구호와 현장 안전 확보가 우선이며, 필요한 신고 의무를 지체 없이 이행해야 한다.

답 ②

Q019

운전면허 취소 처분 기준(누산점수)으로 옳은 것은?

① 1년 121점 / 2년 201점 / 3년 271점 이상
② 1년 100점 / 2년 200점 / 3년 300점 이상
③ 1년 120점 / 2년 180점 / 3년 240점 이상
④ 1년 90점 / 2년 180점 / 3년 270점 이상

해 위반·사고로 쌓이는 누산점수가 기준을 넘으면 면허 취소 대상이 될 수 있다.

답 ①

Q020

교통사고처리특례법에서 말하는 중대법규 12개 항목에 포함되는 것은?

① 안전거리 미확보
② 제한속도 20km/h 초과
③ 좌석안전띠 미착용
④ 전방주시 태만

해 제한속도 20km/h 초과 운전은 중대법규 12개에 포함된다. 중대법규 12개(공소제기 예외): 신호·지시 위반 / 중앙선 침범 또는 횡단·유턴·후진 위반 / 제한속도 20km/h 초과 / 앞지르기 방법·금지 또는 끼어들기 금지 위반 / 철길건널목 통과방법 위반 / 횡단보도 보행자 보호의무 위반 / 무면허 / 음주·약물 / 보도침범 / 승객 추락방지의무 위반 / 어린이보호구역 안전운전의무 위반(어린이 상해) / 화물고정조치 위반

답 ②

Q021

택시운전업무 종사자격 취득을 위해 기본적으로 요구되는 조건으로 가장 알맞은 것은?

① 제2종 보통 이상 운전면허 + 만 20세 이상 + 운전경력 1년 이상 + 운전적성정밀검사(신규검사) 기준 적합
② 제1종 대형 운전면허 + 만 18세 이상 + 운전경력 6개월 이상 + 시력검사만 통과
③ 제2종 소형 면허 + 만 19세 이상 + 운전경력 2년 이상 + 무사고 확인서 제출
④ 원동기장치자전거 면허 + 만 20세 이상 + 운전경력 1년 이상 + 교육이수만 하면 됨

해 택시 운전업무 종사자격은 통상 2종 보통 이상, 만 20세 이상, 운전경력 1년 이상, 적성정밀검사 적합 및 결격사유 비해당이 핵심이다.

답 ①

Q022

다음 설명에 해당하는 용어로 가장 알맞은 것은?

여객자동차운송사업, 자동차대여사업, 여객자동차터미널사업 등을 포함하는 여객자동차 운수 관련 사업

① 횡단보도
② 여객자동차운수사업
③ 술에 취한 상태
④ 안전지대

해 제시된 설명은 '여객자동차운수사업'에 해당한다.
답 ②

Q023

택시운전 자격시험 접수 시점과 운전적성정밀검사(신규검사) 기준의 관계로 옳은 것은?

① 시험 합격 후 1개월 이내에만 적합 판정이면 된다
② 시험 접수일 기준으로 신규검사 기준에 적합해야 한다
③ 최초 면허 취득일로부터 3년이 지나면 검사 없이 면제된다
④ 검사 적합 여부는 시험과 무관하다

해 정답은 ② 택시운전 자격시험은 '접수 단계'에서 운전적성정밀검사(신규검사) 적합 판정(유효한 결과)을 요구한다. ①은 '합격 후 1개월 이내'가 아니라 접수 시점 확인이므로 오답. ③은 최초 면허 취득 후 3년 경과와 무관하며 검사 면제가 되지 않아 오답. ④는 검사 적합 여부가 접수 요건으로 시험과 직접 관련이 있어 오답.
답 ②

Q024

택시운전자격이 취소된 사람이 다시 응시할 수 있는 기본 요건으로 가장 알맞은 것은?

① 취소된 날로부터 6개월 경과
② 취소된 날로부터 1년 경과
③ 취소된 날로부터 2년 경과
④ 언제든 즉시 재응시 가능

해 자격 취소 후 재응시 제한 기간이 존재하며, 통상 취소 후 1년 경과 요건이 안내된다.

답 ②

Q025

운전자가 비가 내려 노면이 젖어 있는 도로에서 제한 속도 60km/h 구간을 주행한다. 감속 기준을 적용한 최고속도는?

① 60km/h
② 54km/h
③ 48km/h
④ 30km/h

해 노면이 젖은 경우 최고속도의 20% 감속(60×0.8=48) 이다.

답 ③

Q026

교통사고처리특례법에서 말하는 중대법규 12개 항목 에 포함되는 것은?

① 방향지시등 미점등(진로변경 신호 불이행)
② 교차로 꼬리물기
③ 중앙선 침범
④ 안전거리 미확보

해 '중앙선 침범'은 중대법규 12개에 포함된다. 중대법규 12개(공소제기 예외): 신호·지시 위반 / 중앙선 침범 또는 횡단·유턴·후진 위반 / 제한속도 20km/h 초과 / 앞지르기 방법·금지 또는 끼어들기 금지 위반 / 철길 건널목 통과방법 위반 / 횡단보도 보행자 보호의무 위 반 / 무면허 / 음주·약물 / 보도침범 / 승객추락방지의 무 위반 / 어린이보호구역 안전운전의무 위반(어린이 상해) / 화물고정조치 위반

답 ③

Q027

폭우·폭설·안개 등으로 가시거리가 100m 이내인 때 감속 기준으로 옳은 것은?

① 최고속도의 10% 감속
② 최고속도의 20% 감속
③ 최고속도의 50% 감속
④ 감속 기준 없음(제한속도 유지)

해 가시거리 100m 이내(폭우·폭설·안개 등)에는 최고속 도의 50% 감속 기준을 적용한다.

답 ③

Q028

교통사고 벌점 기준에서 '사망'은 사고 발생 시부터 몇 시간 이내 사망한 경우로 보는가?(행정기준)

① 24시간
② 96시간
③ 48시간
④ 72시간

해 교통사고 벌점 산정에서 '사망'은 사고 발생 시점부터 72시간 이내 사망한 경우로 본다(행정기준). 따라서 사 고 직후가 아니더라도 72시간 이내 사망이면 사망사 고로 처리되어 벌점·행정처분 기준에 반영된다.

암기: 사망 72시간.

답 ④

Q029

교통사고처리특례법에서 말하는 중대법규 12개 항목에 포함되지 않는 것은?

① 어린이 보호구역 안전운전 의무 위반
② 음주 또는 약물 운전 금지 위반
③ 철길건널목 통과방법 위반
④ 서행 의무 위반

🖬 중대법규 12개 항목과 일반 과실을 구분하는 문제가 자주 나온다.

🗈 ④

Q030

자동차전용도로에서 최고속도는?

① 110km/h　　② 80km/h
③ 100km/h　　④ 90km/h

🖬 자동차전용도로의 최고속도는 원칙적으로 90km/h, 최저속도는 30km/h이다. (다만 도로의 안전표지로 속도가 따로 지정된 경우에는 그 표지에 따른다.)

🗈 ④

Q031

여객자동차운수사업법상 운전업무 종사자격 취득 제한(결격) 사유에 관한 설명으로 옳은 것은?

① 결격 사유는 전혀 없고 누구나 자격을 취득할 수 있다
② 특정 범죄·마약류 등 중대한 사유로 결격이 될 수 있다
③ 과속 과태료 1회는 반드시 영구 결격이 된다
④ 주차위반 1회만 있어도 자격이 자동 취소된다

🖬 운전업무 종사자격은 일정한 결격사유가 존재하며, 중대한 범죄·마약류 등은 제한 사유가 될 수 있다.

🗈 ②

Q032

다음 설명에 해당하는 용어로 가장 알맞은 것은?

대통령령이 정하는 사업구역의 일반택시운송사업자가 택시 구입·운행 비용 중 일부를 운수종사자에게 부담시키지 못하도록 한 규정

① 차선
② 횡단보도
③ 운송비용 전가 금지
④ 노선 여객자동차운송사업

🖬 제시된 설명은 '운송비용 전가 금지'에 해당한다.

🗈 ③

Q033

비가 내려 노면에 습기가 있는 때 감속 기준으로 옳은 것은?

① 최고속도의 10% 감속
② 최고속도의 20% 감속
③ 최고속도의 50% 감속
④ 감속 기준 없음(제한속도 유지)

🖬 비가 내려 노면에 습기가 있는 때에는 최고속도의 20% 감속 기준을 적용한다.

🗈 ②

Q034

다음 중 '택시운행정보'의 설명으로 옳은 것은?

① 도로법에 따른 도로, 유료도로법에 따른 유료도로, 농어촌도로정비법에 따른 농어촌도로 및 불특정 다수의 통행을 위해 공개되어 교통 확보가 필요한 장소

② 주의·규제·지시 내용을 노면에 문자·기호·선으로 알리는 표시

③ 주행거리·속도·위치정보 등 운행기록장치 정보와 승차일시·요금정보 등 요금미터 기록 정보를 포함

④ 차마가 줄지어 통행하도록 차선으로 구분된 차도의 부분

해 '택시운행정보'의 정의는 법령에서 위와 같이 정한다.

답 ③

Q035

다음 중 '차도'의 설명으로 옳은 것은?

① 도로법에 따른 도로, 유료도로법에 따른 유료도로, 농어촌도로정비법에 따른 농어촌도로 및 불특정 다수의 통행을 위해 공개되어 교통 확보가 필요한 장소

② 연석선 등으로 경계를 표시하여 모든 차가 통행하도록 설치된 도로의 부분

③ 통행방법·통행구분 등 지시를 알리는 표지

④ 운전자가 5분을 초과하지 않고 차를 정지시키는 것으로 주차 외의 정지 상태

해 '차도'의 정의는 법령에서 위와 같이 정한다.

답 ②

Q036

운전자가 교통사고로 사람을 다치게 했다. 가장 먼저 해야 할 조치로 가장 가까운 것은?

① 즉시 정차하고 사상자 구호 및 2차 사고 방지 조치를 한다

② 차량을 도로 한가운데 두고 현장을 떠난다

③ 상대방에게 보험처리만 약속하고 그냥 간다

④ 현장 사진만 찍고 신고는 나중에 한다

해 사상자 구호와 현장 안전 확보가 우선이며, 필요한 신고 절차를 지체 없이 진행한다.

답 ①

Q037

제한속도 90km/h 구간에서 눈이 20mm 미만 쌓인 경우 감속 기준을 적용한 최고속도는?

① 90km/h   ② 63km/h
③ 72km/h   ④ 54km/h

해 해당 조건에서는 최고속도의 20% 감속(즉 80%로 운행) 기준을 적용한다.

답 ③

Q038

다음 설명에 해당하는 용어로 가장 알맞은 것은?

사업구역에서 운행계통을 정하지 않고 자동차를 사용해 여객을 운송하는 택시운송사업

① 일반택시운송사업   ② 중대법규 12개 항목
③ 도로   ④ 차로

해 제시된 설명은 '일반택시운송사업'에 해당한다.

답 ①

Q039

다음 중 '정차'의 설명으로 옳은 것은?

① 사상 사실을 인식·예견하고도 구호조치 없이 현장을 이탈하는 등 일정 요건을 충족하는 사고
② 차의 교통으로 과실치상 등 범죄를 범한 운전자에 대해 피해자의 명시한 의사에 반해 공소를 제기할 수 없다는 원칙
③ 운전자가 5분을 초과하지 않고 차를 정지시키는 것으로 주차 외의 정지 상태
④ 운행계통을 정하지 않고 사업구역을 정하여 그 구역 안에서 여객을 운송하는 사업

🖼 정차는 '5분을 초과하지 아니하고' 차를 정지시키는 주차 외의 정지 상태다. 주차는 승객 대기·화물 적재·고장 등으로 계속 정지 상태에 두거나, 운전자가 차에서 떠나 즉시 운전할 수 없는 상태를 말한다.

🔲 ③

Q040

다음 중 용어와 설명의 연결이 올바른 것은?

① 일반택시운송사업 - 택시운송사업의 건전한 발전을 도모하고 택시운수종사자 복지 및 국민 교통편의 제고에 이바지
② 택시운송사업발전법 목적 - 횡단 보행자나 통행 차마의 안전을 위해 안전표지 등으로 표시한 도로의 부분
③ 안전지대 - 택시운전업무 종사자격을 취득하려는 사람이 한국교통안전공단이 시행하는 시험에 합격해야 하는 제도
④ 택시운전자격시험 - 택시운전업무 종사자격을 취득하려는 사람이 한국교통안전공단이 시행하는 시험에 합격해야 하는 제도

🖼 정의형 문항은 용어 – 핵심키워드 매칭이 핵심이다.

🔲 ④

Q041

운수종사자 교육 중 '신규교육' 대상에 대한 설명으로 옳은 것은?

① 운수종사자로 새로 채용된 사람(또는 퇴직 후 2년 이내 재채용된 사람 포함)이 대상이 될 수 있다
② 무사고·무벌점 10년 이상 운수종사자만 대상이다
③ 법령위반이 있는 운수종사자만 대상이다
④ 국제행사 대비 교육은 모두 신규교육이다

🖼 신규교육은 새로 채용된 운수종사자 등(일정 기간 내 재채용 포함)을 대상으로 한다

🔲 ①

Q042

제한속도 60km/h 구간에서 가시거리가 100m 이내인 경우 감속 기준을 적용한 최고속도는?

① 60km/h 　　② 54km/h
③ 48km/h 　　④ 30km/h

🖼 해당 조건에서는 최고속도의 50% 감속(즉 50%로 운행) 기준을 적용한다.

🔲 ④

Q043

다음 설명에 해당하는 용어로 가장 알맞은 것은?

보행자가 도로를 횡단하도록 안전표지로 표시한 도로의 부분

① 횡단보도 　　② 주차
③ 반의사불벌 특례 　　④ 안전지대

🖼 제시된 설명은 '횡단보도'에 해당한다.

🔲 ①

Q044

다음 중 '여객자동차운송사업'의 설명으로 옳은 것은?

① 여객자동차운송사업, 자동차대여사업, 여객자동차터미널사업 등을 포함하는 여객자동차 운수 관련 사업
② 운행계통을 정하지 않고 사업구역을 정하여 그 구역 안에서 여객을 운송하는 사업
③ 다른 사람의 수요에 응하여 자동차를 사용해 유상으로 여객을 운송하는 사업
④ 업무상과실 또는 중대한 과실로 교통사고를 일으킨 운전자의 형사처벌 특례를 정해 피해 회복 촉진 및 국민생활 편익 증진

해 정답은 ③. '여객자동차운송사업'은 다른 사람의 수요에 응하여 자동차를 사용해 유상으로 여객을 운송하는 사업이다. ①은 '여객자동차운수사업'(운송사업·자동차대여사업·여객자동차터미널사업 등을 포함), ②는 '구역 여객자동차운송사업'(운행계통 없이 사업구역 안에서 운송), ④는 '교통사고처리특례법'(형사처벌 특례) 설명이다.

답 ③

Q045

다음 중 '일반택시운송사업'의 설명으로 옳은 것은?

① 운행계통을 정하고 정기적으로 운행하려는 구간을 정하여 여객을 운송하는 사업
② 사업구역에서 운행계통을 정하지 않고 자동차를 사용해 여객을 운송하는 택시운송사업
③ 업무상과실 또는 중대한 과실로 교통사고를 일으킨 운전자의 형사처벌 특례를 정해 피해 회복 촉진 및 국민생활 편익 증진
④ 횡단 보행자나 통행 차마의 안전을 위해 안전표지 등으로 표시한 도로의 부분

해 '일반택시운송사업'의 정의는 법령에서 위와 같이 정한다.

답 ②

Q046

다음 중 '구역 여객자동차운송사업'의 설명으로 옳은 것은?

① 주의·규제·지시 내용을 노면에 문자·기호·선으로 알리는 표시
② 주의·규제·지시 표지의 주기능을 보충하는 표지
③ 차마의 통행 방향을 명확히 구분하기 위해 황색 실선/점선 등 또는 중앙분리대 등으로 표시한 것
④ 운행계통을 정하지 않고 사업구역을 정하여 그 구역 안에서 여객을 운송하는 사업

해 '구역 여객자동차운송사업'의 정의는 법령에서 위와 같이 정한다.

답 ④

Q047

교통사고처리특례법상 '공소권 없음'으로 처리될 수 있는 대표적인 경우는?

① 사망사고가 발생한 경우
② 중대법규 12개 항목 위반으로 인사사고가 난 경우
③ 단순 물적 피해만 발생한 사고
④ 도주사고(뺑소니)에 해당하는 경우

해 단순 물적 피해만 발생한 사고는 공소권 없음으로 처리되는 유형으로 정리된다.

답 ③

Q048

다음 중 용어와 설명의 연결이 올바른 것은?

① 도로 - 차마의 통행 방향을 명확히 구분하기 위해 황색 실선/점선 등 또는 중앙분리대 등으로 표시한 것
② 중앙선 - 차로와 차로를 구분하기 위하여 그 경계 지점을 안전표지로 표시한 선
③ 교차로 - 십자, T자 등 둘 이상의 도로가 교차하는 부분(보도와 차도가 구분된 도로에서는 차도 기준)
④ 여객자동차운송사업 - 도로법에 따른 도로, 유료도로법에 따른 유료도로, 농어촌도로정비법에 따른 농어촌도로 및 그 밖에 현실적으로 불특정 다수의 사람 또는 차마가 통행할 수 있도록 공개된 장소로서 안전하고 원활한 교통을 확보할 필요가 있는 장소

해 정의형 문항은 용어-핵심키워드 매칭이 핵심이다.
답 ③

Q049

운수종사자 '보수교육' 주기에 관한 설명으로 가장 알맞은 것은?

① 무사고·무벌점 5년 이상 10년 미만은 격년, 5년 미만은 매년 교육을 받도록 운영된다
② 모든 운수종사자는 10년에 1회만 교육을 받는다
③ 보수교육은 신규 채용자에게만 적용된다
④ 보수교육은 법령위반자에게만 수시로 실시된다

해 정답은 ①. 보수교육은 운수종사자의 정기 의무교육으로, 무사고·무벌점 기간에 따라 매년 또는 격년으로 주기가 달라진다. 주요 내용은 교통안전·관련 법규·운송서비스·사고예방 등이며, 교육 이수로 안전운행과 서비스 수준을 유지·향상하는 데 목적이 있다.
답 ①

Q050

제한속도 100km/h 구간에서 노면이 얼어붙은 경우 감속 기준을 적용한 최고속도는?

① 80km/h ② 50km/h
③ 70km/h ④ 100km/h

해 노면 결빙은 최고속도의 50% 감속(즉 50%로 운행) 기준을 적용한다.
답 ②

Q051

택시운전자격시험은 총 몇 문항으로 출제되는가?

① 70문항 ② 60문항
③ 65문항 ④ 80문항

해 숫자·기준 문항은 자주 반복 출제된다.
답 ①

Q052

다음 중 용어와 설명의 연결이 잘못된 것은?

① 주차 - 승객 대기, 화물 적재, 고장 등으로 차를 계속 정지 상태에 두거나 운전자가 떠나 즉시 운전할 수 없는 상태로 두는 것
② 중앙선 - 차마의 통행 방향을 명확히 구분하기 위해 황색 실선/점선 등 또는 중앙분리대 등으로 표시한 것
③ 운송비용 전가 금지 - 차마의 통행 방향을 명확히 구분하기 위해 황색 실선/점선 등 또는 중앙분리대 등으로 표시한 것
④ 노선 여객자동차운송사업 - 운행계통을 정하고 정기적으로 운행하려는 구간을 정하여 여객을 운송하는 사업

해 정의·구분 문항은 키워드가 바뀌면 오답이 되기 쉽다.
답 ③

Q053

택시운전자가 문을 완전히 닫지 않은 상태에서 출발했다. 해당 행위에 대한 설명으로 알맞은 것은?

① 정상 운행이다
② 운수종사자의 준수사항 위반 소지가 있다
③ 승객 동의가 있으면 무조건 허용된다
④ 법령과 무관한 예절 문제에 불과하다

해 문을 완전히 닫지 않은 상태에서 출발·운행하는 행위는 금지되는 준수사항에 포함된다.

답 ②

Q054

다음 설명에 해당하는 용어로 가장 알맞은 것은?

운전자가 5분을 초과하지 않고 차를 정지시키는 것으로 주차 외의 정지 상태

① 정차
② 중앙선
③ 무면허운전
④ 지시표지

해 제시된 설명은 '정차'에 해당한다.

답 ①

Q055

교통사고처리특례법의 중대법규 12개 항목 중 '과속'으로 인정되는 기준(속도 초과)은?

① 규정속도 초과 10km/h 이상
② 규정속도 초과 20km/h 초과
③ 규정속도 초과 5km/h 이상
④ 규정속도 초과 50km/h 이상

해 중대법규 12 항목의 과속은 '규정속도 20km/h 초과'를 기준으로 정리한다.

답 ②

Q056

교통사고 벌점 기준에서 '사망 1명' 벌점이 적용되는 행정상 사망 기준 시간은?

① 48시간
② 30일
③ 24시간
④ 72시간

해 벌점 기준에서는 사고 발생 후 72시간 이내 사망을 사망으로 본다.

답 ④

Q057

법령위반이 확인된 운수종사자에게 적용되는 교육 형태로 가장 알맞은 것은?

① 정기 보수교육만 받으면 된다
② 수시교육(필요 시 추가 교육)이 될 수 있다
③ 교육은 전면 면제된다
④ 교육 대신 벌점만 부과한다

해 법령위반 운수종사자는 개선을 위해 수시교육 대상으로 지정될 수 있다.

답 ②

Q058

제한속도 60km/h 구간에서 비로 노면이 젖어 있는 경우 감속 기준을 적용한 최고속도는?

① 54km/h
② 48km/h
③ 42km/h
④ 36km/h

해 해당 조건에서는 최고속도의 20% 감속(즉 80%로 운행) 기준을 적용한다.(60×0.8=48)

답 ②

Q059

택시운전자가 요금 미터기(미터)를 사용하지 않고 임의로 요금을 요구했다. 가장 적절한 법적 평가로 옳은 것은?

① 미터 사용은 권장사항일 뿐 위반이 아니다
② 부당요금·요금부정 수수료 제재 대상이 될 수 있다
③ 승객이 동의하면 어떤 방식도 무조건 허용된다
④ 택시는 요금 규정이 적용되지 않는다

해 택시요금은 신고·고시된 기준과 미터 사용 등 절차를 따르는 것이 원칙이며 임의 요금 요구는 위반 소지가 크다.

답 ②

Q060

택시운전자가 승객에게 영수증 발급을 거부했다. 관련 의무에 대한 설명으로 옳은 것은?

① 승객 요구가 있어도 영수증은 발급 의무가 없다
② 승객이 요구하면 영수증(또는 요금표시)을 제공하는 것이 원칙이다
③ 현금 결제는 영수증 제공 대상이 아니다
④ 영수증은 장거리 운행에만 발급한다

해 택시요금 관련 증빙 제공은 분쟁 예방과 투명성 확보를 위해 요구될 수 있다.

답 ②

Q061

제한속도 100km/h 구간에서 가시거리가 100m 이내인 경우 감속 기준을 적용한 최고속도는?

① 70km/h   ② 50km/h
③ 60km/h   ④ 90km/h

해 폭우·폭설·안개 등으로 가시거리 100m 이내인 때에는 최고속도의 50% 감속 기준을 적용한다(100km/h → 50km/h).

답 ②

Q062

택시운전자가 정당한 사유 없이 합승을 강요했다. 가장 적절한 설명은?

① 합승 강요는 원칙적으로 금지되는 부당행위로 제재 대상이 될 수 있다
② 합승은 언제나 의무이며 승객이 거절할 수 없다
③ 합승은 법적 규율 대상이 아니다
④ 합승 강요는 안전운전과 무관하므로 문제되지 않는다

해 승객의 의사에 반한 합승 강요는 부당한 운송행위로 문제될 수 있다.

답 ①

Q063

택시운전자가 승객의 목적지를 이유로 노골적으로 불친절한 언행을 했다. 법규·준수사항 관점에서 가장 알맞은 것은?

① 서비스 품질은 전적으로 개인 취향이라 제재 대상이 아니다
② 운수종사자 준수사항(친절·성실 운송 등) 위반으로 문제될 수 있다
③ 목적지 언급은 언제나 금지다
④ 불친절은 형사처벌만 가능하고 행정제재는 없다

해 운수종사자 준수사항에는 여객에 대한 성실·친절 의무가 포함되어 제재 대상이 될 수 있다.

답 ②

Q064

다음 설명에 해당하는 용어로 가장 알맞은 것은?

> 횡단 보행자나 통행 차마의 안전을 위해 안전표지 등으로 표시한 도로의 부분

① 보도
② 규제표지
③ 개인택시운송사업
④ 안전지대

해 제시된 설명은 '안전지대'에 해당한다.

답 ④

Q065

다음 설명에 해당하는 용어로 가장 알맞은 것은?

> 택시운전업무 종사자격을 취득하려는 사람이 한국교통안전공단이 시행하는 시험에 합격해야 하는 제도

① 차도
② 택시운전자격시험
③ 노면표시
④ 차선

해 제시된 설명은 '택시운전자격시험'에 해당한다.

답 ②

Q066

도로교통법령상 무면허운전 등의 금지에 관한 설명으로 옳은 것은?

① 운전면허가 없거나 효력이 정지된 경우에도 자동차를 운전할 수 있다
② 누구든지 운전면허를 받지 않았거나 운전면허 효력이 정지된 경우에는 자동차(일부 예외 제외)를 운전하면 안 된다
③ 운전면허가 정지된 경우에도 야간에는 운전이 허용된다
④ 운전면허는 소지하지 않아도 무방하다

해 무면허 또는 면허 효력 정지 상태에서의 운전은 금지된다.

답 ②

Q067

택시운송사업의 발전에 관한 법률의 제정 취지로 가장 알맞은 것은?

① 택시운송사업을 폐지하기 위해
② 택시운송사업의 건전한 발전을 도모하고 종사자 복지 및 국민 교통편의를 높이기 위해
③ 택시요금을 전국 동일하게 만들기 위해
④ 택시를 철도사업으로 편입하기 위해

해 택시발전법은 택시산업의 발전, 종사자 복지, 국민 교통편의 제고 등을 목적으로 한다.

답 ②

Q068

운전면허 정지 처분은 1회의 위반·사고로 인한 처분 벌점이 몇 점 이상일 때부터인가?

① 40점 　　　　② 35점
③ 30점 　　　　④ 50점

- 운전면허 정지는 1회의 위반·사고 처분벌점이 40점 이상부터 시작하며(원칙적으로 1점=정지 1일로 산정), 면허 취소는 누산점수 기준(1년 121점·2년 201점·3년 271점 이상) 등에서 결정된다.

답 ①

Q069

다음 중 택시운송사업 관련 정책을 심의·자문하는 기구의 역할로 가장 알맞은 것은?

① 택시운행기록장치의 제조를 승인한다
② 택시 정책·제도 개선 등 주요 사항을 심의할 수 있다
③ 운전면허 시험을 시행한다
④ 자동차 튜닝을 단속한다

- 택시정책 관련 기구는 제도·정책을 심의하거나 자문하는 역할을 한다.

답 ②

Q070

택시운송사업용 자동차(고급형 제외)에 반드시 갖추어야 하는 설비로 가장 적절한 것은?

① 요금미터기(여객이 확인하기 쉬운 위치)
② 뒷좌석 TV(상시 영상)
③ 사이렌
④ 차량 하부 LED

- 요금미터기는 승객이 확인하기 쉬운 위치에 설치하도록 한다.

답 ①

Q071

택시 서비스 품질을 높이기 위한 제도와 가장 관련이 큰 것은?

① 택시 서비스 평가 또는 개선 계획 수립
② 철도 운임 인가
③ 항공기 안전점검
④ 선박 검문검색

- 택시 서비스 품질 개선을 위해 평가·개선계획 등 제도가 운영될 수 있다.

답 ①

Q072

택시운송사업의 발전 법령에서 다루는 범위로 가장 알맞은 것은?

① 택시 운송시장 건전성 확보 및 서비스 향상 등 택시산업 관련 제도
② 농어촌 주택 보급
③ 항만 시설 관리
④ 대학교 입학전형

- 택시발전 관련 법령은 택시산업의 제도·정책·서비스 개선 등을 다룬다.

답 ①

Q073

다음 중 '택시운송사업발전법 목적'의 설명으로 옳은 것은?

① 사업구역에서 자동차 1대를 사업자가 직접 운전하여 여객을 운송하는 사업
② 택시운전업무 종사자격을 취득하려는 사람이 한국교통안전공단이 시행하는 시험에 합격해야 하는 제도
③ 운행계통을 정하고 정기적으로 운행하려는 구간을 정하여 여객을 운송하는 사업
④ 택시운송사업의 건전한 발전을 도모하고 택시운수종사자 복지 및 국민 교통편의 제고에 이바지

해 '택시운송사업발전법 목적'의 정의는 법령에서 위와 같이 정한다.
답 ④

Q074

다음 중 용어와 설명의 연결이 잘못된 것은?

① 택시정책위원회 - 택시운송사업 관련 중요 정책을 심의하기 위해 필요 시 구성·운영할 수 있는 기구
② 여객자동차터미널 - 일반교통에 사용되는 장소가 아닌 곳에서 승합자동차를 정류시키거나 여객을 승하차시키기 위한 시설과 장소
③ 반의사불벌 특례 - 택시운송사업 관련 중요 정책을 심의하기 위해 필요 시 구성·운영할 수 있는 기구
④ 도로 - 도로법에 따른 도로, 유료도로법에 따른 유료도로, 농어촌도로정비법에 따른 농어촌도로 및 그 밖에 현실적으로 불특정 다수의 사람 또는 차마가 통행할 수 있도록 공개된 장소로서 안전하고 원활한 교통을 확보할 필요가 있는 장소

해 정의·구분 문항은 키워드가 바뀌면 오답이 되기 쉽다.
답 ③

Q075

도로교통법상 '도로'의 범위에 관한 설명으로 옳은 것은?

① 도로법상의 도로만 해당하며 주차장은 제외된다
② 유료도로, 농도 등과 함께 불특정 다수가 통행할 수 있도록 공개된 장소도 포함될 수 있다
③ 사유지는 무조건 도로가 아니다
④ 도로는 자동차만 통행하는 곳을 말한다

해 도로교통법은 법률상 도로 외에도 공개된 장소로서 교통안전 확보가 필요한 곳에 적용될 수 있다.
답 ②

Q076

다음 중 '주차'의 설명으로 옳은 것은?

① 택시운송사업 관련 중요 정책을 심의하기 위해 필요 시 구성·운영할 수 있는 기구
② 승객 대기, 화물 적재, 고장 등으로 차를 계속 정지 상태에 두거나 운전자가 떠나 즉시 운전할 수 없는 상태로 두는 것
③ 주의·규제·지시 내용을 노면에 문자·기호·선으로 알리는 표시
④ 운전자가 5분을 초과하지 않고 차를 정지시키는 것으로 주차 외의 정지 상태

해 '주차'의 정의는 법령에서 위와 같이 정한다.
답 ②

Q077

교통 정리가 없는 교차로에 동시에 진입하려는 두 차량이 있다. 통행우선 원칙으로 가장 알맞은 것은?

① 좌측에서 진입하는 차가 우선
② 우측에서 진입하는 차에 양보
③ 속도가 빠른 차가 우선
④ 경적을 먼저 울린 차가 우선

해 교통정리가 없고 동시에 진입하는 경우에는 우측도로에서 진입하는 차에 진로를 양보한다.

답 ②

Q078

운수종사자가 문을 완전히 닫지 않은 상태에서 출발했다. 해당 행위에 대한 설명으로 알맞은 것은?

① 정상 운행이다
② 운수종사자의 준수사항 위반 소지가 있다
③ 승객 동의가 있으면 무조건 허용된다
④ 법령과 무관한 예절 문제에 불과하다

해 문을 완전히 닫지 않은 상태에서 출발·운행하는 행위는 금지되는 준수사항에 포함된다.

답 ②

Q079

다음 중 '노면표시'의 설명으로 옳은 것은?

① 운행계통을 정하지 않고 사업구역을 정하여 그 구역 안에서 여객을 운송하는 사업
② 택시운송사업의 건전한 발전을 도모하고 택시운수종사자 복지 및 국민 교통편의 제고에 이바지
③ 승객 대기, 화물 적재, 고장 등으로 차를 계속 정지 상태에 두거나 운전자가 떠나 즉시 운전할 수 없는 상태로 두는 것
④ 주의·규제·지시 내용을 노면에 문자·기호·선으로 알리는 표시

해 '노면표시'의 정의는 법령에서 위와 같이 정한다.

답 ④

Q080

도로교통법상 '차로'의 의미로 가장 알맞은 것은?

① 차량의 바퀴 자국
② 차마가 한 줄로 통행하도록 차선으로 구분된 차도의 부분
③ 인도의 일부
④ 횡단보도의 중앙선

해 차로는 차마가 한 줄로 통행하도록 차선으로 구분된 차도의 부분을 의미한다.

답 ②

Q081

전방의 적색 점멸 신호등을 만났을 때 운전자의 올바른 행동은?

① 그대로 통과한다
② 일시정지 후 안전을 확인하고 서행한다
③ 좌회전만 가능하다
④ 직진은 무조건 금지된다

䬌 적색 점멸은 일시정지 후 안전확인 및 서행이 원칙이다.
冟 ②

Q082

교차로에서 좌회전하려는 차량이 신호에 따라 진행할 때, 가장 기본적으로 지켜야 할 원칙은?

① 보행자 신호와 무관하게 먼저 진행한다
② 직진 차량·보행자 등 통행 우선 대상에 주의하며 안전하게 진행한다
③ 좌회전은 항상 우선권이 있다
④ 경적을 울리면 우선권이 생긴다

䬌 교차로에서는 통행우선 원칙과 보행자 보호의무 등을 준수해야 한다.
冟 ②

Q083

횡단보도 앞 정지선의 의미로 가장 알맞은 것은?

① 정지선은 권고선이므로 넘어가도 된다
② 보행자 보호를 위해 정지해야 하는 기준선이다
③ 버스만 지키면 된다
④ 야간에는 적용되지 않는다

䬌 정지선은 보행자 보호 및 교차로 안전을 위해 지정된 정지 기준선이다.
冟 ②

Q084

다음 중 '차로'의 설명으로 옳은 것은?

① 차마가 줄지어 통행하도록 차선으로 구분된 차도의 부분
② 일반교통에 사용되는 장소가 아닌 곳에서 승합자동차를 정류시키거나 여객을 승하차시키기 위한 시설과 장소
③ 혈중알코올농도 0.03% 이상인 상태
④ 대통령령이 정하는 사업구역의 일반택시운송사업자가 택시 구입·운행 비용 중 일부를 운수종사자에게 부담시키지 못하도록 한 규정

䬌 '차로'의 정의는 법령에서 위와 같이 정한다.
冟 ①

Q085

긴급자동차(예: 구급차)가 접근할 때 일반 차량의 올바른 행동은?

① 속도를 높여 먼저 지나간다
② 진로를 양보하여 신속한 통행을 돕는다
③ 경적을 울리며 경쟁한다
④ 반드시 뒤따라가서 함께 통과한다

䬌 긴급자동차 접근 시에는 진로를 양보하는 것이 원칙이다.
冟 ②

Q086

다음 설명에 해당하는 용어로 가장 알맞은 것은?

주의·규제·지시 내용을 노면에 문자·기호·선으로 알리는 표시

① 주차
② 택시정책위원회
③ 교통사고처리특례법 목적
④ 노면표시

🄷 제시된 설명은 '노면표시'에 해당한다.
🄳 ④

Q087

차로 변경 시 운전자가 가장 우선적으로 해야 할 행동은?

① 깜빡이는 불필요하므로 생략한다
② 방향지시등으로 의사를 알리고 안전을 확인한 뒤 변경한다
③ 뒤차에 경적을 울려 알린다
④ 차로 변경은 어디서나 즉시 가능하다

🄷 차로 변경은 방향지시등 등으로 신호하고 안전을 확인한 뒤 해야 한다.
🄳 ②

Q088

보행자 보호 의무에 대한 설명으로 옳은 것은?

① 횡단보도에서 보행자가 있어도 차량이 우선이다
② 횡단보도에서는 보행자 보호를 위해 일시정지 또는 서행 등 필요한 조치를 해야 한다
③ 야간에는 보행자 보호 의무가 없다
④ 보행자 보호 의무는 버스에만 적용된다

🄷 횡단보도 등에서는 보행자 보호를 위해 감속·일시정지 등 조치가 요구된다.
🄳 ②

Q089

반의사불벌 특례의 설명으로 가장 알맞은 것은?

① 피해자가 원하면 언제나 처벌할 수 없다
② 피해자의 명시한 의사에 반해 공소를 제기할 수 없다는 원칙
③ 보험에 가입하면 무조건 형사처벌이 없다
④ 과속이면 모두 반의사불벌이다

🄷 원칙은 피해자의 명시한 의사에 반해 공소 제기가 제한된다는 점이다.
🄳 ②

Q090

교통사고 발생 직후 운전자의 조치로 가장 적절한 순서는?

① 현장 이탈 → 보험사 연락 → 구호조치
② 즉시 정차 → 부상자 구호 → 2차 사고 방지 조치 → 신고
③ 차량 이동 → 블랙박스 삭제 → 신고
④ 상대방과 말다툼 → 합의서 작성 → 신고

🄷 교통사고 시에는 즉시 정차하고 인명구호, 2차 사고 방지, 신고 등 의무를 이행해야 한다.
🄳 ②

Q091

운전면허를 받으려는 사람이 받아야 하는 교통안전교육에 관한 설명으로 옳은 것은?

① 교통안전교육은 누구나 3시간 이상 의무 이수한다
② 운전면허를 받으려는 사람은 원칙적으로 1시간 교통안전교육을 받아야 하며, 일부 대상자는 예외가 될 수 있다
③ 교통안전교육은 필기시험 합격 후에만 받을 수 있다
④ 교통안전교육은 지리 과목에 포함된다

해 운전면허 취득 전 교통안전교육 1시간이 원칙이며, 특별안전교육(의무교육) 이수자 또는 자동차운전전문학원 학과교육 수료자는 예외로 안내된다.

답 ②

Q092

다음 설명에 해당하는 용어로 가장 알맞은 것은?

> 십자, T자 등 둘 이상의 도로가 교차하는 부분(보도와 차도가 구분된 도로에서는 차도 기준)

① 긴급자동차
② 반의사불벌 특례
③ 구역 여객자동차운송사업
④ 교차로

해 제시된 설명은 '교차로'에 해당한다.

답 ④

Q093

특별 교통안전 의무교육 대상에 해당하는 사람으로 가장 알맞은 것은?

① 운전면허를 처음 취득하려는 모든 사람
② 운전면허 취소 처분을 받아 운전면허를 다시 받으려는 사람
③ 주차위반 과태료를 1회 낸 사람
④ 적성 정기·수시 검사를 받지 않거나 불합격하여 면허가 취소된 사람(대상으로 본다)

해 특별 교통안전 의무교육은 운전면허 취소 후 재취득자 등에게 적용되며, 적성 정기·수시검사 미필/불합격으로 인한 취소 등은 예외로 안내된다.

답 ②

Q094

다음 중 '도주사고(뺑소니)'로 볼 가능성이 가장 큰 경우는?

① 사고 후 즉시 정차하고 119에 신고한 뒤 현장을 안내했다
② 사고 후 부상자 구호나 신고 없이 현장을 벗어나 숨었다
③ 사고 후 블랙박스를 제출하고 경찰 조사에 응했다
④ 사고 후 피해자와 보험사 연락처를 교환했다

해 사고 후 필요한 조치(구호·신고 등) 없이 현장을 이탈하면 도주사고로 판단될 수 있다.

답 ②

Q095

다음 설명에 해당하는 용어로 가장 알맞은 것은?

혈중알코올농도 0.03% 이상인 상태

① 반의사불벌 특례　　② 술에 취한 상태
③ 개인택시운송사업　　④ 지시표지

해 제시된 설명은 '술에 취한 상태'에 해당한다.

답 ②

Q096

택시운전자격시험 합격 기준은 총점 100점 만점 중 몇 점 이상인가?

① 50점　　　　② 60점
③ 70점　　　　④ 55점

해 숫자·기준 문항은 자주 반복 출제된다.

🚗 암기 : 합격 60점 이상(=42문항).

답 ②

Q097

교통사고 후 2차 사고를 예방하기 위한 조치로 가장 적절한 것은?

① 차량을 그대로 방치하고 도로 한가운데 서있기
② 비상등 점등, 안전표지 설치, 필요 시 안전한 장소로 이동 등
③ 경적을 계속 울리기
④ 상대 차량 사진만 찍고 떠나기

해 2차 사고 예방을 위해 비상등, 안전표지 설치, 후속 차량 주의 유도 등이 중요하다.

답 ②

Q098

교통사고 발생 시 운전자의 신고 의무에 대한 설명으로 옳은 것은?

① 경미하더라도 인명피해가 있으면 신고 의무가 문제될 수 있다
② 인명피해가 있어도 합의하면 신고할 필요가 없다
③ 신고는 보험사에만 하면 된다
④ 신고 의무는 보행자에게만 있다

해 인명피해 사고는 즉시 구호 및 신고 등 법적 조치 의무가 문제될 수 있다.

답 ①

Q099

다음 설명에 해당하는 용어로 가장 알맞은 것은?

주행거리·속도·위치정보 등 운행기록장치 정보와 승차 일시·요금정보 등 요금미터 기록 정보를 포함

① 택시운행정보　　② 택시운전자격시험
③ 운송비용 전가 금지　　④ 여객자동차운송사업

해 제시된 설명은 '택시운행정보'에 해당한다.

답 ①

Q100

다음 설명에 해당하는 용어로 가장 알맞은 것은?

사업구역에서 자동차 1대를 사업자가 직접 운전하여 여객을 운송하는 사업

① 무면허운전　　② 개인택시운송사업
③ 주차　　　　　④ 긴급자동차

해 제시된 설명은 '개인택시운송사업'에 해당한다.

답 ②

Q101

술에 취한 상태에서의 운전금지에 관한 설명으로 옳은 것은?

① 혈중알코올농도 0.03% 이상이면 음주운전 금지 기준에 해당할 수 있다
② 호흡측정은 할 수 없고 혈액채취만 가능하다
③ 음주측정 요구에 불응해도 별도의 제재가 없다
④ 음주운전 금지는 자전거·노면전차에는 적용되지 않는다

해 음주운전 금지 기준은 혈중알코올농도 0.03% 이상으로 안내되며, 상당한 이유가 있으면 호흡조사 측정에 응해야 한다.

답 ①

Q102

다음 중 '택시정책위원회'의 설명으로 옳은 것은?

① 도로법에 따른 도로, 유료도로법에 따른 유료도로, 농어촌도로정비법에 따른 농어촌도로 및 불특정 다수의 통행을 위해 공개되어 교통 확보가 필요한 장소
② 연석선 등으로 경계를 표시하여 모든 차가 통행하도록 설치된 도로의 부분
③ 통행방법·통행구분 등 지시를 알리는 표지
④ 택시운송사업 관련 중요 정책을 심의하기 위해 필요 시 구성·운영할 수 있는 기구

해 '택시정책위원회'의 정의는 법령에서 위와 같이 정한다.

답 ④

Q103

과로·질병·약물 등 정상 운전이 곤란한 상태에서의 운전에 대한 설명으로 가장 알맞은 것은?

① 술만 아니면 약물 복용 후에도 운전해도 된다
② 과로·질병 또는 약물(마약·대마·향정신성의약품 등) 영향으로 정상 운전이 곤란한 상태에서는 운전해서는 안 된다
③ 약물 운전 금지는 고속도로에서만 적용된다
④ 약물 운전 금지는 면허 취득 후 3년이 지나면 예외가 된다

해 과로·질병·약물 등의 영향으로 정상 운전이 곤란한 상태에서의 운전은 금지된다.

답 ②

Q104

자동차의 구조·장치를 변경하려는 경우에 대한 설명으로 옳은 것은?

① 아무 승인 없이 소유자가 마음대로 변경할 수 있다
② 일정한 구조·장치 변경은 관할 행정기관의 승인을 받도록 규율된다
③ 변경은 제작사만 할 수 있다
④ 구조·장치 변경은 형사처벌만 가능하고 행정절차는 없다

해 자동차의 구조·장치 변경은 안전과 직결되어 승인·검사 등 절차가 요구될 수 있다.

답 ②

Q105

다음 중 운전적성정밀검사의 특별검사 실시 사유로 가장 알맞은 것은?

① 신규로 자격을 취득한 경우
② 벌점이 81점 이상 누산된 경우
③ 자격유지검사 유효기간 내에 있는 경우
④ 정기 보수교육을 이수한 경우

해 특별검사는 벌점 81점 이상 누산 등 필요 사유가 있을 때 실시할 수 있다.

답 ②

Q106

다음 중 택시운전자격의 '부정한 방법 취득'에 해당할 소지가 가장 큰 것은?

① 필요서류를 빠짐없이 제출하고 절차대로 응시했다
② 타인의 검사 결과나 서류를 도용하여 자격을 취득했다
③ 시험일정 변경을 확인했다
④ 보수교육 안내문을 수령했다

해 허위·도용 등 부정한 방법으로 자격을 취득하면 취소 등 중한 처분 대상이 될 수 있다.

답 ②

Q107

운수종사자가 여객에게 위험을 초래할 수 있는 행위로 가장 알맞은 것은?

① 차량 문이 완전히 닫히기 전에 출발한다
② 안전한 장소에서 승하차를 유도한다
③ 정지선 앞에서 정지한다
④ 방향지시등을 켠다

해 문이 완전히 닫히기 전에 출발하는 등 승객 안전을 해치는 행위는 준수사항 위반 소지가 크다.

답 ①

Q108

택시운전자가 승객을 태운 상태에서 '부당한 경로로 우회'하여 요금을 늘렸다. 가장 적절한 평가는?

① 승객이 불만이면 내려야 한다
② 부당요금에 해당할 수 있어 제재 대상이 될 수 있다
③ 우회는 운전자의 재량이라 무조건 허용된다
④ 우회는 교통사고처리특례법 위반이다

해 정당한 사유 없이 우회해 요금을 늘리는 행위는 부당요금으로 문제될 수 있다.

답 ②

Q109

다음 설명에 해당하는 용어로 가장 알맞은 것은?

연석선 등으로 경계를 표시하여 보행자가 통행하도록 설치된 도로의 부분

① 택시정책위원회
② 안전지대
③ 택시운송사업발전법 목적
④ 보도

해 제시된 설명은 '보도'에 해당한다.

답 ④

Q110

택시운전자가 여객에게 욕설·폭언을 했다. 가장 알맞은 설명은?

① 표현의 자유로 보호되어 제재가 불가하다
② 운수종사자 준수사항 위반(성실·친절 의무 등)으로 문제될 수 있다
③ 폭언은 지리 과목에 해당한다
④ 폭언은 도로교통법상 신호위반이다

🄷 여객에 대한 폭언·폭행 등은 운수종사자 준수사항 위반 및 추가 법적 문제로 이어질 수 있다.

🄳 ②

Q111

택시운전자가 차내에 자격증 또는 안내표지를 비치·게시하지 않았다. 가장 알맞은 설명은?

① 표지는 선택사항이라 문제되지 않는다
② 관련 기준을 위반하면 행정상 제재(과태료/과징금 등) 대상이 될 수 있다
③ 표지는 영어로만 작성해야 한다
④ 표지를 게시하면 오히려 위반이다

🄷 차내 표시·비치 의무는 이용자 보호를 위한 규정으로 위반 시 제재 대상이 될 수 있다.

🄳 ②

Q112

운전자가 고속도로에서 고장으로 정차했다. 안전을 위해 가장 적절한 조치는?

① 가능하면 차를 도로 우측 가장자리로 이동시키고 고장표지를 설치한다
② 2차로에 그대로 세우고 대기한다
③ 비상등만 켜면 충분하므로 삼각대는 필요 없다
④ 차량 뒤 5m 지점에만 표시한다

🄷 고속도로에서는 2차 사고 위험이 커서 우측 가장자리 이동 및 고장표지 설치가 중요하다.

🄳 ①

Q113

다음 중 '정당한 사유'가 있을 때 승차를 거부할 수 있는 경우로 가장 알맞은 것은?

① 목적지가 마음에 들지 않을 때
② 승객이 법령 위반 행위를 강요하거나 안전을 현저히 위협하는 경우
③ 단거리는 무조건 거부 가능
④ 현금 결제는 거부 가능

🄷 승차거부는 원칙적으로 금지되며, 안전을 위협하거나 위법 강요 등 정당한 사유가 있는 경우에 한해 예외가 논의될 수 있다.

🄳 ②

Q114

여객자동차운수사업법 체계에서 '운임·요금'의 기본 원칙으로 가장 알맞은 것은?

① 사업자가 마음대로 정하고 고지할 필요가 없다
② 정해진 절차에 따라 신고·인가·고시된 기준을 준수해야 한다
③ 운임은 승객이 정한다
④ 운임은 일단 받으면 환불이 불가하다

해 운임·요금은 법령과 절차에 따라 정해진 기준을 준수하는 것이 원칙이다.

답 ②

Q115

다음 중 운임·요금 신고(또는 관련 절차) 위반과 가장 가까운 사례는?

① 정해진 요금표를 비치한다
② 운임·요금을 절차 없이 임의로 변경해 받는다
③ 승객에게 안전벨트를 안내한다
④ 분실물 보관 안내를 한다

해 운임·요금을 임의로 변경해 받는 행위는 신고·고시 기준 위반 소지가 크다.

답 ②

Q116

택시운송사업자의 운수종사자 요건 미충족자를 종사하게 한 경우 과징금(1차) 예시는?

① 360만원 ② 120만원
③ 720만원 ④ 180만원

해 운수종사자 요건은 운전업무 종사자격(나이·운전경력·자격시험 합격, 적성검사 기준 충족 등)과 결격사유 여부를 포함한다. 요건을 갖추지 못한 자를 종사하게 하면 행정처분(과징금·사업정지 등) 대상이 되며, 본 문항의 360만원은 1차 과징금 예시에 해당한다.

답 ①

Q117

다음 중 '보도'의 설명으로 옳은 것은?

① 사업구역에서 운행계통을 정하지 않고 자동차를 사용해 여객을 운송하는 택시운송사업
② 연석선 등으로 경계를 표시하여 모든 차가 통행하도록 설치된 도로의 부분
③ 횡단 보행자나 통행 차마의 안전을 위해 안전표지 등으로 표시한 도로의 부분
④ 연석선 등으로 경계를 표시하여 보행자가 통행하도록 설치된 도로의 부분

해 '보도'의 정의는 법령에서 위와 같이 정한다.

답 ④

Q118

다음 중 '안전지대'의 설명으로 옳은 것은?

① 횡단 보행자나 통행 차마의 안전을 위해 안전표지 등으로 표시한 도로의 부분
② 연석선 등으로 경계를 표시하여 모든 차가 통행하도록 설치된 도로의 부분
③ 무면허·음주, 중앙선침범, 신호위반, 제한속도 20km/h 초과, 횡단보도 보행자 보호의무 위반 등 중대 위반 유형(법령 기준)
④ 연석선 등으로 경계를 표시하여 보행자가 통행하도록 설치된 도로의 부분

해 '안전지대'의 정의는 법령에서 위와 같이 정한다.
답 ①

Q119

다음 중 '긴급자동차'의 설명으로 옳은 것은?

① 혈중알코올농도 0.03% 이상인 상태
② 주의·규제·지시 내용을 노면에 문자·기호·선으로 알리는 표시
③ 무면허·음주, 중앙선침범, 신호위반, 제한속도 20km/h 초과, 횡단보도 보행자 보호의무 위반 등 중대 위반 유형(법령 기준)
④ 긴급한 용도로 사용 중인 자동차로서 소방차, 구급차, 혈액 공급차량 등 및 대통령령이 정하는 자동차

해 '긴급자동차'의 정의는 법령에서 위와 같이 정한다.
답 ④

Q120

사업용자동차 표시(표시등·표지 등)에 관한 설명으로 옳은 것은?

① 표시는 선택사항이며 소비자와 무관하다
② 사업용 표시를 하지 않으면 법령 위반으로 제재 대상이 될 수 있다
③ 표시는 개인택시에만 적용된다
④ 표시는 고속도로에서만 필요하다

해 사업용 자동차의 표시 의무는 이용자 보호와 단속·관리 목적이 있어 위반 시 제재될 수 있다.
답 ②

Q121

여객운송 중 여객시설(예: 냉·난방 등) 기준 준수와 관련해 옳은 것은?

① 여객시설 기준은 법령상 존재하지 않는다
② 기준에 적합하지 않은 차량으로 운송하면 제재 대상이 될 수 있다
③ 여객시설 기준은 버스에만 적용된다
④ 시설 기준은 운전자 판단에 맡긴다

해 여객시설 및 여객 안전 관련 설비기준을 갖추지 않으면 행정제재 대상이 될 수 있다.
답 ②

Q122

다음 중 용어와 설명의 연결이 잘못된 것은?

① 중앙선 - 차마의 통행 방향을 명확히 구분하기 위해 황색 실선/점선 등 또는 중앙분리대 등으로 표시한 것

② 일반택시운송사업 - 사업구역에서 운행계통을 정하지 않고 자동차를 사용해 여객을 운송하는 택시운송사업

③ 술에 취한 상태 - 차마의 통행 방향을 명확히 구분하기 위해 황색 실선/점선 등 또는 중앙분리대 등으로 표시한 것

④ 안전지대 - 횡단 보행자나 통행 차마의 안전을 위해 안전표지 등으로 표시한 도로의 부분

🄷 정의·구분 문항은 키워드가 바뀌면 오답이 되기 쉽다.

🄳 ③

Q123

택시운행 정보의 수집·활용과 가장 관련이 큰 제도는?

① 택시운행정보의 관리·제공을 통한 정책 개선 및 서비스 향상

② 어선 조업정보 관리

③ 항공 관제 정보 관리

④ 철도 신호 시스템 관리

🄷 택시 운행정보는 정책·서비스 개선을 위해 수집·관리·활용될 수 있다.

🄳 ①

Q124

택시운송시장 질서 확립을 위해 시행될 수 있는 정책으로 가장 알맞은 것은?

① 택시 대수·수급 관리(총량 관리 등)와 서비스 개선

② 택시 요금 무제한 인상

③ 면허 없는 운행 허용

④ 승차거부 자유화

🄷 수급 관리와 서비스 개선은 택시운송시장 건전성 확보와 직결된다.

🄳 ①

Q125

택시 서비스 평가 결과를 활용할 수 있는 방향으로 가장 알맞은 것은?

① 평가 결과는 공개가 금지되어 어떤 개선에도 쓰지 않는다

② 교육·제도 개선·서비스 향상 등 정책 수단으로 연계될 수 있다

③ 평가 결과는 오직 지리 문제 출제에만 쓰인다

④ 평가 결과는 운전면허 종류를 바꾸는 데 사용된다

🄷 평가 결과는 서비스 개선과 정책 보완의 근거로 활용될 수 있다.

🄳 ②

Q126

도로교통법상 '정차'에 대한 일반적 개념으로 옳은 것은?

① 운전자가 차를 떠나지 않고 즉시 출발할 수 있는 상태로 잠시 멈춤
② 엔진을 끄고 장시간 방치
③ 주차장 안에서만 가능한 행위
④ 고속도로에서만 가능한 행위

해 정차는 승객 승하차 등으로 잠시 멈추는 행위를 의미하는 것으로 이해된다.

답 ①

Q127

교차로 모서리, 횡단보도, 버스정류소 주변 등에서의 주정차에 대한 설명으로 가장 알맞은 것은?

① 교통의 위험·장해를 유발할 수 있어 제한되는 구역이 존재한다
② 어디든 주정차가 자유다
③ 택시는 모든 장소에서 주정차 가능
④ 주정차 제한은 야간에는 적용되지 않는다

해 교통안전과 소통을 위해 특정 구역에서는 주정차가 제한될 수 있다.

답 ①

Q128

횡단보도 앞에 불법 주정차된 차량이 있어 보행자 시야가 가려진 상황. 운전자의 올바른 태도로 가장 알맞은 것은?

① 그대로 속도를 유지하고 통과한다
② 감속·일시정지 등으로 보행자 돌발횡단 가능성에 대비한다
③ 경적만 올리면 된다
④ 보행자 보호 의무는 없다

해 시야가 가려진 상황에서는 보행자 돌발 횡단에 대비해 감속·정지 등 방어운전이 필요하다.

답 ②

Q129

안전거리 확보에 대한 설명으로 옳은 것은?

① 앞차와의 거리는 상관없다
② 속도·노면상태·시야 등에 맞춰 안전거리를 유지해야 한다
③ 야간에는 안전거리 의무가 없다
④ 안전거리는 고속도로에서만 적용된다

해 안전거리는 추돌사고 예방을 위해 속도와 환경에 맞게 확보해야 한다.

답 ②

Q130

방향지시등을 켜지 않고 차로를 변경해 사고가 났다. 가장 알맞은 법규 관점 평가는?

① 신호 불이행은 경미하므로 책임이 없다
② 차로변경 시 신호·안전확인 의무를 위반한 것으로 판단될 수 있다
③ 차로변경은 자유라 위반이 아니다
④ 보행자 신호 위반이다

해 차로 변경에는 신호와 안전확인 의무가 수반된다.
답 ②

Q131

다음 설명에 해당하는 용어로 가장 알맞은 것은?

택시운송사업의 건전한 발전을 도모하고 택시운수종사자 복지 및 국민 교통편의 제고에 이바지

① 횡단보도
② 규제표지
③ 택시운송사업발전법 목적
④ 안전지대

해 제시된 설명은 '택시운송사업발전법 목적'에 해당한다.
답 ③

Q132

음주측정 요구에 불응(측정거부)한 운전자에 대한 설명으로 옳은 것은?

① 측정거부는 처벌 대상이 아니다
② 측정거부도 법령에 따라 처벌·행정처분 대상이 될 수 있다
③ 측정거부는 택시요금 위반이다
④ 측정거부는 오직 민사책임만 발생한다

해 음주측정 거부는 안전 확보를 저해하므로 처벌 및 행정처분 대상이 될 수 있다.
답 ②

Q133

약물의 영향으로 정상 운전이 어려운 상태에서 운전한 경우에 대한 설명으로 옳은 것은?

① 음주가 아니면 처벌되지 않는다
② 약물 영향 운전도 위험운전으로 처벌·제재 대상이 될 수 있다
③ 약물은 전혀 단속 대상이 아니다
④ 약물운전은 오직 교통사고처리특례법상 반의사불벌이다

해 약물 영향 운전은 음주와 유사하게 안전을 위협하므로 처벌·제재 대상이 될 수 있다.
답 ②

Q134

다음 중 '여객자동차터미널'의 설명으로 옳은 것은?

① 일반교통에 사용되는 장소가 아닌 곳에서 승합자
동차를 정류시키거나 여객을 승하차시키기 위한
시설과 장소
② 운행계통을 정하지 않고 사업구역을 정하여 그 구
역 안에서 여객을 운송하는 사업
③ 연석선 등으로 경계를 표시하여 보행자가 통행하
도록 설치된 도로의 부분
④ 택시운송사업의 건전한 발전을 도모하고 택시운
수종사자 복지 및 국민 교통편의 제고에 이바지

㉑ '여객자동차터미널'의 정의는 법령에서 위와 같이 정
한다.

답 ①

Q135

택시운전자가 승객의 분실물을 발견했다. 가장 적절한
조치로 옳은 것은?

① 바로 폐기한다
② 유류품(분실물) 처리 절차에 따라 보관·신고·인도
등 필요한 조치를 한다
③ 개인 소유로 가져가도 된다
④ SNS에 공개한다

㉑ 분실물은 유류품 처리 절차에 따라 보관·신고·인도
하는 등 적정하게 처리해야 한다.

답 ②

Q136

택시운전자가 승객에게 안전띠 착용을 안내하고, 안전
을 위해 급출발·급정지를 자제했다. 가장 알맞은 평가
는?

① 불필요한 행위다
② 운수종사자 준수사항(안전 운송) 취지에 부합한다
③ 택시운전자는 안전에 대한 책임이 없다
④ 승객이 싫어하면 반드시 급출발해야 한다

㉑ 안전띠 안내 및 안전운전은 안전 운송 의무 취지에 부합
한다.

답 ②

Q137

택시운전자가 승객의 장애·연령 등을 이유로 차별적
언행을 했다. 가장 알맞은 설명은?

① 차별은 서비스와 무관하다
② 이용자 보호 및 준수사항 위반으로 문제될 수 있다
③ 차별은 오직 지리 문제다
④ 차별은 운임 신고와 무관해 처벌되지 않는다

㉑ 차별적 서비스 제공은 준수사항 위반 및 추가 법적 문
제로 이어질 수 있다.

답 ②

Q138

택시운전자가 호출 앱으로 배차된 승객을 정당한 사유 없이 취소·거부했다. 가장 적절한 평가는?

① 호출은 법과 무관하므로 문제되지 않는다
② 정당한 사유 없는 거부는 부당한 운송행위로 제재 대상이 될 수 있다
③ 호출 승객은 요금을 내지 않아도 된다
④ 호출은 무조건 무료다

해 호출 형태라도 정당한 사유 없는 운송 거부는 부당행위로 문제될 수 있다.

답 ②

Q139

택시정책 수립에 활용될 수 있는 자료로 가장 알맞은 것은?

① 운행기록 및 운행정보 등 객관적 데이터
② 운전자의 기분
③ 승객의 별명
④ 비공개 추측

해 택시 정책은 수요·공급, 운행정보 등 객관적 데이터를 기반으로 설계·개선될 수 있다.

답 ①

Q140

다음 설명에 해당하는 용어로 가장 알맞은 것은?

운행계통을 정하지 않고 사업구역을 정하여 그 구역 안에서 여객을 운송하는 사업

① 주의표지
② 술에 취한 상태
③ 차로
④ 구역 여객자동차운송사업

해 제시된 설명은 '구역 여객자동차운송사업'에 해당한다.

답 ④

Q141

택시산업의 '건전한 발전'을 위한 방향으로 가장 알맞은 것은?

① 승차거부 허용 확대
② 서비스 품질 개선과 이용자 보호 강화
③ 미터기 사용 금지
④ 무면허 운전 허용

해 택시산업 발전은 서비스 품질·이용자 보호·시장질서 확립 등과 연결된다.

답 ②

Q142

다음 중 반의사불벌 특례가 배제될 수 있는 사유로 가장 적절한 것은?

① 경미한 접촉사고
② 중대법규 12개 항목 위반으로 인한 사고
③ 차량 연식이 오래됨
④ 피해자가 치료를 빨리 받음

해 중대법규 위반 등 법에서 정한 예외에 해당하면 특례 적용이 제한될 수 있다.

답 ②

Q143

다음 중 공동위험행위에 해당하는 것으로 가장 알맞은 것은?

① 2대 이상의 차량이 도로에서 속도를 겨루며 경쟁 주행을 한다
② 승객이 많아 서행 운전한다
③ 교차로에서 일시정지 후 우회전한다
④ 안전거리 확보를 위해 차간거리를 넉넉히 둔다

해 공동위험행위는 여러 차량이 경쟁 주행 등으로 공동으로 위험을 발생시키는 행위이다.

답 ①

Q144

교통사고 벌점 기준에서 '중상 1명'에 해당하는 진단 기준으로 가장 알맞은 것은?

① 치료기간 3주 이상
② 치료기간 3일 이상
③ 치료기간 30일 이상
④ 치료기간 1주 이상

해 벌점 기준에서 중상은 '3주 이상 치료' 진단이 있는 경우로 본다.

답 ①

Q145

택시 서비스 개선을 위해 지방자치단체가 할 수 있는 역할로 가장 알맞은 것은?

① 택시 관련 정책·평가·교육·지도점검 등 제도 운영
② 택시운전자 면허시험 직접 시행
③ 항공기 정비
④ 선박 면허 발급

해 지자체는 택시 서비스 개선을 위해 평가·교육·지도점검 등 다양한 정책수단을 운영할 수 있다.

답 ①

Q146

운전이 금지되는 술에 취한 상태 기준(혈중알코올농도)은?

① 0.05%
② 0.08%
③ 0.10%
④ 0.03%

해 숫자·기준 문항은 자주 반복 출제된다.

🚗 암기: 혈중알코올농도 0.03% 이상.

답 ④

Q147

다음 중 '교차로'의 설명으로 옳은 것은?

① 십자, T자 등 둘 이상의 도로가 교차하는 부분(보도와 차도가 구분된 도로에서는 차도 기준)
② 차마가 줄지어 통행하도록 차선으로 구분된 차도의 부분
③ 주의·규제·지시 내용을 노면에 문자·기호·선으로 알리는 표시
④ 여객자동차운송사업, 자동차대여사업, 여객자동차터미널사업 등을 포함하는 여객자동차 운수 관련 사업

해 '교차로'의 정의는 법령에서 위와 같이 정한다.

답 ①

Q148

택시운송사업 관련 '위원회' 운영 취지로 가장 알맞은 것은?

① 정책 결정의 투명성·전문성 확보를 위해
② 운임을 임의로 올리기 위해
③ 단속을 없애기 위해
④ 승객 민원을 금지하기 위해

해 위원회는 정책 심의·자문을 통해 투명성과 전문성을 높이는 데 목적이 있다.

답 ①

Q149

다음 중 '개인택시운송사업'의 설명으로 옳은 것은?

① 운전자가 5분을 초과하지 않고 차를 정지시키는 것으로 주차 외의 정지 상태
② 도로법에 따른 도로, 유료도로법에 따른 유료도로, 농어촌도로정비법에 따른 농어촌도로 및 불특정 다수의 통행을 위해 공개되어 교통 확보가 필요한 장소
③ 사업구역에서 자동차 1대를 사업자가 직접 운전하여 여객을 운송하는 사업
④ 연석선 등으로 경계를 표시하여 보행자가 통행하도록 설치된 도로의 부분

해 '개인택시운송사업'의 정의는 법령에서 위와 같이 정한다.

답 ③

Q150

교통사고 벌점 기준에서 '경상 1명'에 해당하는 진단 기준으로 가장 알맞은 것은?

① 치료기간 3주 이상
② 치료기간 3일 이상 5일 미만
③ 치료기간 3주 미만 5일 이상
④ 치료기간 5일 미만

해 벌점 기준에서 경상은 '3주 미만이면서 5일 이상 치료' 진단이 있는 경우로 정리한다.

답 ③

Q151

교차로에서 우회전하려는 차량이 횡단보도에 보행자가 있는 경우, 가장 올바른 행동은?

① 보행자가 있어도 빠르게 우회전한다
② 보행자 안전을 우선해 일시정지·서행 등 필요한 조치를 한다
③ 경적을 울리면 우선권이 생긴다
④ 보행자 신호와 무관하다

해 우회전 시에도 보행자 보호 의무가 우선이며 일시정지·서행이 요구될 수 있다.

답 ②

Q152

어린이 보호구역 등에서 운전자의 기본 의무로 가장 알맞은 것은?

① 속도를 높여 빨리 통과한다
② 어린이 돌발 행동에 대비해 감속·주의하며 운전한다
③ 경적을 계속 울린다
④ 보행자 보호 의무가 없다

해 어린이 보호구역에서는 돌발상황 대비를 위해 감속·주의 운전이 강조된다.

답 ②

Q153

차로·차선 표시가 불명확한 도로에서 운전자가 취해야 할 태도로 가장 알맞은 것은?

① 차선이 없으니 아무렇게나 주행한다
② 주변 교통상황을 살피고 안전을 확보하며 통행한다
③ 반대차로로 마음대로 넘어간다
④ 신호를 무시해도 된다

해 표시가 불명확해도 통행방법과 안전운전 의무는 유지되며 주변 상황을 고려해야 한다.

답 ②

Q154

교통표지 중 '규제표지'에 대한 설명으로 옳은 것은?

① 규제표지는 권고에 불과하다
② 통행방법·금지·제한 등을 규정하여 반드시 따라야 한다
③ 야간에는 무효다
④ 보행자에게만 적용된다

해 규제표지는 금지·제한 등 법적 효력이 있어 운전자는 준수해야 한다.

답 ②

Q155

운전 중 휴대전화 사용(손에 들고 통화·문자 등)에 대한 일반적 법규 취지로 옳은 것은?

① 집중력을 떨어뜨려 사고 위험을 높이므로 제한된다
② 운전자는 멀티태스킹이 가능하므로 허용된다
③ 택시는 예외로 자유다
④ 야간에는 자유다

해 운전 중 휴대전화 사용은 주의력 저하로 사고 위험이 커 제한되는 것이 일반적이다.

답 ①

Q156

여객자동차운송사업용 운수종사자 신규교육 시간은?

① 16시간　　　　　② 4시간
③ 8시간　　　　　④ 20시간

해 숫자·기준 문항은 자주 반복 출제된다.
답 ①

Q157

안전벨트 착용에 대한 설명으로 옳은 것은?

① 안전벨트는 고속도로에서만 필요하다
② 운전자·동승자는 안전을 위해 안전벨트를 착용해야 한다
③ 택시 승객은 착용 의무가 없다
④ 뒷좌석은 항상 면제다

해 안전벨트는 사고 시 피해를 줄이기 위한 핵심 안전장치로 착용이 요구된다.
답 ②

Q158

다음 설명에 해당하는 용어로 가장 알맞은 것은?

> 차로와 차로를 구분하기 위해 노면에 표시한 선

① 보도　　　　　② 차선
③ 반의사불벌 특례　　　　　④ 도로

해 제시된 설명은 '차선'에 해당한다.
답 ②

Q159

사고 후 상대방과 합의가 되었더라도 운전자가 기본적으로 유의해야 할 사항으로 옳은 것은?

① 인명피해가 있으면 구호·신고 등 법적 의무가 별도로 문제될 수 있다
② 합의만 하면 모든 법적 의무가 사라진다
③ 합의는 형사절차를 무조건 중단시킨다
④ 합의는 사고현장 이탈을 정당화한다

해 합의와 별개로 인명구호·신고 등 기본 의무는 상황에 따라 문제될 수 있다.
답 ①

Q160

교통사고로 피해자가 다쳤는데 운전자가 연락처만 남기고 떠났다. 가장 알맞은 평가는?

① 연락처만 남기면 항상 적법하다
② 구호·신고 등 필요한 조치를 하지 않았다면 도주로 판단될 소지가 있다
③ 피해자 상태와 무관하다
④ 택시 운전자는 예외다

해 인명피해 사고에서 필요한 조치를 하지 않고 현장을 떠나면 도주로 볼 여지가 있다.
답 ②

Q161

다음 중 '택시운전자격시험'의 설명으로 옳은 것은?

① 대통령령이 정하는 사업구역의 일반택시운송사업
자가 택시 구입·운행 비용 중 일부를 운수종사자
에게 부담시키지 못하도록 한 규정
② 택시운전업무 종사자격을 취득하려는 사람이 한
국교통안전공단이 시행하는 시험에 합격해야 하
는 제도
③ 면허 없이 운전하거나 면허 효력이 정지된 상태에
서 운전하는 행위 등을 말함
④ 일반교통에 사용되는 장소가 아닌 곳에서 승합자
동차를 정류시키거나 여객을 승하차시키기 위한
시설과 장소

해 '택시운전자격시험'의 정의는 법령에서 위와 같이 정
한다.
답 ②

Q162

다음 중 용어와 설명의 연결이 잘못된 것은?

① 택시정책위원회 - 다른 사람의 수요에 응하여 자
동차를 사용해 유상으로 여객을 운송하는 사업
② 도로 - 도로법에 따른 도로, 유료도로법에 따른 유
료도로, 농어촌도로정비법에 따른 농어촌도로 및
그 밖에 현실적으로 불특정 다수의 사람 또는 차마
가 통행할 수 있도록 공개된 장소로서 안전하고 원
활한 교통을 확보할 필요가 있는 장소
③ 정차 - 운전자가 5분을 초과하지 않고 차를 정지
시키는 것으로 주차 외의 정지 상태
④ 여객자동차운송사업 - 다른 사람의 수요에 응하여
자동차를 사용해 유상으로 여객을 운송하는 사업

해 정의·구분 문항은 키워드가 바뀌면 오답이 되기 쉽다.
답 ①

Q163

교통사고 현장에서의 '구호조치'에 해당하지 않는 것은?

① 부상자 상태 확인 및 119 요청
② 안전한 장소로 이동하도록 돕기
③ 추가 위험 방지를 위한 조치
④ 사고 증거를 숨기기

해 구호조치는 인명 보호와 위험 방지이며, 증거를 숨기
는 행위는 정당한 조치가 아니다.
답 ④

Q164

다음 중 '운송비용 전가 금지'의 설명으로 옳은 것은?

① 여객자동차운송사업, 자동차대여사업, 여객자동차
터미널사업 등을 포함하는 여객자동차 운수 관련
사업
② 사상 사실을 인식·예견하고도 구호조치 없이 현장
을 이탈하는 등 일정 요건을 충족하는 사고
③ 대통령령이 정하는 사업구역의 일반택시운송사업
자가 택시 구입·운행 비용 중 일부를 운수종사자
에게 부담시키지 못하도록 한 규정
④ 통행방법·통행구분 등 지시를 알리는 표지

해 '운송비용 전가 금지'의 정의는 법령에서 위와 같이 정
한다.
답 ③

Q165

특별 교통안전 의무교육을 연기받은 사람이 교육을 언제까지 이수해야 하는가?

① 연기 사유가 없어진 날부터 7일 이내
② 연기 사유가 없어진 날부터 30일 이내
③ 다음 해 10월 말까지
④ 연기 사유와 관계없이 1년 이내면 된다

해 질병·부상, 신체의 자유 구속 등으로 연기받은 경우, 사유가 없어진 날부터 30일 이내에 교육을 이수해야 하는 것으로 안내된다.

답 ②

Q166

운전면허 벌점 제도의 기본 목적에 대한 설명으로 가장 알맞은 것은?

① 운전자 교육을 없애기 위해
② 위반·사고에 대한 경각심을 높이고 안전운전을 유도하기 위해
③ 요금을 인상하기 위해
④ 도로를 확장하기 위해

해 벌점은 위반행위에 대한 경각심을 높여 안전운전을 유도하는 제도적 수단이다.

답 ②

Q167

운전면허 행정처분(정지·취소 등)에 대한 일반적 설명으로 옳은 것은?

① 어떤 위반도 처분 대상이 아니다
② 중대한 위반 또는 누적 벌점 등 일정 요건에서 행정처분이 이루어질 수 있다
③ 택시는 면허 처분이 없다
④ 행정처분은 민사소송으로만 가능하다

해 중대한 위반이나 누적 벌점 등은 면허 정지·취소 등 행정처분으로 이어질 수 있다.

답 ②

Q168

다음 중 '중앙선'의 설명으로 옳은 것은?

① 면허 없이 운전하거나 면허 효력이 정지된 상태에서 운전하는 행위 등을 말함
② 보도와 차도가 구분되지 않은 도로에서 보행자 안전을 위해 가장자리에 경계를 표시한 부분
③ 긴급한 용도로 사용 중인 자동차로서 소방차, 구급차, 혈액 공급차량 등 및 대통령령이 정하는 자동차
④ 차마의 통행 방향을 명확히 구분하기 위해 황색 실선/점선 등 또는 중앙분리대 등으로 표시한 것

해 '중앙선'의 정의는 법령에서 위와 같이 정한다.

답 ④

Q169

다음 설명에 해당하는 용어로 가장 알맞은 것은?

긴급한 용도로 사용 중인 자동차로서 소방차, 구급차, 혈액 공급차량 등 및 대통령령이 정하는 자동차

① 차도
② 차로
③ 긴급자동차
④ 무면허운전

해 제시된 설명은 '긴급자동차'에 해당한다.

답 ③

Q170

자동차 앞면 창유리 가시광선 투과율 기준(미만이면 운전 금지)은?

① 70% 미만
② 60% 미만
③ 50% 미만
④ 80% 미만

해 창유리 가시광선 투과율 기준은 앞면 창유리 70% 이상, 운전석 좌우 옆면 창유리 40% 이상이다. 기준 미달(예 앞면 70% 미만)이면 교통안전에 지장을 주는 운전으로 제재 대상이 된다.

답 ①

Q171

사업용 차량의 안전운행을 위해 필요한 제도로 가장 알맞은 것은?

① 차량 점검·검사 등 안전확보 절차
② 운임 임의 인상
③ 표지 제거
④ 승차거부 허용

해 사업용 차량은 안전운행을 위해 점검·검사 등 제도가 운영된다.

답 ①

Q172

차령이 경과한 차량을 계속 운행하는 것에 대한 설명으로 가장 알맞은 것은?

① 차령 규정은 없으므로 문제되지 않는다
② 차령 경과는 관련 법령상 운행·사업 유지에 제약 사유가 될 수 있다
③ 차령은 오직 지리 과목이다
④ 차령 경과는 승객 동의로 해결된다

해 차령 규정은 안전과 관리 목적이 있어 경과 시 운행·사업에 제약이 될 수 있다.

답 ②

Q173

다음 중 여객자동차운수사업 관련 '과태료(또는 과징금) 부과' 대상이 될 가능성이 큰 행위는?

① 운임·요금 기준을 절차 없이 임의로 변경해 받는 행위
② 승객에게 친절하게 인사하는 행위
③ 정지선 앞에서 정지하는 행위
④ 방향지시등을 켜는 행위

해 운임·요금 관련 의무 위반은 과태료·과징금 등 행정 제재 대상이 될 수 있다.

답 ①

Q174

다음 중 사업용자동차 표시 의무와 관련해 위반으로 판단될 수 있는 것은?

① 사업용 표시를 하지 않고 운송행위를 하는 것
② 요금표를 비치하는 것
③ 승객에게 안전벨트를 안내하는 것
④ 차량을 점검하는 것

📖 사업용 표시 미이행은 이용자 보호·관리 목적상 위반으로 제재될 수 있다.

답 ①

Q175

교통사고 벌점 기준에서 '부상신고 1명'의 벌점으로 알맞은 것은?

① 2점　　　　　② 5점
③ 15점　　　　④ 90점

📖 벌점 기준에서 부상신고 1명은 2점, 경상 5점, 중상 15점, 사망 90점으로 구분한다.

답 ①

Q176

다음 중 '여객자동차운수사업'의 설명으로 옳은 것은?

① 여객자동차운송사업, 자동차대여사업, 여객자동차터미널사업 등을 포함하는 여객자동차 운수 관련 사업
② 제한·금지 등 규제를 알리는 표지
③ 택시운전업무 종사자격을 취득하려는 사람이 한국교통안전공단이 시행하는 시험에 합격해야 하는 제도
④ 사상 사실을 인식·예견하고도 구호조치 없이 현장을 이탈하는 등 일정 요건을 충족하는 사고

📖 '여객자동차운수사업'의 정의는 법령에서 위와 같이 정한다.

답 ①

Q177

어린이(소아) 운임 부과와 관련해 가장 알맞은 설명은?

① 규정과 무관하게 성인과 동일 요금을 무조건 받는다
② 법령·요금 규정에 따라 어린이 운임 적용 기준이 정해질 수 있다
③ 어린이는 택시 탑승이 금지된다
④ 어린이 운임은 기사 마음대로 결정한다

📖 어린이 운임은 요금 규정에 따라 적용 기준이 정해질 수 있으며 임의 부과는 문제될 수 있다.

답 ②

Q178

택시운전자가 자신의 자격증을 타인에게 빌려주어 운행하게 했다. 가장 알맞은 평가는?

① 자격증 대여는 허용된다
② 자격증 대여는 부정행위로 중한 제재(자격취소 등) 대상이 될 수 있다
③ 자격증은 필요 없다
④ 자격증 대여는 지리 과목 위반이다

㉿ 자격증 대여는 운송 질서와 안전을 해치므로 중한 제재 대상으로 다뤄질 수 있다.

답 ②

Q179

다음 설명에 해당하는 용어로 가장 알맞은 것은?

> 보도와 차도가 구분되지 않은 도로에서 보행자 안전을 위해 가장자리에 경계를 표시한 부분

① 길가장자리구역
② 주의표지
③ 노선 여객자동차운송사업
④ 노면표시

㉿ 제시된 설명은 '길가장자리구역'에 해당한다.

답 ①

Q180

택시운전자격증을 차내에 비치·게시하는 취지로 가장 알맞은 것은?

① 승객이 기사 신상을 알 수 없게 하기 위해
② 이용자 보호와 분쟁 예방, 관리·감독을 위해
③ 요금을 올리기 위해
④ 운전면허를 면제하기 위해

㉿ 자격증 표시·비치는 이용자 보호와 관리·감독 목적이 있다.

답 ②

Q181

택시운송사업의 발전 정책에서 자주 다루는 키워드로 가장 알맞은 것은?

① 수급(공급·수요) 관리와 서비스 품질 향상
② 원양어업 허가
③ 항공기 제작
④ 산림 경영

㉿ 택시발전 정책은 수급 관리와 서비스 품질 향상에 초점을 둔다.

답 ①

Q182

택시 서비스 개선을 위해 교육을 실시하는 가장 큰 목적은?

① 기사에게 불이익을 주기 위해
② 안전·친절 등 서비스 수준을 높이고 사고를 예방하기 위해
③ 요금 인상을 위해
④ 승객을 줄이기 위해

해 교육은 안전운행과 서비스 품질 향상, 법령 준수 강화를 위해 실시된다.

답 ②

Q183

철길건널목(기차건널목) 통과 방법으로 가장 알맞은 것은?

① 차단기가 내려와도 빠르게 통과한다
② 일시정지 또는 서행하며 안전을 확인하고, 차단기·경보가 작동하면 통과하지 않는다
③ 경적을 울리면 통과 가능하다
④ 야간에는 신호를 무시해도 된다

해 철길건널목은 신호·차단기·경보에 따라 반드시 통과 방법을 준수해야 한다.

답 ②

Q184

앞지르기(추월) 금지 장소·시기에 대한 설명으로 가장 알맞은 것은?

① 언제 어디서나 자유롭게 앞지르기 가능
② 교차로, 횡단보도, 굽은 도로 등 위험 구간에서는 제한될 수 있다
③ 앞지르기는 오토바이에만 적용
④ 앞지르기는 고속도로에서만 금지

해 위험 구간에서는 앞지르기가 제한되며, 이를 위반하면 중대법규로 문제될 수 있다.

답 ②

Q185

버스전용차로 등 전용차로의 기본 취지로 옳은 것은?

① 교통 혼잡을 더 늘리기 위해
② 대중교통의 원활한 운행을 확보하기 위해
③ 택시만 이용하게 하기 위해
④ 모든 차량이 더 빨리 달리게 하기 위해

해 전용차로는 특정 교통수단의 원활한 운행을 확보하기 위한 제도다.

답 ②

Q186

다음 설명에 해당하는 용어로 가장 알맞은 것은?

차마가 줄지어 통행하도록 차선으로 구분된 차도의 부분

① 보조표지   ② 운송비용 전가 금지
③ 차로   ④ 주차

해 '차로'는 차마가 줄지어 통행하도록 차선 등으로 구분된 차도의 부분이다. '차선'은 차로의 경계를 표시하기 위해 노면에 표시한 선(실선·점선 등)으로, 차로를 나누거나 통행방법을 안내한다.

답 ③

Q187

사고 현장에서 운전자가 가장 먼저 해야 할 행동으로 적절한 것은?

① 도망간다
② 즉시 정차하여 상황을 파악하고 필요한 조치를 한다
③ 상대방 차량을 먼저 이동시킨다
④ 증거를 숨긴다

해 사고 발생 시 즉시 정차는 기본이며 이후 구호·안전 조치·신고로 이어진다.
답 ②

Q188

고속도로(편도 2차로 이상)에서 승용차의 최고속도(기본)는?

① 90km/h　　② 100km/h
③ 120km/h　　④ 110km/h

해 고속도로는 편도 2차로 이상 기본 최고 100km/h(승용), 편도 1차로는 최고 80km/h이며 최저속도는 50km/h이다. (참고: 지정 구간은 최고 120km/h까지 가능) 일반도로(표지 없을 때)는 기본 최고 60km/h(편도 2차로 이상 80km/h), 도시지역은 50km/h가 기본이다.
답 ②

Q189

교통사고로 부상자가 발생했는데 운전자가 신고를 미루는 행동의 위험으로 가장 알맞은 것은?

① 위험이 없다
② 피해자 상태 악화 및 법적 의무 위반 소지가 커진다
③ 보험료가 줄어든다
④ 과태료만 내면 끝난다

해 신고 지연은 인명피해를 키울 수 있고, 법적 의무 위반으로 문제될 수 있다.
답 ②

Q190

교통사고 후 현장 사진 촬영에 관한 태도로 옳은 것은?

① 촬영만 하고 구호조치는 하지 않는다
② 인명구호·안전조치가 우선이며, 가능한 범위에서 사고 기록을 남긴다
③ 촬영은 불법이므로 절대 하지 않는다
④ 촬영하면 신고 의무가 면제된다

해 인명구호·2차사고 방지가 우선이며, 이후 사실관계 확인을 위한 기록이 도움이 될 수 있다.
답 ②

Q191

신호위반의 위험성에 대한 설명으로 옳은 것은?

① 신호는 권고사항이다
② 교차로 충돌 등 중대 사고로 이어질 수 있어 엄격히 금지된다
③ 택시는 예외다
④ 야간에는 신호가 없다

해 신호위반은 교차로 대형사고 위험이 커 엄격히 금지된다.
답 ②

Q192

도로교통법상 정차의 시간 기준은 최대 몇 분 이하인가?

① 5분　　　　② 3분
③ 15분　　　　④ 10분

해 숫자·기준 문항은 자주 반복 출제된다.

　암기: 정차 5분 이하.

답 ①

Q193

중앙선 침범이 특히 위험한 이유로 가장 알맞은 것은?

① 속도를 줄여주기 때문이다
② 마주 오는 차량과 정면충돌 위험이 크기 때문이다
③ 연비가 좋아진다
④ 교통흐름을 원활하게 한다

해 중앙선 침범은 정면충돌로 이어질 가능성이 커 매우
　 위험하다.

답 ②

Q194

**다음 중 택시 운송질서 확립을 위해 금지되는 대표적
행위로 가장 알맞은 것은?**

① 정당한 사유 없는 승차거부·부당요금 등 부당행위
② 안전벨트 안내
③ 차량 점검
④ 교통법규 준수

해 승차거부·부당요금 등은 이용자 보호와 운송질서 확립
　 을 위해 금지·제재 대상이 될 수 있다.

답 ①

Q195

**택시운송사업 관련 법령에서 '이용자 보호'의 핵심 취
지로 가장 알맞은 것은?**

① 승객의 권리와 안전, 요금 투명성 등을 확보하기
　 위해
② 승객을 줄이기 위해
③ 요금 협상을 자유화하기 위해
④ 노선버스를 폐지하기 위해

해 이용자 보호는 안전·친절·요금 투명성·분쟁 예방 등
　 과 직결된다.

답 ①

Q196

**운전자가 도로에서 '주의의무'를 다하지 못했다고 평가
될 수 있는 상황으로 가장 알맞은 것은?**

① 시야가 가려진 횡단보도 앞에서 감속하지 않고 그
　 대로 진행
② 보행자 유무를 확인하고 서행
③ 신호에 따라 정지
④ 안전거리 확보

해 시야가 가려진 위험 상황에서 감속·주의를 하지 않으면
　 주의의무 위반으로 평가될 수 있다.

답 ①

Q197

여객자동차운수사업에서 '운송약관'의 역할로 가장 알맞은 것은?

① 사업자와 이용자 간 권리·의무, 운송 조건 등을 정해 분쟁을 예방하기 위해
② 도로를 건설하기 위해
③ 운전면허를 발급하기 위해
④ 항공기 운항을 통제하기 위해

해 운송약관은 운송 조건과 책임 범위를 정해 이용자 보호 및 분쟁 예방에 기여한다.

답 ①

Q198

택시운전자가 운송 중 승객 안전을 위해 해야 할 행동으로 가장 알맞은 것은?

① 급출발·급정지를 반복한다
② 안전운전, 승하차 안전 확보 등 위험을 줄이는 조치를 한다
③ 승객에게 안전은 본인 책임이라 고지한다
④ 운전 중 영상 시청을 한다

해 사업용 운전자는 안전운행 의무를 다해 승객 위험을 줄여야 한다.

답 ②

Q199

여객자동차운수사업법 체계에서 행정처분(정지·취소 등)이 이루어지는 일반적 이유로 옳은 것은?

① 위반행위가 있어도 처분은 불가하다
② 법령상 의무 위반 등 일정 사유가 있으면 행정처분이 가능하다
③ 처분은 민사합의로만 결정된다
④ 처분은 운전면허와 무관하다

해 사업 관련 의무 위반 등은 행정처분 사유가 될 수 있다.

답 ②

Q200

택시요금 분쟁을 줄이기 위한 운전자의 행동으로 가장 알맞은 것은?

① 요금을 구두로만 부르고 증빙을 제공하지 않는다
② 미터기 사용, 요금 안내, 영수증 제공 등 절차를 준수한다
③ 승객이 묻지 않으면 요금을 숨긴다
④ 요금은 운전자 마음대로 결정한다

해 요금 안내·증빙 제공 등 절차 준수는 분쟁 예방에 효과적이다.

답 ②

NOTES

PART 2

안전운행
(200 문항)

안전운행 (200 문항)

Q001

출발 전 점검으로 가장 먼저 확인할 항목의 조합으로 알맞은 것은?

① 타이어 공기압·마모, 등화류, 브레이크 감각
② 에어컨 향, 실내 조명 색
③ 블랙박스 저장용량만
④ 좌석 커버 상태만

해 기본 3대(타이어·등화·제동)는 안전과 직결되므로 우선 확인한다.
답 ①

Q002

타이어 공기압이 낮을 때 나타날 가능성이 큰 현상은?

① 접지력 증가로 제동거리 감소
② 연비 저하·편마모·과열 위험 증가
③ 핸들 조작이 가벼워짐
④ 브레이크 패드 수명 증가

해 공기압 부족은 저항과 열을 키워 안전성과 내구를 악화시킨다.
답 ②

Q003

브레이크 페달이 스펀지처럼 깊게 들어가는 느낌이 지속된다. 가장 적절한 대응은?

① 평소처럼 운행한다
② 속도를 올려 감각을 테스트한다
③ 정비 점검 후 운행한다
④ 브레이크를 반복 펌핑하며 장거리 운행한다

해 제동계 이상 가능성이 있어 즉시 점검이 필요하다.
답 ③

Q004

와이퍼가 줄무늬를 남기며 닦인다. 빗길 운행 전 조치로 알맞은 것은?

① 워셔액만 더 넣는다
② 속도를 올려 물을 날린다
③ 유리 열선만 켠다
④ 와이퍼 고무 상태 점검·교체

해 시야 확보가 핵심이므로 와이퍼 블레이드 상태를 우선 점검한다.
답 ④

Q005

타이어 트레드가 심하게 닳아 배수 성능이 떨어지면 빗길에서 가장 위험한 현상은?

① 수막현상(하이드로플래닝)
② 엔진노킹
③ 스티어링 락
④ 냉각수 부족

해 배수 성능이 떨어지면 노면 위로 떠오르는 수막현상 위험이 커진다.
답 ①

Q006

전조등이 한쪽만 켜지지 않는다. 야간 운행 전 조치로 알맞은 것은?

① 그냥 운행한다
② 가능하면 교체·수리 후 운행
③ 상향등만 계속 사용
④ 비상등을 켠 채 주행

해 등화 불량은 시인성을 떨어뜨려 사고 위험이 커진다.
답 ②

Q007

주행 중 배터리 경고등이 점등된다. 가장 가능성이 큰 원인은?

① 타이어 공기압 과다   ② 연료탱크 과충전
③ 에어컨 필터 막힘   ④ 충전(발전) 계통 이상

해 발전기·벨트·배터리 등 충전계 이상을 의심해야 한다.
답 ④

Q008

엔진 과열이 의심될 때 초기 대응으로 알맞은 것은?

① 바로 냉각수 캡을 연다
② 안전한 곳에 정차 후 충분히 냉각한다
③ 가속해 빨리 이동한다
④ 히터를 끄고 계속 운행한다

해 뜨거울 때 캡을 열면 화상 위험이 있어 냉각 후 점검이 원칙이다.
답 ②

Q009

출발 전 시트·헤드레스트를 바르게 조정하는 목적은?

① 충돌 시 목·척추 손상 감소
② 인테리어
③ 연비 향상
④ 엔진 소음 감소

해 올바른 자세는 피로를 줄이고 사고 시 상해를 줄인다.
답 ①

Q010

후진 출차 시 가장 안전한 습관으로 알맞은 것은?

① 한 번에 빠르게 후진
② 천천히 주변 확인 후 이동
③ 경적을 길게 울리며 후진
④ 후방만 보고 조작

해 저속·확인·여유가 후진 사고를 줄인다.
답 ②

Q011

연료 냄새가 지속된다. 가장 적절한 조치는?

① 창문 열고 계속 운행
② 향수를 뿌린다
③ 에어컨을 켠다
④ 안전한 곳에 정차 후 점검·정비 의뢰

해 연료 누출은 화재 위험이 있으므로 즉시 점검이 필요
하다.

답 ④

Q012

타이어 공기압을 과도하게 높인 경우 위험으로 알맞은
것은?

① 접지면 감소로 제동·조향 안정성 저하
② 수막현상 위험 감소
③ 승차감 향상
④ 브레이크 발열 감소

해 과다 공기압은 접지면을 줄여 제동·조향 성능을 악화
시킬 수 있다.

답 ①

Q013

차량 주변(사각 포함) 확인이 필요한 이유로 알맞은
것은?

① 도장 보호
② 보행자·자전거·장애물 접촉 사고 예방
③ 통화 품질 향상
④ 오디오 음질 향상

해 출발·후진 시 주변 확인은 저속 접촉사고를 크게 줄인다.

답 ②

Q014

주차브레이크가 완전히 해제되지 않은 채 주행하면
위험은?

① 제동계 과열·연비 악화·화재 위험
② 브레이크 성능 향상
③ 타이어 수명 증가
④ 조향 안정성 증가

해 드래그가 발생해 과열·마모·화재 위험이 커진다.

답 ①

Q015

사이드미러가 제대로 조정되지 않으면 생길 위험은?

① 사각지대 증가로 측면 접촉 위험 증가
② 연비 감소
③ 엔진 과열
④ 냉각수 누수

해 사각지대가 커져 차로 변경·합류 시 위험이 커진다.

답 ①

Q016

유리창 김서림이 심하다. 가장 올바른 조치는?

① 그대로 운행
② 속도를 올린다
③ 상향등을 켠다
④ 제습/에어컨·외기유입·앞유리 송풍 등으로 시야
확보

해 시야 확보가 최우선이며, 필요 시 정차해 해결한다.

답 ④

Q017

브레이크등 점검이 중요한 이유는?

① 연비가 좋아진다
② 뒤차가 감속을 인지해 추돌을 예방한다
③ 노면 소음을 줄인다
④ 출력이 올라간다

해 뒤차에게 감속·정지 의도를 전달해 후미추돌 위험을 줄인다.

답 ②

Q018

다음 설명에 해당하는 정렬 값으로 가장 알맞은 것은?

> 조향축을 전후 방향으로 기울게 하여 직진성과 조향휠 복원성을 높이는 값

① 캠버
② 캐스터
③ 토인
④ 휠베이스

해 캐스터는 직진성과 조향휠(핸들) 복원성을 높이기 위한 정렬 값이다.

답 ②

Q019

적재물(개인 물품 포함)이 실내에서 움직인다. 올바른 조치는?

① 급제동으로 붙인다
② 라디오를 끈다
③ 창문을 연다
④ 고정해 2차 사고 위험을 줄인다

해 급제동·충돌 시 물품이 투사체가 될 수 있어 고정이 필요하다.

답 ④

Q020

계기판 경고등이 여러 개 점등되고 출력이 떨어진다. 최선의 대응은?

① 무시하고 목적지까지 운행
② 안전한 곳에 정차 후 점검/견인 고려
③ 고회전 유지
④ 속도를 올려 테스트

해 안전 확보 후 원인 점검이 우선이며 무리 운행은 위험하다.

답 ②

Q021

방어운전의 핵심 원칙으로 알맞은 것은?

① 타인의 실수와 악천후까지 고려해 사고를 미리 막는다
② 내 차만 잘 달리면 된다
③ 양보는 약자에게만 한다
④ 위험하면 급조향으로 피한다

해 방어운전은 예측·여유·거리 확보로 사고 가능성을 낮춘다.

답 ①

Q022

앞차를 따라갈 때 안전한 추종거리 기준으로 알맞은 것은?

① 0.5초
② 1초
③ 2~3초
④ 6~7초

해 급정지에 대응할 시간을 확보하기 위해 최소 2~3초 정도가 필요하다.

답 ③

Q023

시가지에서 위험을 줄이기 위한 전방 탐색 기준으로 알맞은 것은?

① 2~3초 앞만 본다
② 5초 앞만 본다
③ 20~30초 전방까지 넓게 본다
④ 뒤차만 본다

해 전방을 넓게 보면 위험을 조기에 인지해 부드럽게 대응할 수 있다.
답 ③

Q024

장애물·조건(버스정류장, 골목, 주정차 등)을 미리 확인하는 기준으로 알맞은 것은?

① 1~2초 전방　　② 뒤로 10초
③ 40~50초 전방　　④ 12~15초 전방

해 위험 요소를 미리 보면 감속·차로 선택 등 여유 대응이 가능하다.
답 ④

Q025

도로 위험을 인지한 뒤 반응시간의 대략 범위로 알맞은 것은?

① 0.1초　　② 0.5~0.7초
③ 2~3초　　④ 5초 이상

해 반응에 시간이 걸리므로 여유거리 확보가 필요하다.
답 ②

Q026

교통흐름이 불규칙할 때 가장 안전한 주행전략은?

① 차간거리와 감속 여유를 넉넉히
② 급가감속을 자주 한다
③ 앞차에 바짝 붙기
④ 차로를 잦게 바꾸기

해 여유를 늘리면 급정지·끼어들기에도 부드럽게 대응할 수 있다.
답 ①

Q027

뒤차가 바짝 붙는다. 가장 안전한 대응은?

① 급제동으로 경고
② 앞차에 더 붙는다
③ 급차로 변경
④ 서서히 속도를 줄여 추돌 위험을 낮춘다

해 급제동은 위험하므로 점진적 감속과 공간 확보가 원칙이다.
답 ④

Q028

교차로 진입 전 위험을 줄이는 방법으로 알맞은 것은?

① 녹색이면 속도 유지
② 주변 보행자·좌우 차량을 스캔하며 진입
③ 앞차만 따라간다
④ 경적을 계속

해 교차로는 변수가 많아 스캔과 감속이 도움이 된다.
답 ②

Q029

운전 중 주의가 크게 분산되는 행동으로 알맞은 것은?

① 휴대전화 손조작   ② 전방·거울 스캔
③ 차로 중앙 유지   ④ 안전거리 유지

㉻ 손조작은 시선·주의를 빼앗아 반응이 늦어진다.
㉹ ①

Q030

앞차가 급정지할 가능성이 커 보인다. 가장 안전한 선택은?

① 바짝 붙어 끼어들기 방지
② 경적을 길게
③ 거리 늘리고 속도 낮춰 여유 확보
④ 급가속 추월

㉻ 돌발 상황 대비에는 거리·시간 여유가 최우선이다.
㉹ ③

Q031

시야가 제한된 상황에서 속도 관리 원칙으로 알맞은 것은?

① 시야가 짧아도 제한속도까지 유지
② 브레이크는 쓰지 않는다
③ 뒤차가 있으니 가속
④ 시야에 맞춰 정지 가능한 범위로 감속

㉻ 정지 가능 거리 내에서 주행해야 돌발상황에 대응할 수 있다.
㉹ ④

Q032

방어운전에서 예측의 의미로 알맞은 것은?

① 상대가 항상 규칙 준수한다고 가정
② 상대의 실수·돌발을 가정하고 대비
③ 급하면 먼저 간다
④ 경적을 많이 울린다

㉻ 타인의 실수까지 고려해 대비하는 것이 핵심이다.
㉹ ②

Q033

차로 변경의 올바른 순서로 알맞은 것은?

① 신호 → 거울/사각 확인 → 부드럽게 변경
② 핸들을 먼저 돌린다
③ 경적 → 급가속 → 변경
④ 뒤차가 비키면 바로 끼어듦

㉻ 신호와 확인이 먼저이며, 부드러운 조작이 안정성을 높인다.
㉹ ①

Q034

사각지대에 오래 머무는 행동이 위험한 이유는?

① 연비가 좋아서
② 속도가 빨라서
③ 상대 운전자가 내 차를 보기 어렵기 때문
④ 브레이크가 강해서

㉻ 사각지대에서는 차로 변경·합류 시 충돌 위험이 커진다.
㉹ ③

Q035

다음 중 주변시에 대한 설명으로 가장 알맞은 것은?

① 전방을 주시하는 동안 좌우의 움직임을 인식하는
시야
② 전방의 대상을 뚜렷하게 식별하는 시야
③ 대상까지의 거리(깊이)를 판단하는 능력
④ 움직이는 물체를 식별하는 시력(동체시력)

해 주변시는 전방 주시 중 좌우의 움직임을 인식하는 시야
이다.

답 ①

Q036

시야가 제한된 상황(안개·폭우 등)에서 등화(전조등)
사용 원칙으로 알맞은 것은?

① 상향등을 계속 켜서 더 멀리 비춘다
② 전조등을 끄고 비상등만 켠다
③ 하향등(필요 시 안개등)을 켜고, 앞차와 간격을
두며 감속한다
④ 라이트를 껐다 켰다 반복해 존재를 알린다

해 시야 제한 시에는 상향등 반사로 더 안 보일 수 있어
하향등 중심으로 시야·간격을 확보한다.

답 ③

Q037

방어운전에서 '관찰(스캔)'의 의미로 가장 알맞은 것은?

① 전방 한 지점만 오래 응시한다
② 계기판과 내비만 집중해서 본다
③ 전방·좌우·후방을 주기적으로 넓게 확인하며 위험
징후를 찾는다
④ 앞차 뒤만 따라가며 운전한다

해 넓게 보는 스캔 습관이 위험 징후를 빨리 발견해 선제
대응(감속·거리 확보)을 가능하게 한다.

답 ③

Q038

차로 변경 전 반드시 확인해야 할 항목의 조합으로 가장
알맞은 것은?

① 경적 - 가속 - 진입
② 방향지시등 - 거울(사이드·룸) - 어깨 확인(사각지
대) - 안전거리 확보 후 진입
③ 급가속 - 핸들 급조작 - 진입
④ 앞차만 확인하고 바로 진입

해 방향지시로 의도를 알리고, 거울과 어깨 확인으로 사각
지대를 줄인 뒤 여유 공간에서 부드럽게 변경한다.

답 ②

Q039

대형차(버스·트럭) 옆을 주행할 때 사각지대 위험을
줄이는 방법으로 옳은 것은?

① 옆에 나란히 오래 붙어 주행한다
② 사각지대에 들어가면 속도를 줄여 천천히 따라간다
③ 가능하면 대형차 운전자가 나를 볼 수 있는 위치로
이동하고, 사각지대 체류 시간을 최소화한다
④ 대형차 앞쪽으로 무리하게 끼어든다

해 사각지대에서는 대형차가 택시를 인지하지 못할 수
있어, 보이는 위치 유지와 신속 통과가 안전하다.

답 ③

Q040

정체 구간에서 '정체 꼬리'에 접근할 때 후방 추돌을 줄이는 행동으로 옳은 것은?

① 꼬리까지 최대한 빨리 가서 급제동한다
② 앞차에 바짝 붙어 끼어들기를 막는다
③ 미리 감속하고 필요 시 비상등을 짧게 점멸해 뒤차에 정체를 알리며 차간거리를 확보한다
④ 경적을 계속 울려 뒤차를 자극한다

㉻ 정체를 빨리 인지시키고 선제 감속하면 뒤차의 반응 시간을 벌어 연쇄 추돌을 줄일 수 있다.

답 ③

Q041

비가 내려 노면이 젖어 있는 경우, 감속 기준으로 가장 알맞은 것은?

① 감속 없이 제한속도 유지
② 최고속도의 30% 감속
③ 최고속도의 20% 감속
④ 최고속도의 50% 감속

㉻ 젖은 노면은 마찰이 줄어 제동거리가 길어진다. 따라서 최고속도는 통상 20% 정도 줄여 운행하며, 급가속·급제동·급조향을 피한다.

답 ③

Q042

폭우로 가시거리가 약 100m 이내로 떨어졌다. 속도 운용으로 가장 알맞은 것은?

① 최고속도의 30% 정도 감속
② 최고속도의 20% 정도 감속
③ 최고속도의 50% 정도 감속
④ 뒤차가 막히니 속도 유지

㉻ 도로교통법 시행규칙 제19조에 따라, 폭우·폭설·안개 등으로 가시거리가 100m 이내인 경우에는 최고속도의 50%를 줄여 운행한다. 따라서 50% 감속이 원칙이며, 차간거리와 조향 여유를 충분히 둔다.

답 ③

Q043

안개로 가시거리가 약 100m 이내인 상황이다. 감속 기준으로 가장 알맞은 것은?

① 최고속도의 20% 감속
② 최고속도의 30% 감속
③ 최고속도의 50% 감속
④ 감속 없이 전조등만 켠다

㉻ 안개는 시야가 급격히 짧아져 인지–제동 시간이 부족해진다. 이때는 최고속도를 약 50% 감속하고, 차간거리를 크게 확보하는 것이 기본이다.

답 ③

Q044

야간에는 주간에 비해 시야가 제한된다. 야간 주행 시 속도 운용으로 가장 알맞은 것은?

① 주간보다 50% 감속
② 주간보다 30% 감속
③ 주간보다 20% 감속
④ 감속할 필요 없다

해 야간에는 전조등 범위 안에서만 물체를 인지하기 쉬워 발견이 늦어질 수 있다. 주간보다 약 20% 감속하고 보행자·자전거를 더 넓게 탐색한다.

답 ③

Q045

앞을 분간하기 어려울 정도로 짙은 안개가 낀 상황이다. 가장 안전한 행동은?

① 앞차가 안 보이니 최대한 가까이 붙어 따라간다
② 경적을 길게 울리며 속도를 유지한다
③ 상향등을 계속 켠 채 운행한다
④ 안전한 곳에 정차하고 비상점멸등을 켠 뒤 잠시 기다린다

해 시야가 거의 없을 때는 주행 자체가 고위험이다. 도로 밖 안전한 곳에 정차해 후속차에 위치를 알리고, 시야가 회복될 때까지 대기하는 것이 원칙이다.

답 ④

Q046

안개길을 주행해야 한다. 안전운전 요령으로 가장 알맞은 것은?

① 전조등을 끄고 안개등만 켠다
② 전조등·안개등을 켜고 감속하며 차간거리를 충분히 확보한다
③ 앞차 미등만 보고 속도를 올려 따라간다
④ 대향차 전조등을 똑바로 바라보며 주행한다

해 안개길은 시야가 짧아 급정지에 대응하기 어렵다. 전조등(하향)과 안개등을 켜고, 감속·차간거리 확대·급조작 금지를 함께 지켜야 한다.

답 ②

Q047

비 오는 날 보행자 옆을 통과해야 한다. 가장 바람직한 운전 행동은?

① 속도를 줄여 흙탕물이 튀지 않도록 주의한다
② 보행자보다 먼저 지나가려 속도를 높인다
③ 경적을 길게 울리며 그대로 통과한다
④ 물웅덩이는 빠르게 지나가야 안전하다

해 빗길에는 제동거리도 늘지만 보행자 안전과 배려도 중요하다. 보행자 근처에서는 감속해 흙탕물 튐을 줄이고, 급조작 없이 안전거리로 통과한다.

답 ①

Q048

노면이 얼어붙은(결빙) 경우, 감속 기준으로 가장 알맞은 것은?

① 최고속도의 10% 감속　② 최고속도의 20% 감속
③ 최고속도의 30% 감속　④ 최고속도의 50% 감속

🖩 결빙 노면은 마찰이 급감해 제동거리가 크게 늘어난다. 따라서 최고속도를 약 50% 감속하고, 제동은 부드럽게, 조향은 최소로 한다.

답 ④

Q049

블랙아이스가 의심되는 구간(교량·그늘진 내리막)을 진입한다. 가장 안전한 방법은?

① 진입 후 브레이크로 급감속한다
② 진입 직전에 급가속해 빠져나간다
③ 진입 전 미리 감속하고 직진에 가깝게 부드럽게 통과한다
④ 핸들을 크게 꺾어 타이어 접지를 늘린다

🖩 블랙아이스는 미끄러짐이 갑자기 발생한다. 진입 전에 미리 감속하고, 통과 중에는 급제동·급조향을 피하며 직진 안정성을 우선한다.

답 ③

Q050

미끄러운 커브길에서 차량이 바깥으로 밀리기 시작한다. 가장 적절한 조치는?

① 급브레이크로 바로 속도를 줄인다
② 가속 페달을 서서히 놓고 시선은 진행 방향으로 두며 부드럽게 조향한다
③ 핸들을 급격히 반대로 꺾는다
④ 차선을 바꾸며 회피한다

🖩 미끄러질 때 급브레이크는 타이어 접지를 더 잃게 만들 수 있다. 가속을 줄이며 시선을 진행 방향에 두고, 조향을 작게·부드럽게 하는 것이 기본이다.

답 ②

Q051

빗길 고속 주행 중 수막현상(핸들이 가볍고 차가 뜨는 느낌)이 발생했다. 가장 안전한 행동은?

① 가속해 접지를 회복한다
② 급브레이크를 밟아 멈춘다
③ 핸들을 크게 꺾어 차선을 유지한다
④ 가속 페달을 떼고 직진을 유지하며 속도가 자연스럽게 줄도록 한다

🖩 수막현상은 타이어가 물 위에 떠 접지가 사라진 상태다. 급제동·급조향은 전복·스핀 위험을 키우므로 가속을 풀고 직진 유지로 속도를 낮춘다.

답 ④

내리막 빙판길을 내려가야 한다. 가장 바람직한 운전 방법은?

① 브레이크를 계속 밟아 속도를 억지로 유지한다
② 중립으로 놓고 관성으로 내려간다
③ 저단기어로 미리 감속하고 엔진브레이크를 활용한다
④ 속도를 올려 빨리 통과한다

🖩 내리막에서 지속 제동은 미끄러짐과 제동력 상실 위험을 키운다. 저단기어로 감속해 엔진브레이크를 활용하고, 제동은 필요 시 짧고 부드럽게 한다.

답 ③

눈길에서 정지 상태에서 출발할 때 가장 안전한 방법은?

① 급가속으로 한 번에 출발한다
② 바퀴가 헛돌면 더 밟아 토크를 높인다
③ 핸들을 크게 꺾어 접지를 만든다
④ 서서히 가속하고(가능하면 고단 출발) 미끄러짐을 최소화한다

🖩 눈길은 출발 순간에 쉽게 헛바퀴가 난다. 급가속을 피하고 부드럽게 토크를 걸어 미끄러짐을 줄이는 것이 가장 안전하다.

답 ④

ABS 장착 차량이 미끄러운 노면에서 긴급 제동이 필요하다. 올바른 제동 방법은?

① 브레이크 페달을 강하게 밟은 상태로 유지하며 조향은 부드럽게 한다
② 브레이크를 펌핑하며 천천히 밟는다
③ 클러치를 먼저 밟고 브레이크는 밟지 않는다
④ 주차브레이크를 당겨 제동한다

🖩 ABS는 바퀴 잠김을 방지하며 조향을 가능하게 한다. 따라서 페달을 꾸준히 밟아 ABS 작동을 유지하고, 핸들은 작은 조작으로 차선을 유지한다.

답 ①

눈길·빙판길에서 타이어 체인 또는 겨울용 타이어를 사용하더라도 반드시 지켜야 할 운전 원칙은?

① 체인이 있으면 제한속도를 넘겨도 된다
② 급제동으로도 안전하게 멈출 수 있다
③ 감속·안전거리 확대·급조작 금지가 기본이다
④ 체인을 끼면 조향이 불안정하니 속도를 올려 안정시킨다

🖩 보조 장비는 접지를 '완전히' 해결해 주지 않는다. 장비가 있어도 감속과 거리 확보가 우선이며, 급제동·급조향은 미끄러짐을 키운다.

답 ③

Q056

안개로 시야가 급격히 줄었다. 가장 올바른 운전 행동은?

① 상향등을 켜서 멀리 비춘다
② 감속하고 차간거리를 늘리며 필요 시 안개등 사용
③ 앞차 미등을 보고 바짝 붙는다
④ 차로를 자주 바꿔 빈 곳을 찾는다

🅷 안개에서는 시야·노면 조건이 악화되므로 감속과 거리
　　확보가 핵심이다.

🅳 ②

Q057

눈·빙판에서 미끄러짐을 줄이기 위한 조작으로 알맞은 것은?

① 부드러운 가감속과 조향, 충분한 거리 확보
② 급가속·급제동·급조향
③ 브레이크를 계속 밟아 열을 낸다
④ 커브에서 가속을 크게

🅷 노면 마찰이 낮아 조작을 부드럽게 하고 여유를 크게
　　가져야 한다.

🅳 ①

Q058

빗길에서 수막현상을 예방하는 방법으로 알맞은 것은?

① 속도를 높여 통과
② 감속, 타이어 상태 점검, 물웅덩이 피하기
③ 급브레이크로 물을 짜낸다
④ 급차로 변경

🅷 수막현상은 속도·타이어·수막 두께에 좌우되므로 감
　　속과 노면 선택이 중요하다.

🅳 ②

Q059

야간 주행에서 전조등 눈부심을 줄이는 행동으로 알맞은 것은?

① 차선·가장자리 기준으로 시선을 분산하고 감속
② 상대차를 계속 응시
③ 상향등을 계속
④ 가까운 곳만 본다

🅷 야간은 시인성이 낮아 시선 분산과 속도 조절이 필요
　　하다.

🅳 ①

Q060

젖은 노면에서 제동거리가 길어지는 이유로 알맞은 것은?

① 노면 마찰계수가 낮아진다
② 타이어가 더 잘 붙는다
③ 엔진 출력이 감소한다
④ 핸들이 가벼워진다

🅷 마찰이 떨어지면 같은 속도에서도 정지에 필요한 거리
　　가 늘어난다.

🅳 ①

Q061

강풍(횡풍) 구간에서 가장 알맞은 조작은?

① 핸들을 크게 빠르게
② 차로를 넘나듦
③ 가속해 빨리
④ 핸들을 가볍게 잡고 작은 조작으로 차로 유지, 감속

🅷 횡풍은 차체를 흔들 수 있어 감속과 작은 조작이 안전
　　하다.

🅳 ④

Q062

LPG(액화석유가스) 차량에서 가스가 누출될 때 특히 위험이 커지는 환경으로 알맞은 것은?

① 바람이 잘 통하는 야외 평지
② 환기가 좋은 개방형 주차장
③ 낮은 곳(지하 주차장·피트)처럼 공기가 정체되는 공간
④ 고지대의 개활지

圃 LPG는 공기보다 무거워 누출되면 낮은 곳에 고이기 쉽다. 따라서 지하·피트·배수구 주변처럼 환기가 나쁜 공간에서 폭발 위험이 커진다.

답 ③

Q063

결빙 의심 구간(그늘·교량 위 등)에서 알맞은 행동은?

① 속도를 유지한다
② 미리 감속하고 조작을 부드럽게 한다
③ 급차로 변경한다
④ 급제동으로 확인한다

圃 결빙 구간은 미끄럼 위험이 커 사전 감속과 부드러운 조작이 필요하다.

답 ②

Q064

폭우에서 물웅덩이를 만났을 때 위험이 큰 이유는?

① 수막현상·제동거리 증가 가능성
② 엔진이 더 강해짐
③ 타이어가 더 잘 붙음
④ 조향이 더 가벼워짐

圃 물웅덩이는 수막현상과 조향·제동 상실 위험을 키운다.

답 ①

Q065

눈·결빙에서 '브레이크를 자주 밟아 뒤차에 알린다'가 최선이 아닌 이유는?

① 뒤차가 더 가까이 온다
② 라이트가 꺼진다
③ 연비가 좋아진다
④ 불필요한 제동은 미끄럼·추돌 위험을 키울 수 있다

圃 잦은 제동은 차량 자세를 불안정하게 만들 수 있어 신중해야 한다.

답 ④

Q066

LPG 차량을 충전소에서 충전할 때 가장 기본적인 안전수칙으로 알맞은 것은?

① 엔진을 켠 채로 빠르게 충전한다
② 시동을 끄고 화기·흡연을 금지하며, 정전기·스파크 유발 행위를 피한다
③ 충전 중에는 창문을 닫고 에어컨을 강하게 튼다
④ 충전구를 열어 둔 채 바로 출발한다

圃 충전 중에는 가스가 새거나 증기가 발생할 수 있어 점화원을 차단해야 한다. 시동 OFF, 흡연·화기 금지, 스파크 유발 행동을 피하는 것이 기본이다.

답 ②

Q067

고속도로에서 차로 변경을 계획할 때 방향지시등을 켜는 시점으로 알맞은 것은?

① 대략 10m 전
② 대략 30m 전
③ 대략 100m 전부터
④ 변경 후

圃 고속 구간은 속도가 빨라 더 이른 시점부터 신호하는 것이 안전하다.

답 ③

Q068

차로 변경 전 사각지대 확인 방법으로 알맞은 것은?

① 룸미러만
② 경적만
③ 앞유리만
④ 룸미러＋사이드미러＋짧은 어깨너머 확인

🕮 거울로 보이지 않는 영역이 있어 직접 확인이 필요하다.
🈲 ④

Q069

진로 변경이 끝난 뒤 올바른 행동은?

① 신호를 계속 켜 둔다　② 즉시 신호를 끈다
③ 비상등을 켠다　④ 상향등을 켠다

🕮 신호는 의사 표시이므로 동작이 끝나면 바로 종료한다.
🈲 ②

Q070

연속으로 여러 차로를 가로지르는 급차로 변경이 위험한 이유는?

① 사각지대·측면 충돌 위험이 급증
② 연비가 좋아서
③ 승객이 좋아한다
④ 타이어가 식는다

🕮 예측을 깨는 움직임은 측면 접촉 위험을 크게 키운다.
🈲 ①

Q071

합류(진입) 구간에서 가장 안전한 주행 태도는?

① 정지 후 급가속
② 본선 차가 멈추길 기대
③ 급조향 끼어듦
④ 속도 차를 줄이고 충분한 간격에 합류

🕮 속도 차를 줄이고 여유 간격을 확보해 부드럽게 합류한다.
🈲 ④

Q072

앞차가 차로 변경 신호를 켰다. 가장 알맞은 대응은?

① 속도를 올려 막는다
② 필요 시 속도를 조절해 안전하게 들어오도록 양보
③ 경적을 길게
④ 거리를 줄인다

🕮 양보는 급제동·접촉 위험을 줄이는 안전 행동이다.
🈲 ②

Q073

차로 변경이 금지된 곳에서의 태도로 알맞은 것은?

① 표시(실선·금지구간)에서는 변경을 피한다
② 안전하면 언제든 변경
③ 뒤차 없으면 변경
④ 경적 울리면 변경

🕮 금지구간은 시야·교차 위험이 커 변경을 피해야 한다.
🈲 ①

Q074

자동차 정기검사의 주된 목적(취지)으로 가장 알맞은 것은?

① 운전자의 자격을 심사하기 위해
② 운전면허 갱신을 대신하기 위해
③ 택시 요금을 인가하기 위해
④ 차량의 안전·환경 기준 적합 여부를 확인해 사고·오염을 예방하기 위해

해 정기검사는 제동·조향·등화 등 안전장치와 배출가스 등 기본 기준을 점검해 도로 위 안전과 환경을 확보하려는 제도다.

답 ④

Q075

자동차 검사(정기/종합) 유효기간이 지난 상태로 운행하는 경우에 대한 설명으로 가장 알맞은 것은?

① 유효기간이 지나도 사고만 안 나면 문제 없다
② 과태료 등 행정제재 대상이 될 수 있고, 지체 없이 검사를 받아야 한다
③ 보험만 가입돼 있으면 검사 의무는 면제된다
④ 운전자 판단으로 정비만 하면 검사 없이 계속 운행할 수 있다

해 검사 유효기간 경과는 안전관리 의무 위반으로 과태료 등 제재 대상이 될 수 있으며, 차량 상태 확인을 위해 검사 이행이 필요하다.

답 ②

Q076

자동차 정기검사와 종합검사의 차이에 관한 설명으로 가장 알맞은 것은?

① 정기검사는 주로 안전장치 중심, 종합검사는 안전 + 환경(배출가스 등)까지 폭넓게 확인하는 성격이 강하다
② 종합검사는 정기검사보다 검사 항목이 축소된다
③ 정기검사는 의무가 아니고 종합검사만 의무다
④ 두 검사는 명칭만 다르고 검사 목적·항목은 완전히 동일하다

해 정기검사는 안전 확보가 중심이고, 종합검사는 지역·대상에 따라 환경 기준(배출가스 등)까지 함께 확인하는 성격이 강하다.

답 ①

Q077

자동차 검사를 받을 수 있는 곳(시행 주체)에 대한 설명으로 가장 알맞은 것은?

① 임의의 세차장에서 받을 수 있다
② 운전면허시험장에서만 받을 수 있다
③ 한국교통안전공단 검사소 또는 지정된 검사소에서 받을 수 있다
④ 자동차보험사 지점에서 검사 대신 처리해 준다

해 자동차 검사는 공인된 검사기관(한국교통안전공단 검사소 등) 또는 지정검사소에서 시행한다.

답 ③

Q078

자동차 검사에서 주로 확인하는 항목으로 보기 어려운 것은?

① 제동장치(브레이크) 상태
② 조향장치(핸들)·현가장치 상태
③ 등화장치(전조등·제동등 등) 정상 작동
④ 내비게이션 지도 최신 업데이트 여부

🖐 검사는 안전·환경 기준 적합 여부 확인이 핵심이며, 내비 업데이트는 검사 항목이 아니다.

🅰 ④

Q079

자동차 검사 결과 '부적합(불합격)' 판정을 받은 경우 가장 알맞은 조치는?

① 아무 조치 없이 계속 운행한다
② 부적합 항목을 정비·수리한 뒤 재검사를 받는다
③ 보험에 가입돼 있으면 부적합 판정은 자동 취소된다
④ 세차 후 다시 가면 합격 처리된다

🖐 부적합은 기준 미달이므로 정비·수리로 원인을 해소한 뒤 재검사를 받아야 한다.

🅰 ②

Q080

구조·장치 변경(튜닝 등) 후 안전운행을 위해 가장 알 맞은 절차는?

① 바로 운행해도 된다(별도 절차 없음)
② 운전자의 판단으로 안전하면 승인·검사 없이 운행한다
③ 관련 절차(승인/검사 등)를 거쳐 적법하게 변경 사실을 확인받은 뒤 운행한다
④ 보험사에만 알리면 법적 절차는 면제된다

🖐 구조·장치 변경은 안전에 직결되므로 승인·검사 등 절차를 통해 적법성과 안전성을 확인받는 것이 원칙이다.

🅰 ③

Q081

교차로 접근 중 진로를 잘못 들었다. 가장 안전한 선택은?

① 교차로 직전 급차로변경 후 바로 회전한다
② 급제동 후 방향을 틀어 끼어든다
③ 무리한 변경을 하지 말고 교차로를 통과한 뒤 다음 지점에서 안전하게 우회한다
④ 경적을 울리며 끼어들어 회전한다

🖐 교차로 직전 급차로변경·급회전은 보행자·차량과 충돌 위험이 커, 우회가 가장 안전하다.

🅰 ③

Q082

긴 내리막 구간에서 속도 증가를 억제하는 올바른 방법은?

① 브레이크를 계속 밟아 열을 올린다
② 기어를 중립(N)으로 두고 관성으로 내려간다
③ 저단 기어(엔진브레이크)를 사용해 속도를 관리하고, 브레이크는 분할·보조로 사용한다
④ 가속 페달을 살짝 밟아 안정시킨다

🖾 내리막에서는 브레이크 과열(페이드) 위험이 있어 엔진브레이크로 속도를 관리하는 것이 기본이다.

🖾 ③

Q083

차선이 잘 보이지 않는 야간에 차로 유지에 도움이 되는 시선 처리로 옳은 것은?

① 멀리(전방 원거리)를 보며 차선 반사체·도로 가장자리 기준을 함께 참고한다
② 바로 앞 노면만 가까이 본다
③ 마주오는 차만 계속 본다
④ 계기판을 오래 본다

🖾 전방 원거리 시선과 차선·가장자리 기준을 함께 보면 방향 유지가 쉬워 급조향을 줄일 수 있다.

🖾 ①

Q084

미끄러운 노면에서 차로 변경이 불가피할 때 가장 알맞은 조작은?

① 핸들을 빠르게 크게 돌려 한 번에 옮긴다
② 가속하며 차로를 바꾼다
③ 미리 감속한 뒤 방향지시 - 거울/사각 확인 후, 작은 조향으로 천천히 변경한다
④ 브레이크를 밟으며 동시에 급조향한다

🖾 접지력이 낮을수록 작은 조작이 안전하며, 감속과 충분한 여유 확보 후 부드럽게 변경해야 한다.

🖾 ③

Q085

고속도로 합류부에서 본선 차량이 안전을 위해 할 수 있는 양보 행동으로 옳은 것은?

① 속도를 올려 합류 차량을 못 들어오게 한다
② 경적을 계속 울린다
③ 가능하면 한 차로 이동해 합류 공간을 만들거나, 속도를 조절해 안전 간격을 제공한다
④ 브레이크를 세게 밟아 합류 차량을 놀라게 한다

🖾 본선이 공간·속도 여유를 만들어 주면 합류 차량의 급조작이 줄어 접촉·추돌 위험이 낮아진다.

🖾 ③

Q086

고속도로에서 고장으로 부득이하게 멈춰야 한다. 가장 안전한 절차는?

① 차로 중앙에 정차
② 갓길에서 역주행
③ 후방 확인 없이 바로 하차
④ 가능하면 우측 가장자리로 이동 후 비상표지 설치

해 우측 가장자리로 이동해 2차 사고 위험을 줄이고 안전표지를 설치한다.

답 ④

Q087

고속도로에서 고장표지를 설치할 때 가장 중요한 기준은?

① 차 앞 범퍼 바로 앞
② 후방 접근 차량이 식별할 위치에 설치
③ 차량 지붕 위
④ 터널 안에서 설치

해 후방 차량이 충분히 일찍 인지하도록 시인성 높은 위치가 중요하다.

답 ②

Q088

고속도로에서 갓길 통행에 대한 태도로 알맞은 것은?

① 예외가 아니면 갓길 통행을 피한다
② 정체면 언제나 갓길로 추월
③ 택시는 갓길 통행 자유
④ 비상등 켜면 갓길 통행 가능

해 갓길은 비상공간으로 정당한 사유 없이 통행하면 위험하다.

답 ①

Q089

고속도로에서 사고·고장 후 차량 밖으로 나올 때 가장 안전한 행동은?

① 차도 쪽으로 이동
② 차량 뒤 차로에 선다
③ 차량 앞에 서서 신호
④ 가급적 가드레일 밖 등 안전지대로 이동

해 차량 밖에서는 후속 차량이 가장 큰 위험이므로 차도에서 멀리 벗어난다.

답 ④

Q090

고속도로 합류 차량을 만났을 때 가장 안전한 태도는?

① 속도를 올려 진입을 막는다
② 필요 시 속도를 조절해 합류를 돕는다
③ 차로를 급변경한다
④ 경적을 길게 울린다

해 합류 구간에서는 속도 조절과 공간 제공이 충돌 위험을 줄인다.

답 ②

Q091

고속도로에서 정체로 서행 중 추돌을 줄이는 핵심은?

① 차간거리를 더 넉넉히 유지
② 앞차에 바짝 붙기
③ 상향등을 켜기
④ 차로를 자주 바꾸기

해 정체 구간은 급정지가 반복되므로 충분한 차간거리가 필요하다.

답 ①

Q092

고속도로에서 뒤에서 긴급차량이 접근한다. 알맞은 대응은?

① 가속해 먼저 지나간다
② 갓길로 급조향
③ 가운데 차로에 정지
④ 진로를 양보해 신속한 통행을 돕는다

🖼 긴급차량의 통행을 방해하지 않도록 안전하게 양보한다.

답 ④

Q093

고속도로에서 정차·주차가 특히 위험한 이유는?

① 연비 때문에
② 고속 주행 차량이 많아 2차 사고 위험이 매우 큼
③ 통행료 때문이다
④ 차량 색상 때문이다

🖼 고속 환경에서는 작은 실수도 치명적 2차 사고로 이어질 수 있다.

답 ②

Q094

다음 중 속도의 착각에 대한 설명으로 가장 알맞은 것은?

① 시야가 좁을수록 실제 속도가 느리게 느껴진다
② 시야가 좁을수록 실제 속도가 빠르게 느껴질 수 있다
③ 어두울수록 전방 물체가 더 가까이 느껴진다
④ 내리막에서는 속도가 실제보다 느리게 느껴진다

🖼 속도의 착각은 시야가 좁을 때 속도가 실제보다 빠르게 느껴지는 등 속도 지각이 왜곡되는 현상이다.

답 ②

Q095

고속도로에서 뒤에서 긴급차량이 접근할 때 가장 먼저 할 행동으로 옳은 것은?

① 주변을 확인한 뒤 안전한 방향으로 차로를 변경해 통행로를 만든다
② 급정지해 길을 비운다
③ 속도를 올려 먼저 지나간다
④ 경적을 울려 알려준다

🖼 긴급차량에는 안전하게 양보해야 하며, 급정지는 2차 사고를 부른다.

답 ①

Q096

고속도로에서 고장으로 불가피하게 갓길 정차할 때 우선 조치로 옳은 것은?

① 차 안에 그대로 앉아 기다린다
② 후방을 보지 않고 바로 내린다
③ 삼각대를 먼저 설치하러 차도로 내려간다
④ 비상등을 켜고 가능한 안전한 위치에 정차한 뒤, 승객을 가드레일 밖 등 안전지대로 대피시킨다

🖼 고속도로는 속도가 높아 2차 사고가 치명적이므로, 대피와 존재 알림이 우선이다.

답 ④

Q097

정체 구간에서 차로를 자주 바꾸는 행동이 위험한 이유로 옳은 것은?

① 시간을 절약해 사고가 줄어든다
② 사각지대 접촉·급감속을 유발해 연쇄 추돌 위험을 키운다
③ 타이어 마모가 줄어든다
④ 엔진 회전수가 낮아진다

해 정체에서 잦은 차로 변경은 급제동과 사각지대를 늘려 접촉·추돌을 부른다.

답 ②

Q098

긴급차량 양보 시 절대 해서는 안 될 행동은?

① 방향지시등으로 의사를 알린다
② 주변을 살피고 서서히 차로를 이동한다
③ 갑자기 급제동 또는 급정지한다
④ 통행로를 확보한 뒤 유지한다

해 급정지는 뒤차 추돌로 이어질 수 있어 가장 위험하다.

답 ③

Q099

야간 고속도로에서 갓길 정차 시 후방 경고를 강화해야 하는 이유는?

① 후방 운전자의 발견이 늦어 제동거리 확보가 어렵다
② 야간에는 차가 더 빨리 멈춘다
③ 야간에는 타이어 마찰이 증가한다
④ 야간에는 소음이 줄어든다

해 야간은 발견 지연이 발생해 제동거리 여유가 줄어 후방 경고가 특히 중요하다.

답 ①

Q100

고속도로 정체 서행 중 앞차와 간격을 크게 두는 목적은?

① 끼어들기를 완전히 막기 위해
② 뒤차를 화나게 하기 위해
③ 연료를 더 쓰기 위해
④ 앞차 급제동 시 제동거리·회피 공간을 확보하기 위해

해 간격은 회피·제동 여유를 만들어 급정지 상황에서 연쇄 추돌을 줄인다.

답 ④

Q101

정체 중 긴급차량이 접근한다. 가장 알맞은 대응은?

① 갓길로 무리하게 들어가 추월한다
② 가능한 범위에서 서서히 공간을 만들어 통행로를 확보하고, 급조작을 피한다
③ 상향등을 계속 비춰 앞차를 재촉한다
④ 경적을 계속 올린다

해 정체에서는 급조작이 치명적이므로, 서서히 공간을 만들며 양보하는 것이 안전하다.

답 ②

Q102

고속도로에서 차량이 멈췄을 때 차도 쪽으로 내려가면 위험한 이유는?

① 후방 차량의 풍압·측방 통과로 충돌 위험이 크기 때문
② 차도 바람이 시원해서
③ 신발이 더러워지기 때문
④ 사진이 잘 나오기 때문

해 차도 쪽 하차는 뒤에서 오는 차량과의 접촉 가능성이 매우 크다.

답 ①

Q103

정체 서행 중 브레이크등을 자주 깜박이는 행동이 바람직하지 않은 이유는?

① 뒤차가 더 잘 본다
② 뒤차를 자극해 추돌이 줄어든다
③ 불필요한 급감속 신호로 뒤차의 급제동을 유발할 수 있다
④ 엔진 제동이 강해진다

해 불필요한 브레이크 신호는 뒤차의 과민 반응을 불러 급제동·추돌 위험을 높인다.

답 ③

Q104

긴급차량이 지나갈 때 뒤따라가며 빠르게 통과하는 행동이 위험한 이유는?

① 도로가 비어 있어 안전하다
② 법적으로 허용된다
③ 연료가 절약된다
④ 다른 차량의 급진입·급제동과 맞물려 추돌 위험이 커진다

해 긴급차량 뒤를 따라가면 다른 차량의 양보·복귀 동작과 충돌할 수 있어 위험하다.

답 ④

Q105

고속도로에서 삼각대 설치 시 가장 바람직한 방식은?

① 차도 안쪽에 세워 잘 보이게 한다
② 차량 뒤 바로 옆에 놓는다
③ 안전을 확보한 뒤, 후방에서 충분히 먼 거리(곡선·야간은 더 멀리)에 설치한다
④ 설치하지 않아도 된다

해 충분한 거리에서 경고해야 뒤차가 반응·감속할 시간을 확보할 수 있다.

답 ③

Q106

주행 중 LPG 냄새(가스 냄새)가 강하게 나고 누출이 의심된다. 가장 알맞은 초기 대응은?

① 라이터로 누출 부위를 확인한다
② 창문을 닫고 에어컨을 켠다
③ 안전한 곳에 정차 후 시동을 끄고, 환기 확보·점화원 차단 뒤 도움을 요청한다
④ 계속 주행하며 다음 정비소까지 간다

해 누출 의심 시에는 즉시 안전지대로 이동해 정차하고 시동을 끈 뒤 환기·점화원 차단이 우선이다. 필요하면 119/정비 도움을 요청한다.

답 ③

Q107

사고 현장에서 가장 먼저 고려해야 할 것은?

① 보험사 연락
② 인명 보호(부상자 확인·구호)와 현장 안전
③ 사진 촬영
④ 합의서 작성

해 인명 피해가 있으면 구호와 안전 확보가 최우선이다.

답 ②

Q108

부상자에게 기도 확보가 필요한 상황에서 가장 위험한 행동은?

① 머리를 과도하게 움직이기
② 호흡 확인
③ 119 요청
④ 보온

해 경추 손상 가능성이 있으면 과도한 움직임은 위험하다.

답 ①

Q109

부상자가 의식이 없거나 구토할 때 알맞은 자세는?

① 바로 눕힌다
② 앉혀서 고개를 젖힌다
③ 엎드려 눕힌다
④ 옆으로 눕혀 기도 확보

해 오물로 기도가 막히지 않도록 옆으로 눕혀 관리한다.

답 ④

Q110

부상자가 크게 출혈 중이다. 가장 우선적인 처치는?

① 상처를 씻는다　　② 압박 지혈
③ 음료 제공　　④ 상처를 말린다

해 출혈은 생명을 위협할 수 있어 압박 지혈이 최우선이다.

답 ②

Q111

사고 현장 사진 촬영의 올바른 목적은?

① 사고 경위 기록과 분쟁 예방(안전 확보 후)
② 상대방을 자극
③ SNS 업로드
④ 보험료를 올리기

해 안전 확보가 우선이며, 이후 사실관계를 남기는 데 도움이 된다.

답 ①

Q112

차량이 위험 위치에 있고 부상자는 없다. 가장 알맞은 대응은?

① 그대로 두고 떠난다
② 급차로 변경으로 도주
③ 뒤차를 막기 위해 차로에 선다
④ 2차 사고 위험을 고려해 안전 확보 후 이동/표지 설치

해 2차 사고 예방이 핵심이며, 상황에 맞게 안전 조치를 한다.
답 ④

Q113

현장에서 흥분한 상대와 말다툼이 커진다. 가장 안전한 행동은?

① 맞대응
② 안전 확보 후 차분히 사실 확인, 필요 시 경찰/보험 처리
③ 차로에 서서 주장
④ 경적을 계속

해 감정 대응은 위험을 키우며, 안전 확보 후 절차대로 처리한다.
답 ②

Q114

사고 후 어린이가 놀라 울고 있다. 가장 우선할 행동은?

① 안전한 곳으로 이동시키고 상태 확인·안정
② 훈계
③ 방치
④ 촬영

해 2차 위험에서 떼어내고 안정을 주는 것이 우선이다.
답 ①

Q115

사고로 차가 멈췄다. 뒤차 경고를 위한 기본 장치는?

① 상향등
② 실내등
③ 오디오
④ 비상등과 안전표지

해 후속 차량이 인지하도록 비상등과 표지를 활용한다.
답 ④

Q116

사고 직후 기록으로 남기기 적절한 촬영 대상의 조합은?

① 차량 실내만 근접 촬영
② 차량 전체 위치, 파손 부위, 도로 표지·차선 등 주변 환경
③ 상대방 얼굴만 촬영
④ SNS 업로드용 영상만 촬영

해 분쟁 예방을 위해서는 위치·환경·파손 상태가 함께 남아야 한다.
답 ②

Q117

사고 후 2차 사고 위험이 큰 위치라면, 부상자가 없을 때 차량 이동 원칙으로 옳은 것은?

① 안전이 확보되는 곳으로 신속히 이동(가능하면 갓길·안전지대)하고, 이후 표지·기록을 한다
② 무조건 그대로 둔다
③ 차도 한가운데 세워 둔다
④ 상대와 말다툼을 먼저 한다

해 부상자가 없으면 2차 사고 방지가 우선이며, 위험 위치에서는 이동이 도움이 된다.
답 ①

Q118

사고 현장에서 상대가 위협적인 행동을 한다. 가장 알맞은 대응은?

① 같이 소리치며 맞선다
② 차도에서 끝까지 따진다
③ 안전을 우선해 거리를 두고, 필요 시 112·보험사에 연락하며 기록을 남긴다
④ 상대 차량을 막아 세운다

🔲 위협 상황에서는 신체 안전 확보와 신고가 우선이다.

🚗 암기: 112

🔲 답 ③

Q119

사고 현장에서 어린이가 차도 가까이에 있다. 가장 우선할 행동은?

① 먼저 사진을 찍는다
② 큰 소리로 혼낸다
③ 어린이에게 사고 책임을 묻는다
④ 어린이를 차도 밖 안전지대로 옮기고 보호자·119에 연결한다

🔲 어린이는 2차 사고에 취약하므로, 안전지대로 이동·보호가 최우선이다.

🔲 답 ④

Q120

정차 후 2차 사고를 줄이기 위한 기본 조치의 조합으로 옳은 것은?

① 전조등 끄기 - 창문 열기
② 비상등 - 안전삼각대(또는 라바콘) - 안전조끼
③ 경적 계속 울리기
④ 라이트 껐다 켰다 반복

🔲 뒤차가 빨리 인지하도록 존재를 알리고, 운전자도 잘 보이게 하는 조치가 기본이다.

🔲 답 ②

Q121

사고 현장 촬영 시 가장 올바른 순서로 옳은 것은?

① 안전 확보 후에 필요한 범위만 신속히 촬영한다
② 촬영부터 하고 안전조치는 나중에 한다
③ 상대방을 자극하며 촬영한다
④ 차도 한복판에 서서 자세히 촬영한다

🔲 촬영은 안전을 확보한 뒤 짧고 명확하게 하는 것이 원칙이다.

🔲 답 ①

Q122

부상자는 없지만 야간 시야가 나쁘다. 가장 우선할 안전 조치로 옳은 것은?

① 전조등을 끈다
② 경적을 계속 울린다
③ 차도로 나가 손짓한다
④ 비상등을 켜고 안전삼각대·안전조끼 등으로 후방 경고를 강화한다

🔲 야간에는 발견이 늦어 경고·표지가 중요하다.

🔲 답 ④

Q123

사고 현장에서 분쟁을 줄이는 말하기 방식으로 옳은 것은?

① 단정적으로 상대 과실을 몰아붙인다
② 감정적 표현을 쏟아낸다
③ 사실 중심으로 짧게 말하고, 판단은 보험·경찰에 맡긴다
④ SNS로 공개하겠다고 협박한다

해 사실 중심의 대화가 갈등을 줄이고 현장 안전에 도움된다.

답 ③

Q124

자동차 의무보험(책임보험)의 취지로 가장 알맞은 것은?

① 운전자의 벌점을 줄이기 위해
② 교통사고 피해자(상대방)의 최소한의 손해를 보상하기 위해
③ 자동차 검사를 면제해 주기 위해
④ 고속도로 통행료를 할인해 주기 위해

해 의무보험은 사고 피해자 보호를 위한 최소 안전망으로, 미가입 운행은 법 위반이 될 수 있다.

답 ②

Q125

자동차 의무보험(책임보험) 가입과 운행에 관한 설명으로 가장 알맞은 것은?

① 미가입이어도 사고만 안 나면 문제 없다
② 가입은 선택사항이며 운전자 재량이다
③ 의무보험은 법령상 가입이 요구되며, 미가입 운행은 제재 대상이 될 수 있다
④ 택시는 의무보험 가입 대상이 아니다

해 자동차는 의무보험(책임보험) 가입이 기본이며, 미가입 상태 운행은 행정제재 대상이 될 수 있다.

답 ③

Q126

대인배상Ⅰ과 대인배상Ⅱ의 구분에 관한 설명으로 가장 알맞은 것은?

① 대인배상Ⅰ은 의무보험 성격이 강하고, 대인배상Ⅱ는 의무보험을 보완하는 임의 담보 성격이 강하다
② 대인배상Ⅰ은 선택, 대인배상Ⅱ는 의무다
③ 두 담보는 자동차 검사에서만 쓰이며 사고 보상과 무관하다
④ 대인배상Ⅱ는 차량 수리비(자차)를 보장한다

해 대인배상Ⅰ은 법정 의무보험의 핵심 담보(최소 보상) 성격이고, 대인배상Ⅱ는 이를 보완해 보상 범위를 넓히는 성격이 강하다.

답 ①

Q127

대물배상의 의미로 가장 알맞은 것은?

① 내 차량(자기차량)의 수리비만 보상한다
② 상대방 인적 피해만 보상한다
③ 사고로 타인의 재물(차량·시설물 등)에 발생한 손해를 보상한다
④ 교통법규 위반 벌금을 대신 내준다

해 대물배상은 사고로 타인의 재산에 발생한 손해(차량 파손, 시설물 파손 등)를 보상하는 담보다.

답 ③

Q128

'자기신체사고(자손)' 또는 '자동차상해' 담보와 가장 관련이 큰 내용은?

① 상대방 차량 수리비 보상
② 자동차 검사 비용 보상
③ 통행료·주차비 보상
④ 운전자·동승자 등 본인 측 인적 피해(치료비 등) 보상

해 자손/자동차상해는 사고 시 운전자·동승자 등 본인 측 부상에 대한 치료비 등 인적 손해 보상과 관련된다.

답 ④

Q129

'자기차량손해(자차)' 담보에 대한 설명으로 가장 알맞은 것은?

① 상대방 인명피해만 보상한다
② 사고로 내 차량이 파손된 손해를 보상하는 담보다
③ 교통사고 벌점을 감면해 준다
④ 자동차 검사 유효기간을 연장해 준다

해 자차는 사고로 내 차량이 손상된 경우 수리비 등 차량 손해 보상과 관련된다(약관·면책 조건 존재).

답 ②

Q130

택시·버스 등 운수업에서 '공제(공제조합)'에 관한 설명으로 가장 알맞은 것은?

① 교통사고 보상을 위해 보험과 유사한 기능을 하는 보상 제도로 운영될 수 있다
② 보험과 전혀 무관한 단순 적립 제도다
③ 공제 가입을 하면 의무보험 가입이 완전히 면제된다(항상)
④ 공제는 자동차 검사 대신 받는 제도다

해 공제는 운수업계에서 사고 보상을 위해 운영되는 제도로, 보험과 유사하게 대인·대물 등 보상 기능을 수행할 수 있다.

답 ①

Q131

성인 심폐소생술에서 가슴압박 속도로 알맞은 것은?

① 분당 60~80회　　② 느리게 30회만
③ 분당 140~160회　　④ 분당 100~120회

해 가슴압박은 분당 100~120회 정도의 속도로 실시한다.

답 ④

Q132

성인 심폐소생술에서 가슴압박 깊이로 알맞은 것은?

① 약 2cm　　② 약 3cm
③ 5cm 이상　　④ 10cm 이상

해 성인은 흉부가 충분히 눌릴 정도(대략 5cm 이상)로 압박한다.

답 ③

Q133

심폐소생술에서 가슴압박과 인공호흡의 기본 비율은?

① 10:1
② 20:2
③ 30:2
④ 50:5

📕 일반 성인 기준으로 30회 압박 후 2회 호흡을 반복한다.
🅰 ③

Q134

영아 심폐소생술에서 가슴압박 깊이로 알맞은 것은?

① 2cm 이상
② 3cm 이상
③ 4cm 이상
④ 6cm 이상

📕 영아는 흉곽이 작아 약 4cm 정도로 압박한다.
🅰 ③

Q135

기도폐쇄(질식) 위험이 있을 때 사용하는 응급처치로 알맞은 것은?

① 가슴압박만
② 기도폐쇄 처치(하임리히 등)
③ 물을 마시게
④ 바로 눕혀 잠재운다

📕 기도가 막히면 이물질 배출을 돕는 처치가 필요하다.
🅰 ②

Q136

심폐소생술 시작 전 가장 먼저 할 조치로 알맞은 것은?

① 의식·호흡 확인 후 119 요청
② 음료 제공
③ 옷을 벗긴다
④ 바로 차량으로 옮긴다

📕 의식·호흡 확인과 도움 요청이 먼저다.
🅰 ①

Q137

출혈이 심할 때 올바른 처치는?

① 상처를 말린다
② 뜨거운 물로 씻는다
③ 상처를 두드린다
④ 압박 지혈 후 119 요청

📕 압박 지혈이 기본이며 신속히 도움을 요청한다.
🅰 ④

Q138

내출혈이 의심될 때(창백·식은땀 등) 올바른 처치는?

① 햇볕을 직접 쬐게 한다
② 보온·안정 유지, 불필요한 이동 금지
③ 음료를 많이 준다
④ 상반신을 높이 세운다

📕 쇼크 가능성이 있어 보온과 안정이 중요하다.
🅰 ②

Q139

골절이 의심될 때 올바른 처치는?

① 움직임 최소화·고정 후 이송
② 뼈를 맞춘다
③ 마사지
④ 즉시 뛰게 한다

해 고정해 2차 손상을 막는 것이 핵심이다.
답 ①

Q140

화상 응급처치로 알맞은 것은?

① 얼음을 직접 댄다
② 연고를 두껍게 바른다
③ 수포를 터뜨린다
④ 흐르는 찬물로 식히고 깨끗이 보호

해 열을 제거하고 감염을 막는 방향으로 처치한다.
답 ④

Q141

자동차 안전관리 관점에서 '검사'와 '보험(또는 공제)'의 관계로 가장 알맞은 것은?

① 보험에 가입하면 자동차 검사는 필요 없다
② 검사를 받으면 보험 가입은 필요 없다
③ 검사는 차량 상태 적합 여부 확인, 보험(공제)은 사고 피해 보상으로 목적이 다르며 둘 다 중요하다
④ 둘 다 선택사항이라 운전자 마음대로 생략할 수 있다

해 검사는 차량의 안전·환경 기준 적합 여부를 확인하는 제도이고, 보험/공제는 사고 발생 시 피해 보상을 위한 제도다. 목적이 달라 '대체'가 아니라 '동시 관리'가 핵심이다.
답 ③

Q142

출혈 시 압박지혈이 효과가 떨어질 때 추가로 고려할 수 있는 방법은?

① 상처를 계속 문지른다
② 가능하면 상처 부위를 심장보다 높게 올리고 압박을 유지한다
③ 술을 마시게 한다
④ 상처를 말린다

해 압박지혈과 함께 거상은 출혈량을 줄이는 데 도움이 된다.
답 ②

Q143

쇼크(창백·식은땀·빠른 맥박)가 의심될 때 올바른 처치로 옳은 것은?

① 따뜻하게 보온하고, 다리를 약간 올려 안정시키며 119에 도움을 요청한다
② 일어나 걷게 한다
③ 물을 많이 마시게 한다
④ 강하게 마사지한다

해 쇼크 의심 시에는 안정·보온과 전문 도움 요청이 핵심이다.
답 ①

Q144

골절이 의심될 때 올바른 부목(고정) 원칙으로 옳은 것은?

① 움직임을 줄이기 위해 골절 부위만 살짝 묶는다
② 통증이 있어도 억지로 움직인다
③ 뼈를 원래 위치로 맞춘다
④ 관절을 포함해 위·아래를 함께 고정해 움직임을 최소화한다

㉠ 관절 포함 고정이 통증·손상 악화를 줄인다.
답 ④

Q145

화상 직후 1차 처치로 가장 알맞은 것은?

① 얼음을 피부에 직접 대고 문지른다
② 흐르는 미지근한 물로 10~20분 식혀 열 손상을 줄인다
③ 버터·치약을 바른다
④ 물집을 터뜨린다

㉠ 냉각은 열 손상 확산을 줄이는 가장 중요한 초기 처치다.
답 ②

Q146

자동심장충격기(AED) 사용 시 가장 올바른 행동은?

① 충격(분석) 지시가 나오면 모두 환자에서 떨어져 접촉을 중단한다
② 패드를 붙인 뒤에도 환자를 계속 만진다
③ 충격은 주지 말고 바로 종료한다
④ 젖은 상태로 그대로 사용한다

㉠ 분석·충격 시 접촉하면 감전 위험이 있으므로 모두 떨어져야 한다.
답 ①

Q147

지혈대(토니켓) 사용에 대한 설명으로 옳은 것은?

① 모든 작은 상처에 사용한다
② 시간 기록은 필요 없다
③ 상처 바로 위 관절 위에 묶는다
④ 생명을 위협하는 출혈에서 압박지혈이 불충분할 때 사용을 고려한다

㉠ 지혈대는 최후 수단에 가깝고, 적용 시간 기록 등 관리가 필요하다.
답 ④

Q148

내출혈이 의심되는 환자에게 하면 안 되는 행동으로 옳은 것은?

① 편안한 자세로 눕힌다
② 보온을 유지한다
③ 음식·물·약을 임의로 먹인다
④ 의식·호흡을 관찰한다

㉠ 내출혈은 악화될 수 있어 금식이 원칙이며, 임의 투여는 위험하다.
답 ③

Q149

개방성 골절(상처가 열려 뼈가 보일 수 있음)에서 올바른 처치로 옳은 것은?

① 상처를 직접 씻어낸다
② 노출 부위를 깨끗한 거즈로 덮고 고정한 뒤 119에 도움을 요청한다
③ 뼈를 밀어 넣는다
④ 상처를 문지른다

해 오염을 줄이고 추가 손상을 막기 위해 덮고 고정하는 것이 우선이다.

답 ②

Q150

LPG 차량의 '누출 예방' 관점에서 정기 점검 항목으로 가장 알맞은 조합은?

① 와이퍼 블레이드·워셔액만 점검
② 타이어 트레드만 점검
③ 충전구 캡/배관 연결부·가스 호스 상태·탱크 밸브 주변을 점검
④ 실내 방향제만 교체

해 LPG는 연료 계통의 '밀폐'가 핵심이므로 충전구, 배관 연결부, 호스·밸브 주변 누출 가능 부위를 주기적으로 점검하는 것이 중요하다.

답 ③

Q151

심폐소생술 중 119 신고와 역할 분담으로 옳은 것은?

① 주변에 도움을 요청해 119 신고·AED 요청을 분담하고 CPR을 지속한다
② 혼자서만 조용히 진행한다
③ 신고가 끝날 때까지 CPR을 중단한다
④ AED가 오기 전에는 아무것도 하지 않는다

해 신고·AED 요청을 분담하면 CPR 중단 시간을 줄이고 생존 가능성을 높인다.

암기: 119

답 ①

Q152

LPG 누출 여부를 확인할 때 가장 안전하고 적절한 방법은?

① 성냥/라이터 불로 가까이 가져가 확인한다
② 전기 스위치를 반복해서 켜고 끄며 반응을 본다
③ 비눗물(거품)로 연결부를 확인해 기포 발생 여부를 본다
④ 밀폐된 곳에서 냄새를 맡기 위해 창문을 닫는다

해 누출 확인은 점화원을 쓰지 않는 방식이 원칙이며, 비눗물로 기포 발생을 확인하는 방법이 대표적이다.

답 ③

Q153

내출혈 의심 환자를 이동해야 할 때 가장 알맞은 방법은?

① 통증 부위를 비틀어 확인한다
② 일으켜 세워 걷게 한다
③ 혼자서 번쩍 들어 옮긴다
④ 가능하면 움직이지 않고, 필요 시 여러 명이 몸통을 고정해 조심스럽게 이동한다

해 무리한 이동은 출혈 악화·경추 손상을 만들 수 있어 고정·조심 이동이 필요하다.

답 ④

Q154

골절 의심 환자에게 하면 안 되는 행동으로 옳은 것은?

① 통증 부위를 고정한다
② 보온을 유지한다
③ 억지로 뼈 위치를 맞추려 한다
④ 119를 요청한다

해 임의 정복은 신경·혈관 손상을 악화시킬 수 있다.

답 ③

Q155

넓은 화상 환자에게 올바른 대응으로 옳은 것은?

① 충분히 보온하고, 깨끗이 덮은 뒤 신속히 의료기관으로 이송한다
② 알코올을 발라 소독한다
③ 분말을 뿌린다
④ 뜨거운 찜질을 한다

해 넓은 화상은 쇼크·감염 위험이 커 보온·신속 이송이 중요하다.

답 ①

Q156

교통사고 후 보험 처리(사고 접수)를 위해 우선적으로 정리해 두면 좋은 정보의 조합으로 가장 알맞은 것은?

① 상대 운전자의 취미와 직업
② 사고 시간·장소, 차량번호/연락처, 파손 부위 사진, 부상 여부
③ 내비 목적지 기록만
④ 차량 색상만 기억하면 충분하다

해 보험 접수는 사실관계가 핵심이므로 시간·장소·차량 정보·파손 상태·부상 여부를 정리하면 분쟁을 줄일 수 있다.

답 ②

Q157

경미한 접촉사고에서 현장 합의가 즉시 어렵거나 분쟁 소지가 있을 때 가장 알맞은 대응은?

① 아무 기록 없이 각자 떠난다
② 상대가 화내면 무조건 현금으로 즉시 합의한다
③ 안전조치 후 증거(사진·블박 등)를 확보하고 보험사(또는 공제) 절차로 처리한다
④ 상대방 차량을 막아 세워 이동을 금지한다

해 분쟁 소지가 있으면 절차 처리(보험/공제)가 안전하며, 안전조치와 증거 확보가 우선이다.

답 ③

Q158

언더스티어(앞이 밀림) 경향이 나타날 때 올바른 대응은?

① 더 가속
② 핸들을 놓는다
③ 핸들을 크게 급히 꺾는다
④ 가속을 줄이고 속도를 낮춘다

해 속도 과다·접지 부족이 원인이므로 감속이 우선이다.
답 ④

Q159

오버스티어(후미가 돌아나감) 시 올바른 대응은?

① 미끄러지는 방향으로 조향을 맞춘다
② 반대 방향으로 더 꺾는다
③ 급가속
④ 브레이크를 계속 밟는다

해 차체 회전을 회복하기 위해 조향을 맞추는 것이 기본이다.
답 ①

Q160

내리막에서 제동 페이드를 줄이는 방법으로 알맞은 것은?

① 브레이크를 계속 밟는다
② 엔진브레이크(저단) 활용과 간헐 제동
③ 가속해 빨리
④ 주차브레이크 사용

해 지속 제동은 과열을 유발하므로 저단 활용이 안전하다.
답 ②

Q161

급제동을 피해야 하는 이유로 알맞은 것은?

① 연료가 더 든다
② 경적이 울린다
③ 속도가 느려진다
④ 뒤차 추돌·차량 불안정 위험

해 급제동은 뒤차 추돌과 차량 자세 불안을 유발할 수 있다.
답 ④

Q162

미끄러운 노면에서 가장 위험한 조작 조합은?

① 부드러운 감속+완만한 조향
② 급가속+급조향
③ 거리 확보+저속
④ 상황 스캔+감속

해 마찰이 낮을수록 급가속·급조향은 미끄럼을 키운다.
답 ②

Q163

제동 시 차량이 한쪽으로 쏠린다. 알맞은 대응은?

① 안전한 곳에 정차 후 점검
② 속도를 올려 테스트
③ 핸들을 세게 잡아당김
④ 브레이크를 더 세게

해 제동 불균형 가능성이 있어 안전 확보 후 점검이 필요하다.
답 ①

Q164

커브에서 안전한 속도 관리로 알맞은 것은?

① 진입하면서 가속
② 브레이크를 계속 밟으며 통과
③ 핸들을 크게 흔든다
④ 진입 전 감속 후 일정 속도로 통과

해 커브는 진입 전 감속이 안전하며, 중간 급조작을 줄여야
한다.

답 ④

Q165

젖은 노면에서 안전거리를 늘려야 하는 이유로 알맞은
것은?

① 연비가 좋아서
② 제동거리가 늘어나기 때문
③ 타이어가 더 잘 붙어서
④ 브레이크가 자동으로 강해져서

해 마찰 저하로 정지거리·제동거리가 늘어난다.

답 ②

Q166

급제동이 특히 위험한 상황으로 옳은 것은?

① 젖은 노면·결빙 노면처럼 접지력이 낮을 때
② 뒤차와 충분한 간격이 있을 때
③ 도로가 한산하고 건조할 때
④ 정지 상태일 때

해 접지력이 낮으면 급제동 시 미끄럼·스핀 가능성이 커
진다.

답 ①

Q167

미끄러운 노면에서 미끄럼을 가장 쉽게 유발하는 행동
은?

① 부드럽게 가속한다
② 안전거리 확보 후 주행한다
③ 충분히 감속 후 조향한다
④ 급가속하며 동시에 급조향한다

해 급가속·급조향은 타이어 접지력을 한 번에 소모해
스핀을 유발한다.

답 ④

Q168

다음 설명에 해당하는 현상으로 가장 알맞은 것은?

고속 주행 시 앞바퀴가 좌우로 흔들리며 조향휠이 떨리
는 횡진동 현상

① 수막현상　　　　② 시미현상
③ 페이드현상　　　④ 노킹현상

해 시미현상은 고속 주행 중 앞바퀴의 횡진동으로 조향휠
이 떨리는 현상이다.
　• 수막현상은 노면의 물막으로 타이어가 떠서 조향·
　　제동이 잘 되지 않는 현상이다.
　• 페이드현상은 제동장치 과열로 제동력이 저하되는
　　현상이다.
　• 노킹현상은 연료가 비정상 연소하여 엔진에서 '노킹'
　　소리가 나고 출력이 저하되는 현상이다.

답 ②

Q169

커브(코너)에서 사고 위험을 줄이기 위한 기본 원칙으로 옳은 것은?

① 커브 진입 전 감속하고, 커브 안에서는 급조작을 피한다
② 커브 안에서 급제동해 속도를 줄인다
③ 커브에서 가속해 빨리 빠져나간다
④ 핸들을 크게 돌려 한 번에 돈다

해 커브는 진입 전 감속이 원칙이며, 코너 안 급제동·급조향은 미끄럼을 키운다.

답 ①

Q170

자동차 검사 유효기간을 관리하는 방법으로 가장 알맞은 것은?

① 운전 감각으로만 판단한다
② 정비를 받았으면 유효기간 확인은 필요 없다
③ 만료 후에 사고만 안 나면 된다
④ 자동차등록증·검사 안내(스티커/고지) 또는 공식 조회로 유효기간을 확인하고, 만료 전에 검사 예약·이행한다

해 유효기간 관리는 '확인－예약－이행'이 핵심이며, 만료 전 선제 대응이 과태료·운행 불편을 줄인다.

답 ④

Q171

급제동 시 뒤차 추돌 위험을 줄이기 위한 평소 습관으로 옳은 것은?

① 앞차에 최대한 붙어 운전한다
② 안전거리를 유지해 급제동 필요 자체를 줄인다
③ 급가속을 자주 한다
④ 브레이크를 자주 밟아준다

해 여유를 확보하면 급제동을 줄여 연쇄 추돌 위험을 낮출 수 있다.

답 ②

Q172

결빙 노면에서 코너를 안전하게 도는 방법으로 옳은 것은?

① 코너 진입 전 감속하고, 코너 안에서는 일정한 조작을 유지한다
② 코너 안에서 급제동한다
③ 핸들을 크게 빠르게 돌린다
④ 가속 페달을 밟아 접지를 늘린다

해 코너 전 감속이 안전이며, 코너 안 급조작은 미끄럼을 키운다.

답 ①

Q173

자동차보험에서 '대인'과 '대물'의 구분으로 가장 알맞은 것은?

① 대인은 차량 수리, 대물은 사람 치료를 뜻한다
② 대인·대물은 운전자 벌점과 같은 의미다
③ 대인은 검사비, 대물은 통행료를 뜻한다
④ 대인은 사람(인적 피해), 대물은 물건(재물 피해) 보상을 뜻한다

🔟 대인은 사람에 대한 손해(치료비·사망/후유장해 등), 대물은 재물에 대한 손해(차량·시설물 파손 등) 보상이다.

🔠 ④

Q174

연속 커브 구간에서 가장 바람직한 운전은?

① 앞차를 추월하기 위해 가속한다
② 시선을 멀리 두고 일정한 속도로 부드럽게 조작한다
③ 차선을 자주 바꾼다
④ 브레이크를 계속 밟는다

🔟 원거리 시선과 부드러운 조작이 연속 커브에서 안정성을 높인다.

🔠 ②

Q175

LPG 차량에서 화재가 발생했을 때 운전자의 초기 대응으로 가장 알맞은 것은?

① 차량을 갓길에 세운 뒤 시동을 끄고, 안전거리 확보 후 119에 신고한다
② 보닛을 즉시 열고 연료 계통을 직접 만진다
③ 불이 보여도 계속 주행해 바람으로 끈다
④ 주변 사람을 불러 가까이 모이게 한다

🔟 화재 시에는 시동을 끄고 사람을 먼저 안전거리 밖으로 대피시키며 119 신고가 우선이다. 초기 소화는 안전이 확보되는 범위에서만 시도한다.

🔠 ①

Q176

급제동이 차량 자세를 불안정하게 만드는 이유로 옳은 것은?

① 하중이 전륜으로 급격히 이동해 후륜 접지력이 줄 수 있기 때문
② 연료가 줄기 때문
③ 라이트가 어두워지기 때문
④ 타이어가 커지기 때문

🔟 하중이동으로 접지 균형이 깨지면 미끄럼·차선 이탈 위험이 증가한다.

🔠 ①

Q177

빗길에서 미끄럼을 줄이기 위한 타이어 관리로 옳은 것은?

① 트레드가 닳아도 상관없다
② 타이어를 서로 다른 종류로 섞는다
③ 공기압을 과도하게 낮춘다
④ 적정 공기압과 트레드 깊이를 유지한다

해 트레드와 공기압은 배수·접지에 직접 영향을 준다.
답 ④

Q178

제동 시 쏠림의 원인으로 보기 어려운 것은?

① 브레이크 패드·캘리퍼 불량
② 타이어 공기압 편차
③ 노면 경사
④ 실내 방향제 냄새

해 쏠림은 제동·타이어·노면 요인이며 실내 요소와 무관하다.
답 ④

Q179

커브에서 언더스티어(앞바퀴 미끄러짐)가 발생한다. 가장 알맞은 대응은?

① 핸들을 더 꺾는다
② 가속한다
③ 가속을 줄이고(필요 시 감속) 조향을 완만하게 하며 접지를 회복한다
④ 급제동한다

해 핸들을 더 꺾는 것은 접지를 더 잃게 할 수 있어, 완만한 감속으로 접지를 회복하는 것이 핵심이다.
답 ③

Q180

자동차보험(또는 공제) 계약 만기 관리에 관한 설명으로 가장 알맞은 것은?

① 만기가 지나도 사고만 안 나면 문제 없다
② 만기 공백이 생기지 않도록 미리 갱신해 연속 가입을 유지하는 것이 안전하다
③ 보험은 필요할 때만 하루 단위로 가입하면 된다
④ 만기 관리는 보험사 책임이므로 운전자는 신경 쓸 필요 없다

해 의무보험 성격의 담보는 공백이 생기면 제재·분쟁 위험이 커질 수 있어, 만기 전에 갱신해 연속 가입을 유지하는 것이 원칙이다.
답 ②

Q181

졸음운전 위험을 줄이는 가장 확실한 방법은?

① 창문을 조금 연다
② 음악을 크게 튼다
③ 충분한 휴식·수면 후 운전, 졸리면 즉시 쉬기
④ 커피만 마신다

해 근본은 수면이며, 졸리면 안전한 곳에서 휴식을 취해야 한다.
답 ③

Q182

장거리 운전 중 멍해지는 느낌이 든다. 알맞은 대처는?

① 속도를 올린다
② 안전한 곳에 정차해 잠깐 휴식
③ 통화로 깬다
④ 차로를 왔다 갔다

해 주의 저하는 위험 신호이며, 안전한 곳에서 쉬는 것이 최선이다.
답 ②

Q183

운전 중 스마트폰 손조작 위험으로 알맞은 것은?

① 주의 분산으로 반응이 늦어짐
② 시야가 넓어진다
③ 연비가 좋아짐
④ 브레이크가 강해짐

해 주의 분산은 반응시간을 늘려 사고 위험을 높인다.
답 ①

Q184

약물(진정·수면 등) 복용 후 운전이 위험한 이유는?

① 연비가 좋아진다
② 브레이크가 자동 강화
③ 차량이 가벼워진다
④ 판단·반응이 둔화될 수 있다

해 반응·판단 저하는 사고 위험을 높인다.
답 ④

Q185

운전 중 분노가 올라올 때 안전한 행동은?

① 상대에게 붙어 압박
② 심호흡 후 거리 확보, 경쟁 운전 금지
③ 경적을 계속
④ 급차로 변경

해 감정 운전은 위험을 키우므로 여유와 거리 확보가 중요
하다.
답 ②

Q186

**졸음이 느껴질 때 효과가 가장 떨어지는 대처로 옳은
것은?**

① 휴게소·안전한 곳에서 잠깐이라도 수면을 취한다
② 동승자와 교대하거나 휴식을 취한다
③ 창문을 조금 열고 음악 볼륨을 올려 계속 운전한다
④ 필요 시 잠시 정차해 스트레칭한다

해 창문·음악은 일시적이고, 졸음은 수면으로 해소하는
것이 가장 확실하다.
답 ③

Q187

**장거리 운전 중 집중력이 떨어질 때 가장 안전한 조치
는?**

① 휴게소·안전한 곳에서 휴식/스트레칭 후 재출발
한다
② 속도를 올려 빨리 끝낸다
③ 에너지음료만 마시고 계속 달린다
④ 스마트폰으로 잠깐 영상 본다

해 피로·멍함은 반응을 늦추므로, 안전한 휴식이 가장
확실한 대응이다.
답 ①

Q188

운전 중 스마트폰을 사용할 때 상대적으로 덜 위험한 방법으로 옳은 것은?

① 한 손으로 계속 화면을 조작한다
② 주행 중 문자 답장을 길게 한다
③ 안전한 곳에 정차 후 조작하거나, 음성 기능을 최소한으로 사용한다
④ 내비 설정을 주행 중 여러 번 바꾼다

해 손조작은 시선·주의를 빼앗으므로, 정차 후 조작이 원칙이며 음성도 최소화가 안전하다.

답 ③

Q189

감기약·진정제 복용 후 운전 전 반드시 해야 할 확인으로 옳은 것은?

① 약을 두 배로 먹는다
② 짧은 거리면 상관없다
③ 커피를 마시면 무조건 안전하다
④ 복용 안내(졸림·운전 금지 경고)와 개인 반응을 확인하고, 졸림이 있으면 운전을 피한다

해 약물은 반응·판단을 떨어뜨릴 수 있어 안내문 확인과 운전 회피가 안전하다.

답 ④

Q190

운전 중 감정이 격해졌을 때 사고를 줄이는 방법으로 옳은 것은?

① 상대에게 보복 운전을 한다
② 경적·상향등으로 맞대응한다
③ 호흡을 가다듬고 거리를 두며, 필요하면 안전한 곳에서 잠시 정차해 감정을 진정시킨다
④ 속도를 올려 앞질러 간다

해 감정 폭발은 판단을 흐리므로, 거리 확보와 감정 진정이 가장 안전하다.

답 ③

Q191

승객 탑승 직후 가장 먼저 해야 할 안전 행동은?

① 급가속으로 합류
② 안전띠 착용 안내, 문이 완전히 닫힌 후 출발
③ 경적을 울려 출발
④ 핸드폰부터 확인

해 승객 안전띠와 개문 상태는 사고 시 피해를 크게 키울 수 있다.

답 ②

Q192

승객 하차 시 도어링 사고를 줄이는 안내로 알맞은 것은?

① 후방 차량·자전거 확인 후 문 열도록 안내
② 급히 내리라고 재촉
③ 차도 쪽으로 바로 내리게
④ 문을 확 열어준다

해 후방에서 오는 자전거·오토바이와의 충돌을 예방해야 한다.

답 ①

Q193

승객이 과속을 요구한다. 적절한 대응은?

① 요구대로 과속
② 급차로 변경
③ 운전대를 맡긴다
④ 안전을 최우선으로 설명하고 안전 범위 내 운행

🖽 안전과 법규 준수는 운전자의 기본 의무다.
🖽 ④

Q194

승객이 안전띠를 매지 않는다. 가장 적절한 대응은?

① 그냥 둔다
② 출발 전 착용을 정중히 안내
③ 강제로 묶는다
④ 급정거로 놀라게 한다

🖽 안내는 의무이자 사고 피해를 줄이는 핵심 조치다.
🖽 ②

Q195

승객이 내리려 하는데 아직 완전히 정차하지 않았다. 알맞은 행동은?

① 완전 정차 후 하차하도록 안내
② 천천히 문을 열게 한다
③ 빨리 내리게 한다
④ 문을 자동으로 열어준다

🖽 미정차 하차는 넘어짐·협착 위험이 커 완전 정차가 원칙이다.
🖽 ①

Q196

승객 탑승 후 출발 전에 안전을 위해 확인하면 좋은 항목으로 옳은 것은?

① 휴대폰 충전 케이블
② 목적지 입력만
③ 승객이 안전띠를 착용했는지와 문이 완전히 닫혔는지 확인
④ 라디오 채널

🖽 문 닫힘·안전띠는 출발 직후 사고·급정지 상황에서 피해를 크게 줄인다.
🖽 ③

Q197

도어링 사고를 줄이기 위해 기사에게 가장 효과적인 정차 위치 선택은?

① 차도 한가운데 세운다
② 자전거 도로 위에 정차한다
③ 급하게 세우고 바로 문을 열게 한다
④ 가능하면 연석(도로 가장자리)에 붙여 정차하고, 뒤에서 오는 자전거·차량을 확인한 뒤 문을 열게 안내한다

🖽 연석 쪽 정차와 후방 확인 안내가 자전거·오토바이와의 충돌(도어링)을 줄인다.
🖽 ④

Q198

승객이 과속을 재촉할 때 가장 안전한 설명 방식으로 옳은 것은?

① 요금 더 받으면 해주겠다고 한다
② 즉시 과속한다
③ 안전·법규를 이유로 정중히 거절하고, 가능한 범위에서 원활한 경로로 안내한다
④ 승객을 내려주겠다고 위협한다

㉔ 과속은 사고 위험과 처벌을 키우므로, 안전·법규를 근거로 거절하고 합리적 대안을 제시한다.

답 ③

Q199

승객이 안전띠를 거부할 때 기사에게 가장 안전한 대응은?

① 아무 말 없이 출발한다
② 급가속해 겁을 준다
③ 안전띠의 필요성을 안내하고, 착용이 어려우면 출발을 잠시 미루어 협조를 구한다
④ 안전띠를 강제로 당긴다

㉔ 안전띠는 급정지·충돌 시 피해를 크게 줄이므로, 안내·협조 요청이 최선이다.

답 ③

Q200

승객이 급하게 문을 열려고 한다. 가장 안전한 대응은?

① 주행 중이라도 문을 열어준다
② 속도를 더 올린다
③ 완전정차 후 문을 열 수 있도록 안내하고, 잠금 기능이 있다면 안전하게 관리한다
④ 승객을 혼낸다

㉔ 완전정차 전 하차는 추락·접촉 위험이 커, 완전정차 후 하차 안내가 원칙이다.

답 ③

NOTES

PART 3

운송서비스
(160 문항)

운송서비스 (160 문항)

Q001

승객이 '빠른 길로 가주세요'라고 말한다. 가장 적절한 응대는?

① 출발 전에 '빠른 길(유료도로 포함)로 안내해도 괜찮은지'와 예상 소요를 간단히 확인한다.
② 승객이 항의하면 언성을 높여 말다툼으로 대응한다.
③ 정확한 확인 없이 '대충 아는 길'로 가며 내비 안내를 무시한다.
④ 승객이 말하는 목적지를 듣지 않고 임의로 출발한다.

해 승객 요청은 경로·요금에 영향을 줄 수 있으니 사전 확인이 분쟁을 줄인다.

답 ①

Q002

승객이 탑승했지만 목적지를 바로 말하지 않고 통화 중이다. 가장 바람직한 응대는?

① 출발부터 하고 나중에 목적지를 묻는다.
② 짧게 인사한 뒤, 통화가 끝나면 목적지를 다시 확인하겠다고 안내하고 안전하게 대기한다.
③ 통화 내용을 듣고 목적지를 추측해 출발한다.
④ 목적지를 말할 때까지 조급하게 재촉한다.

해 첫 인사는 짧고 정중하게 하고, 승객 상황을 존중하면서도 목적지 확인은 반드시 필요하다. 조급함은 불만과 분쟁을 키운다.

답 ②

Q003

승객이 목적지를 말했지만 발음이 불명확해 오해가 우려된다. 가장 좋은 대응은?

① 아는 대로 판단해 바로 출발한다.
② 목적지를 반복 확인하고, 필요하면 지도·건물명·주소 중 하나로 확인해 승객과 동일하게 맞춘 뒤 출발한다.
③ 승객이 알아서 방향을 지시하도록 기다린다.
④ 내비 검색 결과 중 첫 번째를 선택해 출발한다.

해 서비스 품질은 첫 확인에서 갈린다. 목적지를 되물어 승객이 고개로 확인하도록 하고, 주소·상호·랜드마크 등으로 교차확인하면 오해를 줄인다.

답 ②

Q004

승객이 '이 길 맞아요?'라며 의심한다. 가장 적절한 응대는?

① 승객이 요청하지 않았는데도 유료도로·우회로를 고집한다.
② 승객의 질문을 무시하고 불쾌한 표현으로 응대한다.
③ 현재 경로와 이유(교통량/신호/유료도로 여부)를 짧게 설명하고 원하면 경로를 즉시 조정한다.
④ 요금이 적을 것 같다는 이유로 승차를 거부한다.

해 설명과 선택권 제공이 갈등을 낮춘다.

답 ③

Q005

승객이 단거리 이동을 요청한다. 적절한 태도는?

① 승객이 말하는 목적지를 듣지 않고 임의로 출발한다.
② 단거리라도 동일하게 친절히 응대하고, 안전한 승·하차를 우선한다.
③ 승객의 질문을 무시하고 불쾌한 표현으로 응대한다.
④ 요금·통행료를 설명하지 않고 도착 후에만 통보한다.

해 단거리 승차거부는 민원·처분으로 이어질 수 있다.
답 ②

Q006

승객이 목적지 도착 직전에 '여기 말고 한 블록 더'라고 요청한다. 올바른 대응은?

① 승객이 항의하면 언성을 높여 말다툼으로 대응한다.
② 승객에게 현금 결제만 요구하고 카드·앱결제를 거부한다.
③ 교통 흐름을 해치지 않는 범위에서 가능한지 확인 후, 안전한 지점에서 승객 요청을 반영한다.
④ 요금·통행료를 설명하지 않고 도착 후에만 통보한다.

해 추가 이동은 안전과 교통 흐름을 우선으로 판단한다.
답 ③

Q007

서비스의 '무형성' 특성으로 인해 택시 서비스에서 특히 중요한 것은?

① 운전자 개인 취향을 강하게 드러내는 대화
② 승객이 체감할 수 있는 설명·절차·안내로 신뢰를 높이는 것
③ 최대한 말없이 운행하는 것
④ 승객이 요청하기 전에는 아무 안내도 하지 않는 것

해 서비스는 눈에 보이는 물건이 아니어서 승객은 '설명·안내·태도'로 품질을 판단한다. 출발 전 확인, 경로·소요 안내, 하차 안내 같은 작은 절차가 신뢰를 만든다.
답 ②

Q008

서비스의 '다양성(이질성)'을 줄이기 위한 운수종사자 실천으로 가장 적절한 것은?

① 승객마다 규칙을 바꿔 즉흥적으로 응대한다.
② 표준 인사·확인 문구와 기본 절차(목적지 확인, 요금 안내, 하차 확인)를 일관되게 지킨다.
③ 승객의 기분이 나쁘면 같은 방식으로 맞대응한다.
④ 운행 중에는 어떤 질문에도 답하지 않는다.

해 사람이 제공하는 서비스는 상황에 따라 들쭉날쭉해지기 쉽다. 기본 절차를 표준화하면 체감 품질을 안정시키고 민원을 줄인다.
답 ②

Q009

승객이 요금이 많이 나왔다고 항의한다. 가장 적절한 대응은?

① 승객이 말하는 목적지를 듣지 않고 임의로 출발한다.
② 미터 표시·주행거리·시간을 함께 확인하고, 필요 시 영수증 발급 및 민원 절차를 안내한다.
③ 요금이 적을 것 같다는 이유로 승차를 거부한다.
④ 정확한 확인 없이 '대충 아는 길'로 가며 내비 안내를 무시한다.

🅷 감정 대응보다 확인·절차 안내가 핵심이다.

🅐 ②

Q010

서비스의 '소멸성' 특성을 고려할 때, 택시 서비스 운영에서 가장 바람직한 태도는?

① 빈차 시간은 어쩔 수 없으니 관리하지 않는다.
② 수요가 몰리는 시간대에는 배차·대기·동선 관리를 통해 공차·대기 손실을 줄이려 노력한다.
③ 승객이 없으면 아무 계획 없이 장시간 정차한다.
④ 예약·호출이 와도 상황을 설명하지 않고 무조건 취소한다.

🅷 서비스는 저장이 안 된다. 한 시간의 공차·대기 손실은 되돌릴 수 없으므로, 시간대별 수요를 고려한 동선·대기 전략이 필요하다.

🅐 ②

Q011

운송사업자가 승객이 쉽게 볼 수 있는 위치에 게시(비치)하도록 하는 사항으로 가장 알맞은 것은?

① 회사명·차량번호·운전자 성명·불편사항 연락처 등을 표시한 안내(표지)
② 운전면허 갱신 절차 안내문
③ 승객의 개인정보 수집 동의서
④ 보험사 영업점 위치 안내

🅷 운송사업자는 승객이 차량 안에서 쉽게 확인할 수 있도록 회사명(개인택시 제외)·차량번호·운전자 성명·불편사항 연락처 등 안내 사항을 게시하도록 운영한다.

🅐 ①

Q012

승객이 '교통체증이 싫으니 골목길로'라고 한다. 올바른 방법은?

① 정확한 확인 없이 '대충 아는 길'로 가며 내비 안내를 무시한다.
② 승객이 말하는 목적지를 듣지 않고 임의로 출발한다.
③ 안전·통행 가능 여부를 우선 판단하고, 위험·통제 구간이면 대안 경로를 제시한다.
④ 승객이 항의하면 언성을 높여 말다툼으로 대응한다.

🅷 승객 요청도 안전과 법규 범위 안에서만 수용한다.

🅐 ③

Q013

승객이 차량 내에서 나눈 대화를 다른 사람에게 그대로 전하는 행동의 가장 큰 문제는?

① 대화가 길어져 연비가 나빠진다.
② 운전자 개인 평판이 좋아질 수 있다.
③ 승객의 개인정보·사생활이 침해될 수 있어 신뢰를 무너뜨린다.
④ 별점에 영향이 없다.

해 택시는 이동 공간이지만 승객에게는 사적 공간으로 느껴질 수 있다. 들은 내용을 외부에 공유하면 신뢰가 깨지고 민원·분쟁으로 이어진다.

답 ③

Q014

승객이 '급하다'며 과속을 요구한다. 올바른 대응은?

① 승객이 항의하면 언성을 높여 말다툼으로 대응한다.
② 승객에게 현금 결제만 요구하고 카드·앱결제를 거부한다.
③ 과속은 불가하다고 분명히 말하고, 법규 준수 범위에서 신속하게 운행하겠다고 안내한다.
④ 요금·통행료를 설명하지 않고 도착 후에만 통보한다.

해 안전·법규는 타협할 수 없다.

답 ③

Q015

승객이 승차 직후 '잠깐만 내려서 물건 가져올게요'라고 한다. 적절한 대응은?

① 승객이 요청하지 않았는데도 유료도로·우회로를 고집한다.
② 정차 가능 장소인지 확인하고, 대기 가능 여부와 대기 시 미터 작동(정차/대기)을 안내한다.
③ 승객이 말하는 목적지를 듣지 않고 임의로 출발한다.
④ 요금·통행료를 설명하지 않고 도착 후에만 통보한다.

해 대기는 요금 오해가 생기기 쉬워 안내가 필요하다.

답 ②

Q016

승객이 '현금이 없는데 계좌이체로 될까요?'라고 한다. 올바른 대응은?

① 요금이 적을 것 같다는 이유로 승차를 거부한다.
② 가능한 결제수단(카드/앱/현금영수증 등)을 안내하고, 현장에서 합리적으로 해결한다.
③ 승객의 질문을 무시하고 불쾌한 표현으로 응대한다.
④ 승객이 요청하지 않았는데도 유료도로·우회로를 고집한다.

해 결제 분쟁은 대안을 제시하며 조정하는 게 좋다.

답 ②

Q017

승객이 애매한 장소를 '여기쯤'이라고 말한다. 적절한 응대는?

① 승객이 요청하지 않았는데도 유료도로·우회로를 고집한다.
② 안전한 정차·하차 지점을 제안하고 승객 의사를 확인한 뒤 정차한다.
③ 승객이 항의하면 언성을 높여 말다툼으로 대응한다.
④ 승객에게 현금 결제만 요구하고 카드·앱결제를 거부한다.

해 불법정차·위험지점 하차를 피한다.
답 ②

Q018

승객이 '기사님이 알아서 가장 싼 길로'라고 한다. 올바른 방법은?

① 승객이 말하는 목적지를 듣지 않고 임의로 출발한다.
② 무료도로 우선 경로 또는 최단거리 기반 경로를 선택하고, 선택 기준을 간단히 공유한다.
③ 정확한 확인 없이 '대충 아는 길'로 가며 내비 안내를 무시한다.
④ 승객이 항의하면 언성을 높여 말다툼으로 대응한다.

해 기준 공유는 오해를 줄인다.
답 ②

Q019

교통사고 현장에서 '2차 사고'를 예방하기 위한 가장 우선적인 조치는?

① 현장 사진을 먼저 찍는다
② 피해자 상태보다 차량 파손 부위부터 확인한다
③ 피해자를 위험에서 보호하고, 현장 안전을 확보한 뒤 도움을 요청한다
④ 주변 운전자와 책임을 따지며 다툰다

해 사고 현장에서는 2차 사고 방지가 최우선이다. 피해자 보호·현장 안전 확보 후 119/112 등 도움을 요청하고 필요한 조치를 진행한다.
답 ③

Q020

승객이 탑승 중 '왜 이렇게 느리게 가요?'라고 재촉한다. 가장 적절한 응대는?

① 정확한 확인 없이 '대충 아는 길'로 가며 내비 안내를 무시한다.
② 안전·교통 흐름을 설명하고, 가능한 범위에서 신속하게 운행하겠다고 안내한다.
③ 요금·통행료를 설명하지 않고 도착 후에만 통보한다.
④ 승객이 말하는 목적지를 듣지 않고 임의로 출발한다.

해 재촉 상황에서도 안전이 우선이다.
답 ②

Q021

승객이 불만 표정을 짓고 탑승한다. 첫 응대에서 가장 적절한 방법은?

① 왜 화가 났는지 바로 따진다.
② 짧게 인사하고 목적지를 확인한 뒤, 필요한 안내는 차분한 톤으로 제공한다.
③ 상황을 무시하고 라디오 볼륨을 높인다.
④ 승객을 달래기 위해 과도한 농담을 건다.

해 첫 인사는 갈등을 낮추는 장치다. 짧고 정중한 인사, 목적지 확인, 차분한 안내가 기본이다.
답 ②

Q022

승객에게 좋은 인상을 주기 위한 '차량 내부 관리'로 가장 적절한 것은?

① 향수를 강하게 뿌려 냄새를 덮는다.
② 차량 청결과 환기를 기본으로 하고, 냄새(담배·음식)는 즉시 제거한다.
③ 시트에 개인 물건을 계속 올려둔다.
④ 바닥은 더러워도 보이지 않으니 괜찮다.

해 청결·환기는 체감 품질을 좌우한다. 강한 향으로 덮으면 오히려 멀미·불쾌감을 줄 수 있다.
답 ②

Q023

승객이 큰 캐리어를 들고 탑승하려 한다. 가장 바람직한 서비스는?

① 짐은 승객이 알아서 하게 둔다.
② 트렁크를 열어 안전하게 적재하도록 돕고, 문 닫힘·파손 위험을 확인한다.
③ 시간이 오래 걸리니 승차를 거절한다.
④ 짐이 크면 요금을 추가로 요구한다.

해 짐 적재는 안전과 서비스가 함께 걸린다. 도움을 제공하되 무리한 힘을 쓰기보다 '안전 적재'에 초점을 둔다.
답 ②

Q024

승객 만족도를 높이기 위한 '기대 수준 관리'로 가장 적절한 것은?

① 가능하든 말든 무조건 '금방 갑니다'라고 말한다.
② 교통상황을 고려해 예상 소요·통행료 여부 등을 간단히 안내해 기대를 맞춘다.
③ 승객 질문에는 '모르겠다'고만 답한다.
④ 설명을 길게 늘어놓아 승객을 피곤하게 한다.

해 승객 불만의 상당수는 '기대와 실제의 차이'에서 나온다. 짧고 정확한 안내로 기대를 맞추면 만족이 올라간다.
답 ②

Q025

할증이 적용되는 시간대에 승객이 이유를 묻는다. 가장 적절한 응대는?

① 승객이 요청해도 영수증 발급을 거부한다.
② 결제 오류가 나면 '그냥 내리라'며 승객에게 책임을 전가한다.
③ 할증 적용 시간/기준을 간단히 안내하고, 영수증에 표시되는 항목을 설명한다.
④ 분실·오류를 이유로 결제내역 확인을 해주지 않는다.

해 기준 안내는 오해를 줄인다.
답 ③

Q026

시각장애인 승객이 택시를 이용하려 한다. 가장 적절한 응대는?

① 앞에 있으면 알아서 타겠지 하고 그냥 기다린다.
② 자신을 먼저 소개하고, 문 위치·좌석 위치를 말로 안내한 뒤 안전하게 승하차를 돕는다.
③ 급하니 승객 팔을 갑자기 잡아 끌어 탄다.
④ 안내견이 있으면 무조건 승차를 거부한다.

해 장애가 있는 승객은 정보 접근이 제한될 수 있어, 말로 위치와 동작을 안내하는 것이 핵심이다.
답 ②

Q027

유아·어린이 승객이 동승해 안전이 우려된다. 가장 바람직한 조치는?

① 출발 후에 알아서 안전띠를 매게 둔다.
② 출발 전에 동승자에게 좌석안전띠 착용을 확인하고, 필요하면 안전하게 멈춘 뒤 다시 확인한다.
③ 안전띠는 선택이니 묻지 않는다.
④ 시간이 걸리니 승차를 거절한다.

해 안전띠 착용은 사고 시 피해를 크게 줄인다. 출발 전 확인이 기본이며, 주행 중 확인을 위해 급정지·급조작을 하면 더 위험하다.
답 ②

Q028

외국인 승객과 의사소통이 어렵다. 가장 적절한 대응은?

① 의사소통이 안 되니 바로 승차를 거부한다.
② 간단한 문장과 번역 앱·지도 화면을 활용해 목적지와 경로를 확인한다.
③ 큰 소리로 한국말을 반복한다.
④ 승객이 알아서 내비를 조작하게 한다.

해 핵심은 '확인'이다. 번역 앱과 지도 화면은 오해를 줄이고 안전하게 소통할 수 있다.
답 ②

Q029

야간에 승객이 탑승해 불안해하는 기색이 보인다. 신뢰를 높이는 행동으로 가장 적절한 것은?

① 말없이 급출발한다.
② 목적지 확인 후 안전하게 출발하고, 필요하면 '원하시면 내비 경로를 함께 확인하겠습니다'처럼 짧게 안내한다.
③ 라디오를 크게 틀어 분위기를 바꾼다.
④ 승객의 불안을 줄이기 위해 개인적인 질문을 많이 한다.

㊐ 야간에는 안전감이 중요하다. 목적지·경로 확인을 투명하게 하면 불안을 낮출 수 있다.
답 ②

Q030

노면에 나타난 흔적조사에 해당하는 것으로 가장 알맞은 것은?

① 차량 내비게이션의 최근 목적지 기록
② 스키드마크·요마크·프린트자국 등 타이어자국의 위치와 방향
③ 승객의 탑승 횟수
④ 휴대전화 배터리 잔량

㊐ 교통사고 원인조사에서는 노면의 타이어자국(스키드마크·요마크·프린트자국)과 그 위치·방향이 중요한 단서가 된다.
답 ②

Q031

분실물 민원을 줄이기 위한 하차 직전 운수종사자 습관으로 가장 적절한 것은?

① 도착하면 바로 문을 열어 빨리 내리게 한다.
② 하차 안내와 함께 '좌석·바닥에 두고 내리신 물건 없는지 확인 부탁드립니다'라고 한 번 더 안내한다.
③ 승객이 내리면 바로 출발한다.
④ 분실물은 생길 수밖에 없으니 신경 쓰지 않는다.

㊐ 하차 직전 5초 안내가 분실 민원을 크게 줄인다. 특히 휴대폰·지갑은 좌석 틈에 남기 쉽다.
답 ②

Q032

다음 중 존경어에 대한 설명으로 가장 알맞은 것은?

① 자신의 동작을 낮추어 말하는 표현이다
② 높임 대상(사람·사물)을 높여 말하는 표현이다
③ 말끝을 정중하게 하여 공손함을 나타내는 표현이다
④ 친근감을 위해 반말로 말하는 표현이다

㊐ 존경어는 높임 대상(사람·사물)을 높여 말하는 표현이다.
답 ②

Q033

승객이 차량 안에서 담배를 피우려 한다. 가장 적절한 응대는?

① 창문만 열면 괜찮으니 피워도 된다고 한다.
② 정중히 차량 내 금연을 안내하고, 필요하면 정차 후 하차 지점에서 흡연하도록 요청한다.
③ 불쾌하니 바로 언성을 높인다.
④ 승객이 요금을 더 내면 허용한다.

🎔 차량 내 금연 안내는 서비스와 안전(환기·냄새·화재 위험)에 모두 관련된다. 정중하지만 단호하게 안내한다.
🎔 ②

Q034

승객이 '차에서 냄새가 난다'고 불만을 말한다. 가장 적절한 대응은?

① 승객이 예민하다고 맞받아친다.
② 사과하고 환기·청결 조치를 안내하며, 가능한 범위에서 불편을 줄이기 위해 노력한다.
③ '원래 택시는 다 그렇다'고 말한다.
④ 승객에게 향수를 뿌려달라고 요청한다.

🎔 불쾌감은 사소해 보여도 만족도를 크게 떨어뜨린다. 사과-조치(환기)-재발 방지의 흐름이 기본이다.
🎔 ②

Q035

교통사고 현장에서 차량을 옮겨야 하는 상황이다. 가장 올바른 순서는?

① 바로 차량을 이동시킨 뒤 상황을 정리한다
② 사고 위치를 표시한 뒤 도로 가장자리로 차량을 이동시킨다
③ 피해자 확인 없이 차량만 먼저 이동시킨다
④ 상대와 합의가 끝난 뒤에만 이동시킨다

🎔 현장 안전을 확보하면서도 사고 원인조사를 위해 사고 위치를 먼저 표시하고, 이후 도로 가장자리로 이동시키는 것이 원칙이다.
🎔 ②

Q036

다음 중 정중어에 해당하는 예로 가장 알맞은 것은?

① 할아버지께서 오신다
② 제가 여쭙겠습니다
③ 지금 출발하겠습니다
④ 나 지금 간다

🎔 정중어는 말끝을 공손하게 하여 상대를 정중히 대하는 표현이다.
🎔 ③

Q037

승객과 대화할 때 언어예절로 가장 적절한 것은?

① 친해지기 위해 나이·직업·가족사 같은 사적 질문을 먼저 한다.
② 승객이 원할 때만 대화하고, 필요한 안내는 존댓말로 간결하게 한다.
③ 승객이 조용해도 계속 말을 걸어 분위기를 만든다.
④ 승객이 불편해도 농담을 계속한다.

㉻ 택시는 다양한 승객이 이용한다. 대화는 '승객 주도'가 원칙이며, 안내는 간결하고 존중의 톤으로 한다.

답 ②

Q038

미터기 요금과 앱 예상요금이 다르다. 올바른 대응은?

① 분실·오류를 이유로 결제내역 확인을 해주지 않는다.
② 요금 변경·할증을 안내하지 않고 사후 통보한다.
③ 미터기 요금과 무관하게 임의로 금액을 부른다.
④ 실제 요금은 미터 기준이며, 차이가 생기는 이유(교통/우회/통행료)를 설명한다

㉻ 기준을 분명히 하면 오해가 줄어든다.

답 ④

Q039

승객이 하차하며 '별점 낮게 줄 거예요'라고 말한다. 가장 바람직한 응대는?

① 맞대응하며 승객을 비난한다.
② 불편이 무엇이었는지 짧게 확인하고, 사과할 부분은 사과한 뒤 개선 의지를 전한다.
③ 아무 말 없이 문을 닫고 출발한다.
④ 평가를 바꾸면 할인해주겠다고 제안한다

㉻ 감정이 올라간 상황에서는 '짧은 확인 – 사과 – 개선'이 갈등을 낮춘다. 보상 제안은 오해와 추가 분쟁을 만들 수 있다.

답 ②

Q040

승객이 하차 후 좌석에 휴대폰을 두고 내린 것을 발견했다. 가장 적절한 조치는?

① 분실물을 발견해도 임의로 가져가거나 처분한다.
② 승객 물품을 찾기 위해 급정거·급차로변경을 한다.
③ 분실물 문의가 와도 확인을 거부한다.
④ 안전한 곳에 정차한 뒤 분실물 보관·인계 절차에 따라 처리하고, 연락이 오면 확인해 준다.

㉻ 분실물은 임의 처분 금지, 안전 확보 후 절차대로 처리한다.

답 ④

Q041

승객이 '차에 지갑을 두고 내린 것 같다'며 연락했다. 올바른 응대는?

① 분실물을 발견해도 임의로 가져가거나 처분한다.
② 차량 내 확인 후 결과를 안내하고, 필요 시 보관·인계 장소와 절차를 안내한다.
③ 승객 물품을 찾기 위해 급정거·급차로변경을 한다.
④ 분실물 문의가 와도 확인을 거부한다.

해 확인 가능 범위에서 신속히 안내하는 것이 중요하다.
답 ②

Q042

분실물에서 신분증·카드가 나왔다. 올바른 처리 방법은?

① 승객 물품을 찾기 위해 급정거·급차로변경을 한다.
② 보관·인계 절차에 따라 안전하게 보관하고, 분실물 접수기관/절차로 인계한다.
③ 민원 제기 승객에게 보복성 언행을 한다.
④ 분실물을 발견해도 임의로 가져가거나 처분한다.

해 개인정보·금전 관련 물품은 특히 엄격한 절차가 필요하다.
답 ②

Q043

승객이 영수증을 잃어버렸지만 결제내역 확인을 원한다. 올바른 대응은?

① 승객의 연락처를 개인 용도로 저장·사용한다.
② 분실물 문의가 와도 확인을 거부한다.
③ 민원 제기 승객에게 보복성 언행을 한다.
④ 가능한 확인 방법(결제내역/승차기록 등)을 안내하고, 절차 범위에서 지원한다.

해 정해진 범위 안에서 확인을 돕는 것이 서비스다.
답 ④

Q044

'사고차량 및 피해자 조사'에 포함되는 항목으로 가장 알맞은 것은?

① 차량 손상부위의 정도와 손상 방향
② 승객의 선호 음악 장르
③ 운전자의 취미
④ 차량 실내 방향제 브랜드

해 사고차량 조사에서는 손상부위·손상방향, 마찰·찰과흔, 차량 위치·방향 등이 원인 파악에 중요하다.
답 ①

Q045

사고 원인조사에서 '충돌 후 떨어진 액체 잔존물'의 위치·방향을 확인하는 이유로 가장 알맞은 것은?

① 승객 만족도를 평가하기 위해
② 차량 고장 원인이나 충돌 지점을 추정하는 단서가 될 수 있어서
③ 요금 할인 여부를 결정하기 위해
④ 내비게이션 업데이트 필요성을 확인하기 위해

해 노면의 액체 잔존물, 파손품, 긁힘 흔적 등은 충돌 지점·진행 방향·파손 양상을 추정하는 단서가 될 수 있다.

답 ②

Q046

승객이 '기사님 번호 좀 주세요'라고 한다. 개인정보 관점에서 적절한 대응은?

① 분실물을 발견해도 임의로 가져가거나 처분한다.
② 공식적으로 제공 가능한 연락/문의 경로를 안내하고, 개인 연락처 제공은 신중히 한다.
③ 민원 제기 승객에게 보복성 언행을 한다.
④ 승객 물품을 찾기 위해 급정거·급차로변경을 한다.

해 개인정보는 최소한으로 제공하는 것이 원칙이다.

답 ②

Q047

차량 내 블랙박스 영상 제공 요청을 받았다. 가장 적절한 대응은

① 민원 제기 승객에게 보복성 언행을 한다.
② 승객의 연락처를 개인 용도로 저장·사용한다.
③ CCTV·블랙박스 영상 제공을 임의로 약속한다(절차 안내 없이).
④ 제공 가능 여부는 절차(요청 주체·법적 근거 등)에 따라 달라짐을 안내하고 공식 절차로 안내한다.

해 개인정보·영상 정보는 임의 제공을 피하고 절차를 따른다.

답 ④

Q048

승객이 물건을 찾으러 오겠다며 차량 위치를 묻는다. 올바른 대응은?

① 분실물을 발견해도 임의로 가져가거나 처분한다.
② 승객 물품을 찾기 위해 급정거·급차로변경을 한다.
③ CCTV·블랙박스 영상 제공을 임의로 약속한다(절차 안내 없이).
④ 안전한 장소에서 인계할 수 있는 방법을 안내하고, 무리한 만남은 피한다.

해 안전과 분쟁 예방이 우선이다.

답 ④

Q049

차량에서 승객의 물건(신분증·카드 등)을 발견했다. 가장 올바른 행동은?

① 분실자를 찾기 위해 SNS에 사진을 올린다.
② 개인정보가 보이지 않게 보관하고, 규정 절차에 따라 신고·인계한다.
③ 운전자가 임의로 집에 가져가 보관한다.
④ 현금이 아니면 버린다.

🖽 신분증·카드는 개인정보가 포함돼 있어 노출 자체가 위험하다. 사진 공개는 2차 피해를 부를 수 있으므로 절차에 따라 인계한다.

🗒 ②

Q050

승객이 민원 제기 대신 현장에서 합의를 요구한다. 올바른 대응은?

① 사실관계를 정리하고 가능한 해결책을 안내하되, 무리한 요구에는 응하지 않고 절차를 안내한다.
② 승객 물품을 찾기 위해 급정거·급차로변경을 한다.
③ CCTV·블랙박스 영상 제공을 임의로 약속한다(절차 안내 없이).
④ 승객의 연락처를 개인 용도로 저장·사용한다.

🖽 현장 합의 강요는 분쟁을 키울 수 있다.
🗒 ①

Q051

야시장 근처 정류소에서 승객을 태우려 한다. 질서를 해치지 않는 방법은?

① 줄을 무시하고 끼어들어 먼저 태운다.
② 순서를 지키고 통행을 방해하지 않게 대기하며, 승객 승하차가 끝나면 지체 없이 이동한다.
③ 정류소 앞 이중주차로 오래 대기하며 승객을 유치한다.
④ 정류소를 길게 점유하고 장시간 대기한다

🖽 정류소는 '안전·흐름·순서'가 핵심이다. 점유·끼어들기·이중정차는 민원과 사고 위험을 키운다.

🚗 오답포인트 : 정답 보기처럼 '지체 없이 이동한다'가 자연스러운 문장이다.

🗒 ④

Q052

승객이 "제 물건을 찾으려면 어떻게 해야 하나요?"라고 묻는다. 올바른 안내는?

① 분실물을 발견해도 임의로 가져가거나 처분한다.
② 승차 시간·구간·차량정보를 확인하고 분실물 접수 절차를 단계별로 안내한다.
③ 승객의 연락처를 개인 용도로 저장·사용한다.
④ 승객 물품을 찾기 위해 급정거·급차로변경을 한다.

🖽 필요 정보 안내가 가장 도움이 된다.
🗒 ②

Q053

운송사업자 준수사항으로 가장 알맞은 것은?

① 노약자·장애인 등 교통약자에게 특별한 편의를 제공하도록 노력한다
② 교통약자가 탑승하면 반드시 추가요금을 받는다
③ 교통약자 승객은 승차를 거절해도 무방하다
④ 교통약자 관련 민원은 운수종사자가 임의로 무시한다

🖩 운송사업자는 교통약자에 대한 편의 제공 등 서비스 향상을 위한 준수사항을 지켜야 한다.

🗈 ①

Q054

승객이 차내에서 두고 간 물건이 위험물로 의심된다. 올바른 대응은?

① 직접 확인·개봉을 피하고, 안전거리를 두고 필요 시 신고/관리 절차를 따른다.
② 분실물을 발견해도 임의로 가져가거나 처분한다.
③ 분실물 문의가 와도 확인을 거부한다.
④ 민원 제기 승객에게 보복성 언행을 한다

🖩 안전이 최우선이다.

🗈 ①

Q055

승객이 개인 연락처로 지속 연락한다. 올바른 대응은?

① 공식 채널로 안내하고, 불필요한 개인정보 노출을 줄인다.
② CCTV·블랙박스 영상 제공을 임의로 약속한다(절차 안내 없이).
③ 분실물을 발견해도 임의로 가져가거나 처분한다.
④ 분실물 문의가 와도 확인을 거부한다.

🖩 경계 설정이 필요하다.

🗈 ①

Q056

승객이 하차 후 결제 취소를 요구한다. 올바른 대응은?

① 사유를 확인하고 가능한 절차(정정/취소)를 안내하되, 임의 처리보다는 규정에 따른다.
② 승객의 연락처를 개인 용도로 저장·사용한다.
③ 민원 제기 승객에게 보복성 언행을 한다.
④ 분실물을 발견해도 임의로 가져가거나 처분한다.

🖩 정산 문제는 절차가 우선이다.

🗈 ①

Q057

승객이 차량 내 물품을 훼손했다고 주장한다. 올바른 대응은?

① 현장 상황을 기록하고, 감정 대응 없이 사실 확인 절차로 대응한다.
② 승객 물품을 찾기 위해 급정거·급차로변경을 한다.
③ 분실물을 발견해도 임의로 가져가거나 처분한다.
④ 민원 제기 승객에게 보복성 언행을 한다.

🖩 기록과 절차가 분쟁을 줄인다.

🗈 ①

Q058

운송사업자가 차량을 '항상 깨끗하게 유지'해야 하는 취지로 가장 알맞은 것은?

① 청결은 전적으로 승객 책임이므로 관리할 필요가 없다
② 청결·위생 상태는 서비스 품질과 안전에 직결되어 점검·관리 대상이 된다
③ 차량 외관은 상관없고 속도만 빠르면 된다
④ 청결은 개인 취향이므로 민원과 무관하다

해 차량의 청결은 승객 만족과 위생·안전과 연결되며, 관할관청·조합 등의 점검(검사) 대상이 될 수 있어 상시 관리가 필요하다.
답 ②

Q059

승객이 개인정보가 적힌 서류를 두고 내렸다. 올바른 처리는?

① 다른 사람에게 노출되지 않도록 보관하고, 절차에 따라 인계한다.
② 분실물 문의가 와도 확인을 거부한다.
③ 분실물을 발견해도 임의로 가져가거나 처분한다.
④ 승객 물품을 찾기 위해 급정거·급차로변경을 한다.

해 노출 방지가 핵심이다.
답 ①

Q060

민원에 대비해 필요한 기본 습관으로 가장 적절한 것은?

① 승차 시 목적지·경로·결제 관련 핵심 사항을 간단히 확인하고 기록 가능한 자료를 남긴다.
② 분실물을 발견해도 임의로 가져가거나 처분한다.
③ 분실물 문의가 와도 확인을 거부한다.
④ 민원 제기 승객에게 보복성 언행을 한다.

해 사전 확인·기록이 예방책이다.
답 ①

Q061

야간에 술에 취한 승객이 탑승하며 큰 소리로 말한다. 가장 적절한 대응은?

① 언성을 높여 제압하려 한다.
② 침착하게 안내하고, 안전운행을 우선하며 필요 시 밝은 곳·인파 있는 곳으로 이동해 도움을 요청한다.
③ 차문을 잠가 승객을 강제로 통제한다.
④ 위험하더라도 빨리 끝내려 과속·급가속한다.

해 야간 갈등은 안전 확보와 침착한 대응이 핵심이다.
답 ②

Q062

승객이 욕설을 하며 시비를 건다. 가장 적절한 운전자의 행동은?

① 자극하지 말고 대화를 최소화하며, 위험하면 안전한 곳에 정차 후 도움을 요청한다.
② 언성을 높여 제압하려 한다.
③ 승객을 흥분시키는 말로 맞받아친다.
④ 차문을 잠가 승객을 강제로 통제한다.

해 갈등 확대를 피하고 안전을 확보한다.
답 ①

Q063

승객이 차량 내에서 난동을 부릴 조짐이 있다. 가장 적절한 조치는?

① 운전 집중을 유지하고 안전한 곳에 정차해 상황을 진정시키며, 필요 시 신고/지원 요청을 한다.
② 승객을 흥분시키는 말로 맞받아친다.
③ 언성을 높여 제압하려 한다.
④ 차문을 잠가 승객을 강제로 통제한다.

해 운전 중 대응은 위험하므로 정차 후 처리한다.
답 ①

Q064

의식이 없거나 구토하는 부상자를 발견했다. 가장 알맞은 응급처치는?

① 목을 뒤로 젖혀 기도를 확보하고, 질식 예방을 위해 옆으로 눕힌다
② 물을 마시게 한다
③ 몸을 강하게 흔들어 깨운다
④ 바로 앉힌 뒤 등을 세게 두드린다

해 의식이 없거나 구토 시에는 기도 확보가 중요하며, 기도 막힘(질식)을 예방하기 위해 옆으로 눕히는 것이 도움이 된다. 119 신고를 우선한다
답 ①

Q065

승객이 뒷좌석에서 갑자기 문을 열려 한다. 올바른 대응은?

① 위험을 인지하면 안전하게 감속·정차하고, 하차는 안전한 지점에서만 가능하다고 안내한다.
② 차문을 잠가 승객을 강제로 통제한다.
③ 승객을 흥분시키는 말로 맞받아친다.
④ 언성을 높여 제압하려 한다.

해 주행 중 문 개방은 큰 사고 위험이다.
답 ①

Q066

승객이 도착 직전 '여기서 내려요'라고 급하게 말한다. 가장 적절한 행동은?

① 위험하더라도 빨리 끝내려 과속·급가속한다.
② 승객을 흥분시키는 말로 맞받아친다.
③ 취객이라며 이유 설명 없이 승차를 거부한다.
④ 즉시 급정지하지 말고 안전한 정차 지점을 찾아 안내 후 정차한다.

해 급정지는 사고 위험이 크다.
답 ④

Q067

취객이 차 안에서 구토할 것 같다고 한다. 가장 적절한 대응은?

① 언성을 높여 제압하려 한다.
② 취객이라며 이유 설명 없이 승차를 거부한다.
③ 위험하더라도 빨리 끝내려 과속·급가속한다.
④ 가능하면 안전한 곳에 정차해 환기·대처하고, 차량 오염 예방을 위해 안내한다.

해 위생·안전과 후속 분쟁 예방이 중요하다.
답 ④

Q068

야간에 승객이 '현금 없으니 그냥 가자'라고 한다. 올바른 대응은?

① 차문을 잠가 승객을 강제로 통제한다.
② 승객이 위협적이어도 참고만 하고 도움을 요청하지 않는다.
③ 취객이라며 이유 설명 없이 승차를 거부한다.
④ 결제수단을 안내하고, 불응 시 절차에 따라 신고·처리하며 안전을 우선한다.

해 무임 승차는 절차로 대응한다.
답 ④

Q069

승객이 목적지 도착 후 요금을 지불하지 않으려 한다. 올바른 대응은?

① 위험하더라도 빨리 끝내려 과속·급가속한다.
② 차문을 잠가 승객을 강제로 통제한다.
③ 승객을 흥분시키는 말로 맞받아친다.
④ 감정 대응을 피하고, 안전을 확보한 상태에서 절차 (신고/증빙 확보)를 따른다.

해 안전 확보 후 절차 대응이 원칙이다.
답 ④

Q070

야간에 승객이 '문 열어줘'라며 도로 한가운데서 하차를 요구한다. 올바른 대응은?

① 승객이 위협적이어도 참고만 하고 도움을 요청하지 않는다.
② 차문을 잠가 승객을 강제로 통제한다.
③ 위험하므로 불가하다고 안내하고, 안전한 갓길/정차 지점으로 이동한 뒤 하차를 돕는다.
④ 취객이라며 이유 설명 없이 승차를 거부한다.

해 위험 장소 하차는 사고로 이어질 수 있다.
답 ③

Q071

승객이 운전자에게 신체적 위협을 가한다. 가장 적절한 대응은?

① 승객을 흥분시키는 말로 맞받아친다.
② 언성을 높여 제압하려 한다.
③ 즉시 안전한 곳에 정차하고, 주변에 도움을 요청하며 필요 시 신고한다.
④ 취객이라며 이유 설명 없이 승차를 거부한다.

해 생명·신체 안전이 최우선이다.
답 ③

Q072

심폐소생술(CPR) 시행 전 가장 먼저 해야 할 단계로 알맞은 것은?

① 바로 인공호흡부터 한다
② 의식·호흡을 확인하고 119 신고 및 자동제세동기 (AED) 요청을 한다
③ 음료를 마시게 한다
④ 환자를 일으켜 걷게 한다

해 CPR은 의식·호흡 확인 후 즉시 119 신고와 AED 요청을 하고, 가능한 한 빨리 가슴압박을 시작하는 흐름이 기본이다.

답 ②

Q073

승객이 차량 내에서 폭력 상황이 발생할 것 같다. 올바른 행동은?

① 밝고 사람이 있는 곳으로 이동해 정차하고 도움을 요청한다.
② 위험하더라도 빨리 끝내려 과속·급가속한다.
③ 언성을 높여 제압하려 한다.
④ 승객을 흥분시키는 말로 맞받아친다.

해 고립된 곳을 피하는 것이 안전하다.

답 ①

Q074

취객이 안전벨트를 거부한다. 올바른 대응은?

① 안전벨트 착용을 정중히 요청하고, 위험하면 출발을 미루거나 안전을 확보한다.
② 승객이 위협적이어도 참고만 하고 도움을 요청하지 않는다.
③ 취객이라며 이유 설명 없이 승차를 거부한다.
④ 승객을 흥분시키는 말로 맞받아친다.

해 안전장구 착용은 승객 보호의 기본이다.

답 ①

Q075

성인 심폐소생술에서 가슴압박 속도와 깊이 기준으로 가장 알맞은 것은?

① 분당 60회, 약 2cm
② 분당 80회, 약 3cm
③ 분당 100~120회, 약 5cm 이상
④ 분당 150회, 약 1cm

해 성인 CPR 가슴압박은 분당 100~120회 속도, 약 5cm 이상의 깊이로 강하고 빠르게 시행하는 것이 기본이다.

답 ③

Q076

승객이 '빨리 가면 팁 줄게'라고 과속을 유도한다. 올바른 대응은?

① 언성을 높여 제압하려 한다.
② 위험하더라도 빨리 끝내려 과속·급가속한다.
③ 승객을 흥분시키는 말로 맞받아친다.
④ 과속은 하지 않으며, 법규 준수 범위에서 최선의 속도로 운행하겠다고 안내한다

해 금전 유도에도 안전 원칙은 유지한다.

답 ④

Q077

승객이 도착 후 차 문을 세게 닫으며 불만을 표출한다.
올바른 대응은?

① 언성을 높여 제압하려 한다.
② 위험하더라도 빨리 끝내려 과속·급가속한다.
③ 승객을 흥분시키는 말로 맞받아친다.
④ 감정 대응을 피하고 필요한 안내만 한 뒤 상황을
　 정리한다.

해 불필요한 갈등 확대를 피한다.
답 ④

Q078

심폐소생술에서 가슴압박과 인공호흡의 기본 비율로
알맞은 것은?

① 10:1　　　　　② 15:5
③ 30:2　　　　　④ 50:5

해 일반적인 CPR 기본 비율은 가슴압박 30회 후 인공호
　 흡 2회(30:2) 반복이다. 방법을 모르면 가슴압박 중심
　 으로 시행한다.
답 ③

Q079

승객이 '경찰 부르지 마'라고 한다. 올바른 대응은?

① 차문을 잠가 승객을 강제로 통제한다.
② 위협·무임 등 상황이 심각하면 안전 확보 후 절차
　 대로 신고를 검토한다.
③ 위험하더라도 빨리 끝내려 과속·급가속한다.
④ 취객이라며 이유 설명 없이 승차를 거부한다.

해 협박에 휘둘리지 말고 안전과 절차를 따른다.
답 ②

Q080

승객이 차량 내에서 안전벨트를 거부하며 '불편하다'고
한다. 가장 적절한 대응은?

① 서둘러 출발하고 나중에 착용하라고 한다.
② 승객을 비난하며 언성을 높인다.
③ 안전벨트 대신 손잡이를 잡으라고만 한다.
④ 안전벨트 착용을 정중히 요청하고, 착석·착용이
　 확인될 때 출발한다.

해 안전벨트는 승객 보호의 기본이며 출발 전 확인이 좋다.
답 ④

Q081

승객 응대에서 '첫 10초'에 가장 중요한 행동은?

① 승객 요청을 무시하고 본인 방식대로 처리한다.
② 승객이 조용히 있어도 계속 농담을 강요한다.
③ 승객이 말하기도 전에 결론을 내리고 단정한다.
④ 인사 후 목적지·경유·결제(필요 시) 핵심을 간단
　 히 확인하는 것이다.

해 초기 확인이 오해·분쟁을 줄인다.
답 ④

Q082

승객이 불만을 말할 때 '금지어'에 가장 가까운 것은?

① 승객이 말하기도 전에 결론을 내리고 단정한다.
② 승객이 조용히 있어도 계속 농담을 강요한다.
③ 승객에게 계속 사생활 질문을 던진다.
④ '그럼 타지 말았어야죠'처럼 승객 탓으로 돌리는
　 말이다.

해 책임 전가 발언은 갈등을 키운다.
답 ④

Q083

불만을 제기하는 승객에게 가장 효과적인 '경청' 방식은?

① 운전 중 휴대폰을 보며 응대한다.
② '급하면 택시 말고 다른 걸 타라'는 식으로 말한다.
③ 핵심을 한 문장으로 요약해 '이 부분이 불편하셨다는 거죠?'처럼 확인하는 것이다.
④ 불만을 들으면 '규정이라 어쩔 수 없다'며 대화를 끊는다.

해 요약 확인은 오해를 줄인다.
답 ③

Q084

승객이 요청한 사항을 즉시 해줄 수 없을 때 가장 좋은 말하기 방식은?

① 불가 이유를 짧게 설명하고, 가능한 대안을 제시한다.
② '급하면 택시 말고 다른 걸 타라'는 식으로 말한다.
③ 불만을 들으면 '규정이라 어쩔 수 없다'며 대화를 끊는다.
④ 승객에게 계속 사생활 질문을 던진다.

해 거절에도 대안이 있으면 불만이 줄어든다.
답 ①

Q085

사고 현장에서 추가로 확인해야 할 사항으로 가장 알맞은 것은?

① 주변에 구조를 도와줄 사람이 있는지, 전문가 도움이 필요한 상황인지 파악한다
② 주변 운전자에게 즉시 손해배상을 요구한다
③ 현장을 떠나 식사 후 돌아온다
④ 증거가 될 수 있는 흔적을 지운다

해 사고 현장에서는 주변 협조 가능 인력, 119/112 등 전문가 도움이 필요한지 신속히 파악해 대응해야 한다.
답 ①

Q086

승객이 통화 중이다. 올바른 태도는?

① 승객에게 계속 사생활 질문을 던진다.
② 운전 중 휴대폰을 보며 응대한다.
③ 필수 안내 외에는 말을 줄이고 조용한 환경을 유지한다.
④ 승객이 조용히 있어도 계속 농담을 강요한다.

해 승객 상황을 배려한다.
답 ③

Q087

승객이 차량 온도에 민감해한다. 올바른 대응은?

① 승객이 조용히 있어도 계속 농담을 강요한다.
② '급하면 택시 말고 다른 걸 타라'는 식으로 말한다.
③ 온도·풍량을 조절하고 필요하면 재조정한다.
④ 운전 중 휴대폰을 보며 응대한다.

해 작은 조정이 만족을 높인다.
답 ③

Q088

출혈이 있는 부상자에게 가장 기본이 되는 지혈 방법은?

① 상처를 물로만 씻고 그대로 둔다
② 거즈·손수건 등으로 상처를 직접 압박해 지혈한다
③ 상처에 바람을 쐬어 말린다
④ 상처 부위를 계속 문지른다

☞ 출혈 시에는 깨끗한 거즈·손수건 등으로 상처 부위를 직접 압박해 지혈하는 것이 기본이며, 심한 출혈은 119 신고 후 추가 조치를 한다.
🗝 ②

Q089

승객이 '내비 소리가 너무 커요'라고 한다. 올바른 대응은?

① 내비 음량을 줄이거나 필요한 구간에서만 들리게 조정한다.
② 승객에게 계속 사생활 질문을 던진다.
③ 불만을 들으면 '규정이라 어쩔 수 없다'며 대화를 끊는다.
④ 승객이 조용히 있어도 계속 농담을 강요한다.

☞ 쾌적함과 안전을 함께 본다.
🗝 ①

Q090

승객이 '기사님, 정치 얘기 좀' 등 민감한 주제를 꺼낸다. 올바른 대응은?

① 운전 중 휴대폰을 보며 응대한다.
② 불만을 들으면 '규정이라 어쩔 수 없다'며 대화를 끊는다.
③ 승객 요청을 무시하고 본인 방식대로 처리한다.
④ 중립적으로 짧게 반응하고 화제를 운행 관련으로 돌린다.

☞ 민감 주제는 갈등 위험이 있다.
🗝 ④

Q091

외국인 승객이 영어로 목적지를 말한다. 가장 적절한 대응은?

① '급하면 택시 말고 다른 걸 타라'는 식으로 말한다.
② 운전 중 휴대폰을 보며 응대한다.
③ 지도/번역앱으로 목적지를 확정하고, 유료도로 포함 여부를 간단히 확인한다.
④ 승객에게 계속 사생활 질문을 던진다.

☞ 핵심은 목적지 확정과 선택권 확인이다.

> [예문]
> • (Where are you heading?) (어디로 가시나요?)
> • (Could you show me on the map?)
>   (지도에서 보여주실 수 있나요?)
> • (Do you prefer the toll road or the free road?)
>   (유료도로로 갈까요, 무료도로로 갈까요?)

🗝 ③

Q092

외국인 승객이 영수증을 요청한다. 올바른 대응은?

① 영수증을 즉시 발급하고 필요 항목을 확인해 준다.
② 승객 요청을 무시하고 본인 방식대로 처리한다.
③ 승객에게 계속 사생활 질문을 던진다.
④ 승객이 말하기도 전에 결론을 내리고 단정한다.

해 관광객은 영수증 필요가 잦다.

> [예문]
> • (Would you like a receipt?)
>   (영수증 필요하신가요?)
> • (Here is your receipt.) (여기 영수증입니다.)
> • (Have a nice day.) (좋은 하루 보내세요.)

답 ①

Q093

외국인 승객이 결제수단을 묻는다. 올바른 응대는?

① 승객이 말하기도 전에 결론을 내리고 단정한다.
② 운전 중 휴대폰을 보며 응대한다.
③ 가능한 결제수단을 간단히 안내하고 결제 후 내역
   확인도 돕는다.
④ '급하면 택시 말고 다른 걸 타라'는 식으로 말한다.

해 결제 안내는 신뢰를 만든다.

> [예문]
> • (How would you like to pay, card or cash?)
>   (카드로 하실까요, 현금으로 하실까요?)
> • (You can use T-money/credit card here.)
>   (티머니/카드 결제 가능합니다.)
> • (Please check the amount.)
>   (금액 확인 부탁드립니다.)

답 ③

Q094

외국인 승객이 유료도로 이용을 꺼린다. 올바른 대응은?

① 승객이 조용히 있어도 계속 농담을 강요한다.
② 승객이 말하기도 전에 결론을 내리고 단정한다.
③ 무료도로 경로를 선택하거나 대안을 제시하고 승객
   동의를 얻는다.
④ 불만을 들으면 '규정이라 어쩔 수 없다'며 대화를
   끊는다.

해 경로는 합의가 원칙이다.

> [예문]
> • (No problem. I'll take the free road.)
>   (네, 무료도로로 가겠습니다.)
> • (It may take a little longer. Is that okay?)
>   (조금 더 걸릴 수 있는데 괜찮으실까요?)

답 ③

Q095

외국인 승객이 길이 맞는지 불안해한다. 올바른 대응은?

① 승객이 조용히 있어도 계속 농담을 강요한다.
② 현재 경로를 짧게 설명하고 지도 화면으로 확인을
   돕는다.
③ '급하면 택시 말고 다른 걸 타라'는 식으로 말한다.
④ 승객이 말하기도 전에 결론을 내리고 단정한다.

해 시각 정보가 언어 장벽을 줄인다.

> [예문]
> • (We are taking the fastest route.)
>   (가장 빠른 경로로 가고 있습니다.)
> • (You can see it on the map.)
>   (지도에서 확인하실 수 있어요.)

답 ②

Q096

승객이 '급하다'며 과속을 요구한다. 올바른 대응은?

① 과속은 불가하다고 말하고, 법규 준수 범위에서 신속히 운행하겠다고 안내한다
② 운전 중 휴대폰을 보며 응대한다
③ 승객 요청을 무시하고 본인 방식대로 처리한다
④ 승객이 말하기도 전에 결론을 내리고 단정한다

🕮 안전·법규는 타협 불가다.

> [예문]
> · (I understand you're in a hurry.)
> (급하신 거 이해합니다.)
> · (But I can't speed. I'll drive safely.)
> (하지만 과속은 어렵고 안전하게 운행하겠습니다.)

답 ①

Q097

승객이 목적지 발음이 불명확하다. 올바른 확인 방법은?

① 승객에게 계속 사생활 질문을 던진다.
② 불만을 들으면 '규정이라 어쩔 수 없다'며 대화를 끊는다.
③ 주소·랜드마크·지도 핀으로 재확인한다.
④ 운전 중 휴대폰을 보며 응대한다.

🕮 재확인이 오인 운행을 막는다.

> [예문]
> · (Sorry, could you repeat that?)
> (죄송한데 한 번 더 말씀해 주실래요?)
> · (Could you type the address or pin it on the map?)
> (주소를 적어주시거나 지도에 찍어주실 수 있나요?)

답 ③

Q098

승객이 '여기쯤 내려요'라고 애매하게 말한다. 올바른 대응은?

① '급하면 택시 말고 다른 걸 타라'는 식으로 말한다.
② 승객 요청을 무시하고 본인 방식대로 처리한다.
③ 승객이 조용히 있어도 계속 농담을 강요한다.
④ 안전한 정차 지점을 제안하고 승객 의사를 확인한 뒤 정차한다.

🕮 위험지점 하차를 피한다.

> [예문]
> · (Where would you like to get off?)
> (어디에서 내리실까요?)
> · (Is it okay to stop here? It's safer.)
> (여기서 세워도 될까요? 이쪽이 더 안전합니다.)

답 ④

Q099

운송사업자가 운수종사자를 지도·감독할 내용으로 보기 어려운 것은?

① 정류소·승차대에서 질서를 문란하게 하지 않도록 지도한다
② 교통사고 발생 시 긴급조치·신고 의무를 이행하도록 지도한다
③ 차체가 헐거나 망가진 상태로 운행하지 않도록 관리한다
④ 승객의 사생활을 캐묻도록 적극 권장한다

🕮 운송사업자는 운수종사자의 안전·질서·사고조치 등 준수사항을 지도·감독해야 하며, 승객 사생활 침해를 조장하는 것은 서비스 원칙에 반한다.

답 ④

Q100

승객이 감사 인사를 한다. 가장 적절한 마무리 응대는?

① 승객이 말하기도 전에 결론을 내리고 단정한다.
② 운전 중 휴대폰을 보며 응대한다.
③ 승객에게 계속 사생활 질문을 던진다.
④ "감사합니다. 안전하게 들어가세요."처럼 짧게 인사하며 안전한 하차를 돕는다.

해 좋은 마무리가 재이용으로 이어진다.
답 ④

Q101

노약자가 천천히 탑승한다. 가장 적절한 운전자의 행동은?

① 짐을 싣는 과정에서 교통 흐름을 무시하고 위험하게 정차한다.
② 승하차 위치를 안전 확인 없이 급하게 정한다.
③ 승객이 착석하기 전에 출발한다.
④ 문을 열어 드리고 안전하게 착석·안전벨트 착용을 확인한 뒤 출발한다.

해 승객 안전 확보 후 출발이 원칙이다.
답 ④

Q102

시각장애인이 탑승한다. 가장 적절한 안내는?

① 문 위치·좌석 위치를 말로 안내하고, 안전벨트 착용을 도와준다.
② 승객이 착석하기 전에 출발한다.
③ 보행 보조기구/휠체어를 이유로 승차를 거부한다.
④ 짐을 싣는 과정에서 교통 흐름을 무시하고 위험하게 정차한다.

해 명확한 언어 안내가 도움이 된다.
답 ①

Q103

청각장애인이 탑승한다. 가장 적절한 의사소통 방법은?

① 글자(메모/휴대폰 화면)나 제스처로 목적지를 확인한다.
② 승하차 위치를 안전 확인 없이 급하게 정한다.
③ 승객이 착석하기 전에 출발한다.
④ 짐을 싣는 과정에서 교통 흐름을 무시하고 위험하게 정차한다.

해 시각적 소통이 유용하다.
답 ①

Q104

휠체어 이용자가 탑승을 요청한다. 가장 적절한 대응은?

① 승객이 착석하기 전에 출발한다.
② 가능한 범위에서 승하차·적재를 돕고, 안전한 고정과 공간 확보를 확인한다.
③ 승하차 위치를 안전 확인 없이 급하게 정한다.
④ 짐을 싣는 과정에서 교통 흐름을 무시하고 위험하게 정차한다.

해 교통약자 지원은 서비스의 핵심이다.
답 ②

Q105

어린아이가 함께 탑승한다. 가장 적절한 행동은?

① 문을 열어주지 않고 빨리 타라고만 한다.
② 승객이 착석하기 전에 출발한다.
③ 짐을 싣는 과정에서 교통 흐름을 무시하고 위험하게 정차한다.
④ 아이의 안전벨트/카시트 여부를 확인하고 급출발·급정지를 피한다.

해 보호가 필요한 승객의 안전을 강화한다.
답 ④

Q106

임산부 승객이 탑승한다. 가장 적절한 운전 방식은?

① 승객이 착석하기 전에 출발한다.
② 부드럽게 출발·제동하고, 승하차 시 도로 상황을 확인해 안전하게 안내한다.
③ 보행 보조기구/휠체어를 이유로 승차를 거부한다.
④ 승객이 느리다고 재촉하며 급출발한다.

해 급조작을 줄이는 것이 중요하다.
답 ②

Q107

지팡이를 짚는 승객이 내리려 한다. 올바른 하차 지원은?

① 승객이 착석하기 전에 출발한다.
② 안전한 정차 지점을 확보하고, 문을 열어 하차를 돕고 주변 차량을 확인한다.
③ 승객이 느리다고 재촉하며 급출발한다.
④ 짐을 싣는 과정에서 교통 흐름을 무시하고 위험하게 정차한다.

해 하차 시 2차 사고 예방이 핵심이다.
답 ②

Q108

노약자가 목적지에서 '문 앞까지' 요청한다. 올바른 대응은?

① 승객이 착석하기 전에 출발한다.
② 승하차 위치를 안전 확인 없이 급하게 정한다.
③ 안전·정차 가능 여부를 판단해 가능한 지점에서 최대한 가까이 내려드린다.
④ 승객이 느리다고 재촉하며 급출발한다.

해 요청 수용은 안전 범위 내에서 한다.
답 ③

Q109

교통약자 승객이 이동 보조기구를 실어달라고 한다. 올바른 대응은?

① 승객이 느리다고 재촉하며 급출발한다.
② 기구가 파손되지 않게 적재하고, 급제동 시 움직이지 않도록 고정한다.
③ 승객이 착석하기 전에 출발한다.
④ 문을 열어주지 않고 빨리 타라고만 한다.

해 안전한 적재가 중요하다.
답 ②

Q110

승객이 탑승 중 어지럼증을 호소한다. 올바른 대응은?

① 보행 보조기구/휠체어를 이유로 승차를 거부한다.
② 짐을 싣는 과정에서 교통 흐름을 무시하고 위험하게 정차한다.
③ 승객이 느리다고 재촉하며 급출발한다.
④ 안전한 곳에 정차해 환기·휴식을 돕고, 필요 시 의료 도움을 안내한다.

해 안전 확보 후 도움 제공이 원칙이다.
답 ④

Q111

노약자가 목적지에서 천천히 내린다. 올바른 행동은?

① 주변 상황을 확인하고, 승객이 완전히 하차할 때까지 급출발하지 않는다.
② 승객이 느리다고 재촉하며 급출발한다.
③ 짐을 싣는 과정에서 교통 흐름을 무시하고 위험하게 정차한다.
④ 승객이 착석하기 전에 출발한다.

해 하차 완료 확인이 필요하다.
답 ①

Q112

교통약자 승객이 요금을 천천히 계산한다. 올바른 태도는?

① 보행 보조기구/휠체어를 이유로 승차를 거부한다.
② 승객이 느리다고 재촉하며 급출발한다.
③ 재촉하지 않고 차분히 기다리며, 필요하면 결제 과정을 안내한다.
④ 승하차 위치를 안전 확인 없이 급하게 정한다.

해 배려가 서비스 품질이다.
답 ③

Q113

노약자 승객이 길 안내를 어려워한다. 올바른 대응은?

① 승객이 느리다고 재촉하며 급출발한다.
② 목적지 주소/랜드마크를 함께 확인하고 내비로 재확인한다.
③ 승하차 위치를 안전 확인 없이 급하게 정한다.
④ 보행 보조기구/휠체어를 이유로 승차를 거부한다.

해 재확인이 오인 운행을 막는다.
답 ②

Q114

아이를 안고 탄 보호자가 안전벨트 착용을 어려워한다. 올바른 대응은?

① 승객이 느리다고 재촉하며 급출발한다.
② 승객이 착석하기 전에 출발한다.
③ 안전벨트 착용을 안내하고 가능한 범위에서 도움을 준다.
④ 보행 보조기구/휠체어를 이유로 승차를 거부한다.

해 안전장구 착용이 우선이다.
답 ③

Q115

승객이 차량 높이가 불편하다고 한다. 올바른 지원은?

① 승객이 착석하기 전에 출발한다.
② 승하차 위치를 안전 확인 없이 급하게 정한다.
③ 안전한 정차 후 탑승 자세를 안내하고 필요한 경우 손을 빌려준다.
④ 보행 보조기구/휠체어를 이유로 승차를 거부한다.

해 승하차 편의 제공이 좋다.
답 ③

Q116

노약자 승객이 짐이 무겁다고 한다. 올바른 대응은?

① 승객이 착석하기 전에 출발한다.
② 짐을 싣는 과정에서 교통 흐름을 무시하고 위험하게 정차한다.
③ 보행 보조기구/휠체어를 이유로 승차를 거부한다.
④ 가능한 범위에서 짐을 싣고 내리는 것을 돕는다.

해 짐 지원은 서비스 만족을 높인다.
답 ④

Q117

보행이 불편한 승객이 비 오는 날 내리려 한다. 올바른 행동은?

① 승하차 위치를 안전 확인 없이 급하게 정한다.
② 짐을 싣는 과정에서 교통 흐름을 무시하고 위험하게 정차한다.
③ 보행 보조기구/휠체어를 이유로 승차를 거부한다.
④ 미끄럼을 고려해 안전한 지점에 정차하고 천천히 하차하도록 돕는다.

해 악천후에는 위험이 커진다.
답 ④

Q118

교통약자 승객이 호출앱 사용을 어려워한다. 올바른 응대는?

① 짐을 싣는 과정에서 교통 흐름을 무시하고 위험하게 정차한다.
② 문을 열어주지 않고 빨리 타라고만 한다.
③ 승객이 느리다고 재촉하며 급출발한다.
④ 목적지·결제 등 핵심을 확인해 간단히 안내한다.

🗐 필요한 정보만 돕는 것이 좋다.
🗐 ④

Q119

노약자 승객이 '빨리'라고 재촉해도 올바른 운전 원칙은?

① 보행 보조기구/휠체어를 이유로 승차를 거부한다.
② 짐을 싣는 과정에서 교통 흐름을 무시하고 위험하게 정차한다.
③ 승객이 착석하기 전에 출발한다.
④ 법규 준수와 부드러운 운전으로 안전을 우선한다.

🗐 안전은 타협 불가다.
🗐 ④

Q120

승객이 불편함을 호소하며 민감해한다. 올바른 응대는?

① 승객이 느리다고 재촉하며 급출발한다.
② 공감하며 차분히 듣고, 가능한 개선(온도/속도/음악)을 조정한다.
③ 승하차 위치를 안전 확인 없이 급하게 정한다.
④ 문을 열어주지 않고 빨리 타라고만 한다.

🗐 작은 조정이 만족을 높인다.
🗐 ②

Q121

승객이 '차 안 냄새가 심해요'라고 말한다. 올바른 대응은?

① 냄새·오염이 있어도 정비·청소를 미룬다.
② 정중히 사과하고 가능한 즉시 환기·탈취 등 개선 조치를 한다.
③ 쓰레기를 그대로 두고 다음 손님을 태운다.
④ 차내 바닥이 젖어도 방치한다.

🗐 불쾌 요인은 즉시 개선이 원칙이다.
🗐 ②

Q122

승객이 탑승 직후 '에어컨/히터 좀 조절해 주세요'라고 한다. 올바른 대응은?

① 승객 상태를 확인해 적정 온도로 조절하고 필요하면 재조정한다.
② 차내 바닥이 젖어도 방치한다.
③ 차내 온도·환기 요청을 무시한다.
④ 차량 내 청결이 중요하지 않다고 생각하고 방치한다.

🗐 쾌적함은 기본 서비스다.
🗐 ①

Q123

승객이 차내에서 흡연을 시도한다. 가장 적절한 대응은?

① 정중히 금연을 안내하고, 필요하면 안전한 곳에 정차해 해결한다.
② 승객이 불쾌해도 환기를 거부한다.
③ 냄새·오염이 있어도 정비·청소를 미룬다.
④ 차량 내 청결이 중요하지 않다고 생각하고 방치한다.

해 차내 흡연은 민원·안전·위생 문제로 이어진다.
답 ①

Q124

비 오는 날 승객이 젖은 우산을 들고 탄다. 올바른 배려는?

① 물기 확산을 최소화하도록 안내하고, 좌석·바닥 오염을 정리한다.
② 승객 요청을 무시하고 음악을 크게 틀어둔다.
③ 승객이 불쾌해도 환기를 거부한다.
④ 차내 온도·환기 요청을 무시한다.

해 다음 승객을 위한 관리가 필요하다.
답 ①

Q125

운송사업자가 장치·기기를 '정상 작동 상태'로 운행되도록 해야 하는 것으로 가장 알맞은 것은?

① 에어컨 향기(방향제) 분사 장치
② 속도제한장치 또는 운행기록계(운행기록장치)
③ 차량 내 무료 와이파이 장치
④ 내비게이션 지도 업데이트 기능

해 운송사업용 자동차에 장착된 속도제한장치·운행기록계 등은 정상 작동 상태로 운행되도록 관리하는 것이 준수사항에 포함된다.
답 ②

Q126

차내에 이전 승객의 쓰레기가 남아 있다. 올바른 행동은?

① 승객이 불쾌해도 환기를 거부한다.
② 차량 내 청결이 중요하지 않다고 생각하고 방치한다.
③ 냄새·오염이 있어도 정비·청소를 미룬다.
④ 다음 승객 탑승 전 즉시 정리한다.

해 기본 위생은 신뢰를 만든다.
답 ④

Q127

승객이 '창문 조금만 열어주세요'라고 한다. 올바른 대응은?

① 냄새·오염이 있어도 정비·청소를 미룬다.
② 쓰레기를 그대로 두고 다음 손님을 태운다.
③ 차량 내 청결이 중요하지 않다고 생각하고 방치한다.
④ 안전한 범위에서 창문을 조절하고, 소음·추위 등을 함께 고려한다.

🈔 요청 수용과 안전 고려를 병행한다.
🈶 ④

Q128

차내 바닥이 미끄럽다(눈·비로 젖음). 올바른 조치는?

① 승객 요청을 무시하고 음악을 크게 틀어둔다.
② 미끄럼을 줄이도록 매트 정리·물기 제거를 하고 승하차 안전을 안내한다.
③ 차내 온도·환기 요청을 무시한다.
④ 차내 바닥이 젖어도 방치한다.

🈔 미끄럼 사고 예방이 중요하다.
🈶 ②

Q129

운송사업자가 차량 운행 전 확인해야 할 사항으로 가장 알맞은 것은?

① 운수종사자의 건강상태·음주 여부·운행경로 숙지 여부 등을 확인한다
② 승객의 직업과 가족관계를 확인한다
③ 운수종사자에게 과속을 지시한다
④ 피로해 보여도 무조건 운행하도록 강요한다

🈔 운송사업자는 운행 전 운수종사자의 건강상태·음주 여부 등을 확인하고, 안전운전이 어렵다고 판단되면 운행시키지 않도록 관리해야 한다.
🈶 ①

Q130

차량 청결 관리의 올바른 우선순위는?

① 승객 접촉 부위(손잡이/좌석/벨트) 중심으로 정기적으로 청소·소독한다.
② 승객 요청을 무시하고 음악을 크게 틀어둔다.
③ 쓰레기를 그대로 두고 다음 손님을 태운다.
④ 냄새·오염이 있어도 정비·청소를 미룬다.

🈔 접촉 부위 관리가 체감 품질을 좌우한다.
🈶 ①

Q131

내출혈 등이 의심되어 얼굴이 창백하고 식은땀을 흘리는 등 '쇼크' 증상이 보인다. 올바른 처치는?

① 옷을 헐렁하게 하고 하반신을 높여 보온하며 119 도움을 요청한다
② 물을 많이 마시게 한다
③ 즉시 뛰게 해서 체온을 올린다
④ 차에 태워 장거리 이동을 먼저 한다

해 쇼크 의심 시에는 119 신고가 우선이며, 옷을 헐렁하게 하고 하반신을 높여 혈류를 돕고 보온하는 등 안정 조치가 필요하다.
답 ①

Q132

음료를 쏟은 승객이 미안해한다. 올바른 대응은?

① 차내 온도·환기 요청을 무시한다.
② 승객 요청을 무시하고 음악을 크게 틀어둔다.
③ 쓰레기를 그대로 두고 다음 손님을 태운다.
④ 상황을 침착히 정리하고, 안전 운행에 지장이 없게 처리한다.

해 감정 대응보다 안전·정리가 우선이다.
답 ④

Q133

차량 내 악취가 있어 민원이 우려된다. 올바른 조치는?

① 차량 내 청결이 중요하지 않다고 생각하고 방치한다.
② 냄새·오염이 있어도 정비·청소를 미룬다.
③ 운행 전/중간에 환기하고 필요 시 세차·실내클리닝 등으로 개선한다.
④ 쓰레기를 그대로 두고 다음 손님을 태운다.

해 근본 원인 제거가 필요하다.
답 ③

Q134

차량 내부가 어두워 승객이 불안해한다. 올바른 대응은?

① 차량 내 청결이 중요하지 않다고 생각하고 방치한다.
② 실내등을 적절히 사용하고 안전운행을 안내한다.
③ 승객이 불쾌해도 환기를 거부한다.
④ 차내 온도·환기 요청을 무시한다.

해 안심감을 제공한다.
답 ②

Q135

승객이 '창문 열면 춥다'고 한다. 올바른 대응은?

① 차내 온도·환기 요청을 무시한다.
② 온도·환기 균형을 맞추고 승객 의사를 반영해 조절한다.
③ 차량 내 청결이 중요하지 않다고 생각하고 방치한다.
④ 쓰레기를 그대로 두고 다음 손님을 태운다.

해 상충 요청은 조정이 필요하다.
답 ②

Q136

운송사업자가 운수종사자를 위한 휴게·대기 공간에 설치하도록 하는 편의시설로 가장 알맞은 것은?

① 난방장치·냉방장치·음수대 등 기본 편의시설
② 고가의 개인용 게임기
③ 승객 전용 라운지
④ 광고용 대형 전광판

해 운송사업자는 운수종사자의 휴게·대기 공간에 난방·냉방·음수대 등 편의시설을 갖추도록 운영한다.
답 ①

Q137

차내 위생과 안전의 관계로 가장 적절한 것은?

① 냄새·오염이 있어도 정비·청소를 미룬다.
② 청결·정리는 미끄럼·알레르기·불쾌감 예방으로 안전과 직결된다.
③ 승객 요청을 무시하고 음악을 크게 틀어둔다.
④ 차량 내 청결이 중요하지 않다고 생각하고 방치한다.

해 위생은 안전 요소다.
답 ②

Q138

승객이 차량 내부 오염을 지적한다. 올바른 대응은?

① 차량 내 청결이 중요하지 않다고 생각하고 방치한다.
② 냄새·오염이 있어도 정비·청소를 미룬다.
③ 사과하고 가능한 조치를 안내하며, 이후 개선을 약속한다.
④ 차내 바닥이 젖어도 방치한다.

해 인정과 개선이 중요하다.
답 ③

Q139

소독제를 사용할 때 주의할 점은?

① 승객 요청을 무시하고 음악을 크게 틀어둔다.
② 쓰레기를 그대로 두고 다음 손님을 태운다.
③ 차량 내 청결이 중요하지 않다고 생각하고 방치한다.
④ 환기 후 사용하고 승객에게 과도한 자극이 없도록 한다.

해 안전한 사용이 필요하다.
답 ④

Q140

서비스 향상 등을 위해 운송사업자가 운수종사자에게 요구할 수 있는 사항으로 가장 알맞은 것은?

① 임의로 승차거부를 하도록 허용한다
② 관할관청이 필요하다고 인정하는 경우 단정한 복장·모자 착용 등을 지도한다
③ 승객과 말다툼을 하도록 교육한다
④ 차량 청결 관리는 하지 않아도 된다고 안내한다

해 운송사업자는 서비스 향상 등을 위해 필요 시 단정한 복장·모자 착용 등 품위 유지 사항을 지도할 수 있다.
답 ②

Q141

축제 현장 주변에서 차량과 보행자가 뒤섞여 혼잡하다. 가장 적절한 운행 방법은?

① 보행자가 있어도 경적을 울리며 밀고 들어간다.
② 이중정차로 길을 막고 장시간 대기한다.
③ 손님이 보이면 통제 구역이라도 바로 정차한다.
④ 현장 통제·유도 지시에 따라 지정 승하차 지점에서만 승객을 태우고 내린다.

해 혼잡 구역은 통제 준수와 지정 지점 승하차가 사고를 줄인다.
답 ④

Q142

승객이 하차 후 '기사님 전화번호 알려달라'고 요청한다. 가장 바람직한 대응은?

① 개인번호를 바로 알려준다.
② 필요 목적을 확인한 뒤, 가능한 공식 채널(택시회사·플랫폼 고객센터 등)을 안내한다.
③ 불쾌하니 거칠게 거절한다.
④ 연락을 받고 싶으면 돈을 달라고 한다.

해 개인 연락처 제공은 사생활 침해와 분쟁 위험이 있다. 공식 채널을 안내하면 서로를 보호할 수 있다.

답 ②

Q143

공항 승차장에 도착했다. 올바른 대기 방법은?

① 불법정차 구간이라도 손님이 보이면 멈춘다.
② 승차장 안내에 따라 지정 차로·대기선·순서를 준수한다.
③ 정류소 앞에서 이중주차로 장시간 대기한다.
④ 승객을 끌어들이려고 호객 행위를 한다.

해 공항은 질서 위반 민원이 많다.

답 ②

Q144

역 앞에서 승객이 손을 흔든다. 그곳이 정차 금지/위험 구간이다. 올바른 대응은?

① 승하차가 끝났는데도 정류소를 점유한다.
② 안전한 승하차 지점으로 유도하고 그곳에서 승객을 태운다.
③ 정류소 앞에서 이중주차로 장시간 대기한다.
④ 불법정차 구간이라도 손님이 보이면 멈춘다.

해 위험구간 승하차는 사고 위험이 크다.

답 ②

Q145

승객이 '내일도 같은 시간에 태우러 와달라'고 개인 예약을 부탁한다. 가장 적절한 대응은?

① 무조건 개인 연락처를 주고 약속한다.
② 가능한 범위에서 플랫폼·택시회사 예약 기능 등 공식 절차를 안내하고, 개인번호 교환은 신중히 판단한다.
③ 예약은 절대 안 된다고 단호하게만 말한다.
④ 예약을 받는 대신 추가요금을 요구한다.

해 예약 자체는 수요 관리에 도움이 될 수 있지만, 개인 거래는 분쟁·민원 위험이 있다. 공식 절차 안내가 기본이다.

답 ②

Q146

축제 현장 주변에서 승객이 많다. 올바른 운영은?

① 교통 통제·유도 지시에 따라 질서를 지키고, 승객 승하차는 안전지점에서 한다.
② 불법정차 구간이라도 손님이 보이면 멈춘다.
③ 줄을 무시하고 승객을 먼저 태운다.
④ 승하차가 끝났는데도 정류소를 점유한다.

해 현장 통제 준수가 중요하다.

답 ①

Q147

정류소 주변에서 '저쪽으로 가요!'라며 뛰어오는 승객이 있다. 올바른 대응은?

① 줄·순서를 고려해 질서를 지키되, 승객 안전을 위해 위험한 도로 횡단은 말린다.
② 승객을 끌어들이려고 호객 행위를 한다.
③ 줄을 무시하고 승객을 먼저 태운다.
④ 정류소 앞에서 이중주차로 장시간 대기한다.

해 질서와 안전을 동시에 본다.
답 ①

Q148

버스정류장 근처에서 승객이 탑승을 요청한다. 올바른 대응은?

① 승객을 끌어들이려고 호객 행위를 한다.
② 버스 운행을 방해하지 않는 안전 지점으로 이동해 승하차한다.
③ 줄을 무시하고 승객을 먼저 태운다.
④ 통행을 막아도 '잠깐'이라며 버틴다.

해 대중교통 흐름 방해를 피한다.
답 ②

Q149

병원 앞 정류소에서 응급으로 보이는 승객이 있다. 올바른 대응은?

① 통행을 막아도 '잠깐'이라며 버틴다.
② 줄을 무시하고 승객을 먼저 태운다.
③ 안전한 승하차를 돕고 필요 시 응급 연락을 안내하며 신속히 이동한다.
④ 승객을 끌어들이려고 호객 행위를 한다.

해 안전과 신속을 균형 있게 본다.
답 ③

Q150

차로가 좁은 골목에서 승객을 태우려 한다. 올바른 방법은?

① 불법정차 구간이라도 손님이 보이면 멈춘다.
② 줄을 무시하고 승객을 먼저 태운다.
③ 뒤차 흐름을 고려해 가능한 넓은 곳으로 이동해 승하차한다.
④ 정류소 앞에서 이중주차로 장시간 대기한다.

해 정체 유발을 줄인다.
답 ③

Q151

정류소에서 다른 택시와 승객을 두고 다툼이 생길 조짐이다. 올바른 대응은?

① 감정 대응을 피하고 순서·규정에 따라 정리한다.
② 줄을 무시하고 승객을 먼저 태운다.
③ 승객을 끌어들이려고 호객 행위를 한다.
④ 승하차가 끝났는데도 정류소를 점유한다.

해 현장 갈등 확대를 막는다.
답 ①

Q152

공공장소에서 호객을 하면 승객이 더 빨리 타는 듯하다. 올바른 판단은?

① 승객을 끌어들이려고 호객 행위를 한다.
② 호객은 질서·민원 문제를 만들 수 있어 지양하고 정류소 질서를 지킨다.
③ 불법정차 구간이라도 손님이 보이면 멈춘다.
④ 줄을 무시하고 승객을 먼저 태운다.

해 단기 이익보다 민원 리스크가 크다.
답 ②

Q153

정류소가 혼잡해 잠시 옆 차로에 정차하고 싶다. 올바른 행동은?

① 이중정차를 피하고 지정 대기선에서 차례를 기다린다.
② 정류소 앞에서 이중주차로 장시간 대기한다.
③ 승하차가 끝났는데도 정류소를 점유한다.
④ 승객을 끌어들이려고 호객 행위를 한다.

🅗 이중정차는 사고 위험이 크다.
🅓 ①

Q154

승객이 '여기서 잠깐만 내려요'라고 말한다. 주변이 횡단보도 앞이다. 올바른 행동은?

① 불법정차 구간이라도 손님이 보이면 멈춘다.
② 줄을 무시하고 승객을 먼저 태운다.
③ 횡단보도 전후 위험 구간을 피하고 안전한 지점에 정차한다.
④ 승하차가 끝났는데도 정류소를 점유한다.

🅗 시야 방해 구간 정차는 위험하다.
🅓 ③

Q155

주차 금지 구간에서 승객이 탑승을 요청한다. 올바른 대응은?

① 안전·법규를 우선해 가능한 지점으로 이동 후 승하차한다.
② 불법정차 구간이라도 손님이 보이면 멈춘다.
③ 줄을 무시하고 승객을 먼저 태운다.
④ 정류소 앞에서 이중주차로 장시간 대기한다.

🅗 법규 위반은 사고·민원으로 이어진다.
🅓 ①

Q156

정류소에서 승객이 짐 정리를 오래 한다. 올바른 대응은?

① 안전하게 승하차를 돕되, 정류소 점유를 줄이기 위해 마무리 후 즉시 이동한다.
② 통행을 막아도 '잠깐'이라며 버틴다.
③ 승하차가 끝났는데도 정류소를 점유한다.
④ 승객을 끌어들이려고 호객 행위를 한다.

🅗 흐름을 유지한다.
🅓 ①

Q157

승객이 하차할 때 서비스 마무리로 가장 적절한 행동은?

① 아무 말 없이 문을 닫고 출발한다.
② 안전한 하차를 확인하고, 짧게 감사 인사 후 주변 차량·자전거에 주의하도록 안내한다.
③ 서둘러 출발하려고 승객이 다 내리기 전에 움직인다.
④ 더 친해지기 위해 사적인 연락을 요청한다.

🅗 마무리는 마지막 인상이다. 안전 확인(문, 차도, 자전거)과 감사 인사는 만족도를 높이고 사고를 예방한다.
🅓 ②

Q158

관광지에서 승객이 많이 몰린다. 올바른 탑승 유도는?

① 불법정차 구간이라도 손님이 보이면 멈춘다.
② 승하차가 끝났는데도 정류소를 점유한다.
③ 안전지점 안내와 질서 유지에 협조한다.
④ 승객을 끌어들이려고 호객 행위를 한다.

🅗 현장 질서 협조가 필요하다.
🅓 ③

Q159

정류소가 아닌 곳에서 승객이 도로로 뛰어나온다. 올바른 대응은?

① 급정지를 피하고 안전을 확보하며, 승객에게 안전한 위치에서 탑승하도록 안내한다.
② 불법정차 구간이라도 손님이 보이면 멈춘다.
③ 통행을 막아도 '잠깐'이라며 버틴다.
④ 줄을 무시하고 승객을 먼저 태운다.

해 2차 사고 예방이 핵심이다.
답 ①

Q160

정류소 운영에서 가장 중요한 원칙은?

① 안전한 승하차, 통행 흐름 유지, 순서 준수다.
② 줄을 무시하고 승객을 먼저 태운다.
③ 승객을 끌어들이려고 호객 행위를 한다.
④ 불법정차 구간이라도 손님이 보이면 멈춘다.

해 세 원칙이 민원·사고를 줄인다.
답 ①

PART 4

지리 (300 문항)

서울 (100 문항)

 ## 기본 개념 · 이론 정리

학습 방향 : 서울은 '구(자치구) 단위' 출제가 가장 많다. 아래 6개 카테고리를 먼저 잡고, 이후 문제로 연결해 암기한다.

A 주요 교통거점(공항·역·터미널)

- 한국도심공항터미널 — 강남구
- SRT 수서역 — 강남구
- 김포국제공항 — 강서구
- 동서울종합터미널 — 광진구
- 청량리역 — 동대문구
- 서울고속버스터미널 — 서초구
- 서울남부터미널 — 서초구
- 서울역 — 용산구
- 용산역 — 용산구

B 서울과 연결되는 주요 고속도로(핵심 구간)

- 경부고속도로: 한남IC ↔ 양재IC ↔ 만남의광장
- 경인고속도로: 신월IC ↔ 서인천IC
- 서울양양고속도로: 강일IC ↔ 양양JC

C 자치구별 주요 간선도로(출제 포인트)

포인트 '구 이름 → 대표 도로 2~3개'만 먼저 외우고, 나머지는 문제로 보강한다.

- 강남구: 남부순환로, 논현로, 도산대로, 봉은사로, 양재대로, 언주로
- 강서구: 강서로, 공항대로, 남부순환로, 올림픽대로, 화곡로
- 서초구: 남부순환로, 동작대로, 사평대로, 신반포로, 올림픽대로
- 마포구: 강변북로, 마포대로, 월드컵로
- 광진구: 강변북로, 능동로, 동부간선도로, 아차산로, 천호대로
- 동대문구: 고산자로, 왕산로, 천호대로, 청계천로
- 노원구: 동부간선도로, 동일로, 월계로

D 한강 교량(북단·남단·지하철 통과)

포인트 '북단/남단 행정구역'과 '지하철 통과 교량'이 자주 엮여 나온다.

- 강동대교: 북단 구리시 토평동 / 남단 강동구 강일동 (한강 교량(상류))
- 암사대교: 북단 구리시 아천동 / 남단 강동구 암사동 (한강 교량(상류))
- 광진교: 북단 광진구 광장동 / 남단 강동구 천호동 (한강 교량)
- 천호대교: 북단 광진구 광장동 / 남단 강동구 천호동 (한강 교량)
- 올림픽대교: 북단 광진구 구의동 / 남단 송파구 풍납동 (한강 교량)
- 잠실철교: 북단 광진구 구의동 / 남단 송파구 신천동 (지하철 2호선·도로 겸용)
- 잠실대교: 북단 광진구 자양동 / 남단 송파구 신천동 (한강 교량)
- 청담대교: 북단 광진구 자양동 / 남단 강남구 청담동 (복층교(지하철 7호선))
- 영동대교: 북단 광진구 자양동 / 남단 강남구 청담동 (한강 교량)
- 성수대교: 북단 성동구 성수동 / 남단 강남구 압구정동 (붕괴 후 복구 이력)

> **포인트** 같은 단어('대사관', '박물관', '시장')가 여러 구에 있어 '구 단위 매칭'으로 변형 출제된다.

- 중구: 서울특별시청, 서울시의회, 덕수궁, 명동성당, 장충체육관, 남산공원, 서울로7017, 국립극장
- 용산구: 전쟁기념관, 용산역, 서울역, 국립중앙박물관
- 서초구: 대법원, 대검찰청, 서울고등법원, 서울가정법원, 서울고속버스터미널, 서울남부터미널, 국립국악원
- 영등포구: 국회의사당, 63빌딩, 선유도공원, 여의도공원
- 송파구: 서울동부지방법원, 서울동부지방검찰청, 석촌호수

F **자주 나오는 함정**

- '서구(인천)' vs '강서구(서울)'처럼 시·도부터 먼저 구분한다.
- 공항/터미널은 '도착지 거점'으로 출제되므로 '구'까지 함께 암기한다.
- 교량은 '철교(철도)'와 '대교(도로)'가 섞여 나오므로 유형을 구분한다.

Q001

다음 중 공항철도(AREX)의 서울 종착역으로 가장 알맞은 것은?

① 용산역　　　　　② 청량리역
③ 서울역　　　　　④ 수서역

해 공항철도는 인천공항/김포공항에서 서울역까지 연결되며, 서울 구간 종착역은 서울역이다.

답 ③

Q002

다음 중 SRT가 출발·도착하는 서울 역(주요 거점)으로 가장 알맞은 것은?

① 수서역　　　　　② 서울역
③ 영등포역　　　　④ 청량리역

해 SRT의 서울 거점은 수서역이며, KTX의 대표 거점은 서울역이다.

답 ①

Q003

다음 중 서울특별시청(본청)이 위치한 자치구로 가장 알맞은 것은?

① 종로구　　　　　② 중구
③ 용산구　　　　　④ 서대문구

해 서울시청(본청)은 시청역 인근 중구에 위치한다.

답 ②

Q004

다음 중 서울이 아닌 곳을 고르시오.

① 서울대공원　　　② 서울숲
③ 서울역　　　　　④ 서울월드컵경기장

해 서울대공원은 경기도 과천시에 있으며, 나머지는 서울 소재로 정리된다.

답 ①

Q005

다음 중 김포국제공항이 위치한 자치구는?

① 강서구　　　　　② 강남구
③ 중구　　　　　　④ 광진구

해 김포국제공항은 서울 강서구에 위치한다.

답 ①

Q006

다음 중 국회의사당이 위치한 자치구는?

① 마포구　　　　　② 영등포구
③ 중구　　　　　　④ 용산구

해 국회의사당은 여의도에 있으며 행정구역상 영등포구에 속한다.

답 ②

Q007

다음 중 코엑스(COEX)가 위치한 자치구는?

① 송파구　　　　　② 서초구
③ 강남구　　　　　④ 광진구

해 코엑스는 강남구 삼성동 일대에 있다.

답 ③

Q008

다음 중 서울고속버스터미널(고속터미널)이 위치한 자치구는?

① 서초구　　　　　② 영등포구
③ 중구　　　　　　④ 동작구

해 서울고속버스터미널은 서초구 반포동(고속터미널역) 일대에 있다.
답 ①

Q009

다음 중 동서울종합터미널이 위치한 자치구는?

① 광진구　　　　　② 성동구
③ 동대문구　　　　④ 중구

해 동서울종합터미널은 광진구 구의동(강변역 인근) 일대에 있다.
답 ①

Q010

다음 중 경복궁이 위치한 자치구는?

① 종로구　　　　　② 중구
③ 용산구　　　　　④ 성북구

해 경복궁은 종로구(광화문 일대)에 위치한다.
답 ①

Q011

다음 중 명동성당이 위치한 자치구는?

① 종로구　　　　　② 중구
③ 마포구　　　　　④ 성동구

해 명동성당은 중구 명동 일대에 있다.
답 ②

Q012

다음 중 서울월드컵경기장이 위치한 자치구는?

① 마포구　　　　　② 은평구
③ 서대문구　　　　④ 영등포구

해 서울월드컵경기장은 마포구 상암동에 위치한다.
답 ①

Q013

다음 중 마포구에 위치한 곳으로 가장 알맞은 것은?

① 홍대입구역 일대　　② 코엑스
③ 서울시청　　　　　④ 롯데월드(잠실)

해 홍대입구역·홍대거리 상권은 마포구 서교동/동교동 일대에 형성되어 있다.
답 ①

Q014

다음 중 서초구에 위치한 곳으로 가장 알맞은 것은?

① 국립중앙박물관　　② 예술의전당
③ 서울역　　　　　　④ DDP

해 예술의전당은 서초구 서초동에 위치한다.
답 ②

Q015

다음 중 용산구에 위치한 곳으로 가장 알맞은 것은?

① 전쟁기념관   ② 국회의사당
③ 서울시청   ④ 세브란스병원(신촌)

해 전쟁기념관은 용산구에 위치하며, 국회의사당은 영등
포구, 시청은 중구, 세브란스(신촌)는 서대문구다.
답 ①

Q016

다음 중 송파구에 위치한 곳으로 가장 알맞은 것은?

① 석촌호수   ② 광화문광장
③ 남대문시장   ④ 홍대거리

해 석촌호수는 송파구 잠실권(석촌호수 일대)에 위치한다.
답 ①

Q017

다음 중 중구에 위치한 곳으로 가장 알맞은 것은?

① DDP(동대문디자인플라자)
② 서울숲
③ 서울아산병원
④ 국립국악원

해 DDP는 중구 을지로/동대문역사문화공원 일대에 위치
한다.
답 ①

Q018

다음 중 종로구에 위치한 곳으로 가장 알맞은 것은?

① 헌법재판소   ② 국회의사당
③ 코엑스   ④ 동서울터미널

해 헌법재판소는 종로구(안국역/재동 일대)에 위치한다.
답 ①

Q019

다음 중 '도심권(CBD)'의 대표 조합으로 가장 알맞은 것은?

① 광화문 - 시청 - 명동   ② 잠실 - 송도 - 청라
③ 판교 - 분당 - 수서   ④ 홍대 - 상암 - 일산

해 도심권(CBD)은 광화문·시청·명동 등 종로·중구 일대
중심으로 이해하면 된다.
답 ①

Q020

다음 중 '여의도 금융지구'와 가장 관련이 깊은 조합은?

① 국회의사당 - 여의도공원 - 63빌딩
② 코엑스 - 테헤란로 - 강남역
③ DDP - 청계천 - 광장시장
④ 이태원 - 전쟁기념관 - 국립중앙박물관

해 여의도 금융지구는 영등포구 여의도 권역(국회의사당,
63빌딩 등)으로 묶어 이해한다.
답 ①

Q021 [한남대교]

다음 교량의 남단(서울)으로 가장 알맞은 것은?

① 강남구 신사동
② 서초구 반포동
③ 동작구 흑석동
④ 영등포구 여의도동

㉀ 한남대교는 북단 용산구 한남동, 남단 강남구 신사동 방향으로 연결되는 대표 교량이다.

답 ①

Q022 [한남대교]

다음 교량의 북단(서울)으로 가장 알맞은 것은?

① 마포구 도화동
② 용산구 한남동
③ 성동구 옥수동
④ 광진구 구의동

㉀ 한남대교 북단은 용산구 한남동 일대다.

답 ②

Q023 [성수대교]

다음 교량의 남단(서울)으로 가장 알맞은 것은?

① 강남구 압구정동
② 서초구 반포동
③ 영등포구 여의도동
④ 송파구 신천동

㉀ 성수대교는 북단 성동구 성수동, 남단 강남구 압구정동 방향으로 연결된다.

답 ①

Q024 [성수대교]

다음 교량의 북단(서울)으로 가장 알맞은 것은?

① 성동구 성수동
② 광진구 자양동
③ 마포구 합정동
④ 동작구 노량진동

㉀ 성수대교 북단은 성동구 성수동 일대다.

답 ①

Q025 [마포대교]

다음 교량의 남단(서울)으로 가장 알맞은 것은?

① 영등포구 여의도동
② 강남구 청담동
③ 서초구 반포동
④ 동작구 본동

㉀ 마포대교는 북단 마포구, 남단 영등포구 여의도동 방향으로 연결된다.

답 ①

Q026 [마포대교]

다음 교량의 북단(서울)으로 가장 알맞은 것은?

① 마포구 마포동
② 용산구 이촌동
③ 중구 신당동
④ 광진구 광장동

㉀ 마포대교 북단은 마포구 마포동/공덕권 인근으로 이해하면 된다.

답 ①

Q027 [올림픽대교]

다음 교량의 남단(서울)으로 가장 알맞은 것은?

① 송파구 풍납동
② 강남구 청담동
③ 서초구 잠원동
④ 영등포구 여의도동

㉀ 올림픽대교는 북단 광진구, 남단 송파구 풍납동 방향으로 연결된다.

답 ①

Q028 [올림픽대교]

다음 교량의 북단(서울)으로 가장 알맞은 것은?

① 광진구 구의동　　② 성동구 옥수동
③ 마포구 합정동　　④ 강동구 천호동

해 올림픽대교 북단은 광진구 구의동/자양동 권역으로
정리하면 된다.

답 ①

Q029 [잠실대교]

다음 교량의 남단(서울)으로 가장 알맞은 것은?

① 송파구 신천동　　② 강남구 삼성동
③ 서초구 반포동　　④ 영등포구 여의도동

해 잠실대교는 북단 광진구 자양동, 남단 송파구 신천동
일대로 연결된다.

답 ①

Q030 [잠실대교]

다음 교량의 북단(서울)으로 가장 알맞은 것은?

① 광진구 자양동　　② 성동구 성수동
③ 마포구 도화동　　④ 강동구 암사동

해 잠실대교 북단은 광진구 자양동 일대다.

답 ①

Q031 [청담대교]

다음 교량의 남단(서울)으로 가장 알맞은 것은?

① 강남구 청담동　　② 송파구 신천동
③ 서초구 반포동　　④ 동작구 노량진동

해 청담대교는 북단 광진구 자양동, 남단 강남구 청담동
방향으로 연결된다.

답 ①

Q032 [청담대교]

다음 교량의 북단(서울)으로 가장 알맞은 것은?

① 광진구 자양동　　② 용산구 한남동
③ 마포구 공덕동　　④ 성동구 금호동

해 청담대교 북단은 광진구 자양동 일대다.

답 ①

Q033 [동호대교]

다음 교량의 남단(서울)으로 가장 알맞은 것은?

① 강남구 압구정동　　② 서초구 반포동
③ 송파구 잠실동　　④ 영등포구 여의도동

해 동호대교는 북단 성동구 옥수동, 남단 강남구 압구정
동 방향으로 연결된다.

답 ①

Q034 [동호대교]

다음 교량의 북단(서울)으로 가장 알맞은 것은?

① 성동구 옥수동　　② 광진구 광장동
③ 용산구 이촌동　　④ 중구 을지로

해 동호대교 북단은 성동구 옥수동 일대다.

답 ①

Q035　　　　　　　　　　　　　　　　[한강대교]

다음 교량의 남단(서울)으로 가장 알맞은 것은?

① 동작구 노량진동　　　② 영등포구 여의도동
③ 송파구 풍납동　　　　④ 강남구 신사동

해 한강대교는 북단 용산구 이촌동, 남단 동작구 노량진동 권역으로 연결되는 대표 교량이다.
답 ①

Q036　　　　　　　　　　　　　　　　[한강대교]

다음 교량의 북단(서울)으로 가장 알맞은 것은?

① 용산구 이촌동　　　　② 마포구 합정동
③ 성동구 성수동　　　　④ 중구 장충동

해 한강대교 북단은 용산구 이촌동 일대다.
답 ①

Q037　　　　　　　　　　　　　　　　[반포대교]

다음 교량의 남단(서울)으로 가장 알맞은 것은?

① 서초구 반포동　　　　② 강남구 압구정동
③ 영등포구 여의도동　　④ 송파구 신천동

해 반포대교는 남단 서초구 반포동, 북단 용산구 서빙고동 방향으로 연결된다.
답 ①

Q038　　　　　　　　　　　　　　　　[반포대교]

다음 교량의 북단(서울)으로 가장 알맞은 것은?

① 용산구 서빙고동　　　② 마포구 공덕동
③ 성동구 옥수동　　　　④ 광진구 구의동

해 반포대교 북단은 용산구 서빙고동 권역으로 정리하면 된다.
답 ①

Q039

다음 중 지하철 2호선이 한강을 건너는 대표 교량(철교)으로 가장 알맞은 것은?

① 잠실철교　　　　　　　② 동호대교
③ 청담대교　　　　　　　④ 마포대교

해 지하철 2호선은 잠실철교를 통해 한강을 건너는 것으로 자주 정리된다.
답 ①

Q040

다음 중 지하철 3호선이 한강을 건너는 대표 교량으로 가장 알맞은 것은?

① 동호대교　　　　　　　② 성수대교
③ 광진교　　　　　　　　④ 올림픽대교

해 지하철 3호선은 동호대교를 통해 한강을 건너는 것으로 정리하면 된다.
답 ①

Q041

다음 중 지하철 7호선이 통과하는 복층 교량으로 가장 알맞은 것은?

① 청담대교　　　　　　　② 한강대교
③ 마포대교　　　　　　　④ 영동대교

해 청담대교는 지하철 7호선이 통과하는 복층 교량으로 자주 출제된다.
답 ①

Q042

다음 중 지하철 1호선이 한강을 건너는 대표 교량으로 가장 알맞은 것은?

① 한강대교　　　　② 잠실대교
③ 성수대교　　　　④ 광진교

해 지하철 1호선은 한강대교를 통해 한강을 건너는 구간이 대표적이다.

답 ①

Q043

다음 중 한강 북측을 따라 동서로 이어지는 대표 간선도로로 가장 알맞은 것은?

① 강변북로　　　　② 올림픽대로
③ 남부순환로　　　④ 동부간선도로

해 강변북로는 한강 북측을 따라 이어지는 대표 도로로 정리된다.

답 ①

Q044

다음 중 한강 남측을 따라 동서로 이어지는 대표 간선도로로 가장 알맞은 것은?

① 올림픽대로　　　② 강변북로
③ 내부순환도로　　④ 경부고속도로

해 올림픽대로는 한강 남측을 따라 이어지는 대표 도로로 정리된다.

답 ①

Q045

다음 중 '서울 3대 도심 터미널/역' 조합으로 가장 알맞은 것은?

① 서울역 - 고속터미널 - 김포공항
② 수서역 - 인천공항 - 광명역
③ 잠실역 - 판교역 - 송도역
④ 청량리역 - 검암역 - 구리역

해 서울의 대표 거점은 서울역(철도), 고속터미널(버스), 김포공항(공항)으로 묶어 이해하면 좋다.

답 ①

Q046

다음 중 공항(김포공항) 접근 거점으로 가장 자주 함께 언급되는 지하철 노선/역 조합으로 알맞은 것은?

① 5호선 - 김포공항역　　② 2호선 - 서울대입구역
③ 3호선 - 안국역　　　　④ 7호선 - 청담역

해 김포공항은 '김포공항역'을 통해 지하철 접근이 가능하며, 노선 표기는 문제에서 다양하게 변형된다.

답 ①

Q047

다음 중 '강남권 대표 업무지구'로 가장 알맞은 조합은?

① 강남역 - 테헤란로 - 코엑스
② 여의도 - 국회의사당 - 63빌딩
③ 광화문 - 경복궁 - DDP
④ 홍대 - 상암 - 월드컵경기장

해 강남권 업무지구는 강남역 - 테헤란로 - 삼성(코엑스) 축으로 자주 묶인다.

답 ①

Q048

다음 중 청량리역이 위치한 자치구로 가장 알맞은 것은?

① 동대문구 ② 중랑구
③ 성북구 ④ 광진구

해 청량리역은 동대문구 전농동 일대에 위치한다.
답 ①

Q049

다음 중 '동대문역사문화공원역'과 가장 가까운 대표 랜드마크로 알맞은 것은?

① DDP(동대문디자인플라자)
② 국립중앙박물관
③ 롯데월드
④ 국회의사당

해 DDP는 동대문역사문화공원 일대 대표 랜드마크로 함께 출제된다.
답 ①

Q050

다음 중 '여의도'와 가장 관련이 깊은 지하철역/장소 조합으로 알맞은 것은?

① 여의도역 - 국회의사당 ② 수서역 - 코엑스
③ 서울역 - 김포공항 ④ 청량리역 - 서울숲

해 여의도는 영등포구 소재 금융/업무지구로, 국회의사당과 함께 자주 묶여 나온다.
답 ①

Q051

다음 중 '서울역 - 용산역'이 위치한 자치구 조합으로 가장 알맞은 것은?

① 용산구 - 용산구 ② 중구 - 용산구
③ 용산구 - 중구 ④ 종로구 - 중구

해 서울역과 용산역은 행정구역상 모두 용산구 권역으로 정리되는 문제가 출제될 수 있다.
답 ①

Q052

다음 중 서울 남부터미널이 위치한 자치구로 가장 알맞은 것은?

① 서초구 ② 강남구
③ 동작구 ④ 관악구

해 서울 남부터미널은 서초구 서초동(남부터미널역 인근)에 있다.
답 ①

Q053

다음 중 '잠실권'을 대표하는 조합으로 가장 알맞은 것은?

① 잠실역 - 롯데월드 - 석촌호수
② 광화문 - 시청 - 명동
③ 여의도 - 63빌딩 - 선유도공원
④ 홍대 - 상암 - 월드컵경기장

해 잠실권은 송파구 중심(잠실역, 롯데월드, 석촌호수 등)으로 묶인다.
답 ①

Q054

다음 중 '상암 DMC(디지털미디어시티) 권역'과 가장 관련이 깊은 곳은?

① 마포구　　　　　② 강남구
③ 서초구　　　　　④ 중구

해 상암 DMC는 마포구 상암동 권역으로 정리된다.

답 ①

Q055

다음 중 '홍대입구역'이 위치한 자치구로 가장 알맞은 것은?

① 마포구　　　　　② 서대문구
③ 중구　　　　　　④ 용산구

해 홍대입구역 일대는 마포구 서교동/동교동 권역으로 정리한다.

답 ①

Q056

다음 중 '광화문광장'이 위치한 자치구로 가장 알맞은 것은?

① 종로구　　　　　② 중구
③ 서대문구　　　　④ 용산구

해 광화문광장은 종로구 세종대로(광화문 일대)에 있다.

답 ①

Q057

다음 중 테헤란로가 대표 간선도로로 가장 많이 연결되는 자치구는?

① 강남구　　　　　② 서초구
③ 마포구　　　　　④ 송파구

해 테헤란로는 강남구(강남역－삼성역 일대) 대표 간선도로로 자주 정리된다.

답 ①

Q058

다음 중 남부순환로와 가장 직접적으로 연결되는 '서울 남서권' 자치구 조합으로 가장 알맞은 것은?

① 강서구-관악구　　② 종로구-중구
③ 성동구-광진구　　④ 송파구-강남구

해 남부순환로는 서울 남서권 여러 구를 통과하며, 강서구－관악구 축에서 자주 언급된다.

답 ①

Q059

다음 중 '강변북로'와 '올림픽대로'의 특징을 바르게 설명한 것은?

① 강변북로는 북측, 올림픽대로는 남측을 따라간다
② 강변북로는 남측, 올림픽대로는 북측을 따라간다
③ 둘 다 한강과 무관하다
④ 둘 다 순환도로만 의미한다

해 한강 북측 대표 간선은 강변북로, 남측 대표 간선은 올림픽대로로 구분해 암기한다.

답 ①

Q060

다음 중 '한강변 도로'가 아닌 것은?

① 강변북로

② 올림픽대로

③ 내부순환도로

④ 일부 구간의 한강대로(접근축)

해 내부순환도로는 도심 외곽을 잇는 순환축이며 한강변을 따라가는 대표 도로와는 성격이 다르다.

답 ③

Q061

다음 중 '서초동 법원단지' 접근에 가장 직접적으로 연결되는 간선도로/권역 키워드로 알맞은 것은?

① 서초동 - 법원 - 서초구

② 여의도 - 금융 - 영등포구

③ 상암 - DMC - 마포구

④ 잠실 - 관광 - 송파구

해 법원단지(대법원/중앙지법 등)는 서초구 서초동 권역으로 묶어 접근하면 된다.

답 ①

Q062

다음 중 '청계천'과 가장 가까운 대표 도심권(종로/중구) 장소 조합으로 알맞은 것은?

① 광화문 - 시청 - 청계천

② 잠실 - 석촌호수 - 올림픽공원

③ 상암 - DMC - 월드컵경기장

④ 수서 - 삼성 - 코엑스

해 청계천은 도심권(종로/중구) 핵심 축으로 자주 묶여 출제된다.

답 ①

Q063

다음 중 '올림픽공원'이 위치한 자치구로 가장 알맞은 것은?

① 송파구 　　　　② 강동구

③ 강남구 　　　　④ 광진구

해 올림픽공원은 송파구 방이동 일대에 위치한다.

답 ①

Q064

다음 중 '서울숲'이 위치한 자치구로 가장 알맞은 것은?

① 성동구 　　　　② 광진구

③ 중구 　　　　　④ 동대문구

해 서울숲은 성동구 성수동 권역으로 정리된다.

답 ①

Q065

다음 중 '서구'가 서울이 아니라 인천에 있는 행정구역임을 이용한 함정으로 가장 알맞은 것은?

① 강서구(서울) - 서구(인천)

② 중구(서울) - 중구(부산)

③ 송파구 - 송도

④ 마포구 - 마포

해 서구는 인천광역시에 존재하며, 서울은 강서구로 구분된다.

답 ①

Q066

다음 중 '광명'이 서울이 아니라 경기도에 속한다는 점을 이용한 함정으로 가장 알맞은 것은?

① 광명시　　　　　② 광진구
③ 광화문　　　　　④ 광장시장

해 광명시는 경기도에 속하며, 서울의 '광진구/광화문/광장시장'과 혼동하기 쉬운 함정이다.

답 ①

Q067

다음 중 '중구'와 '중랑구'를 혼동하지 않기 위한 설명으로 옳은 것은?

① 명동-중구 / 청량리-동대문구
② 명동-중랑구 / 청량리-중구
③ 명동-동대문구 / 청량리-중랑구
④ 명동-강서구 / 청량리-마포구

해 명동은 중구, 청량리는 동대문구 권역으로 정리하며 '중랑구'는 별도 자치구다.

답 ①

Q068

다음 중 서울이 아닌 곳은?

① 인천국제공항　　　② 서울역
③ 국립중앙박물관　　④ 국회의사당

해 인천국제공항은 인천 중구(영종)로, 서울 소재가 아니다.

답 ①

Q069

다음 중 서울이 아닌 곳은?

① 판교테크노밸리　　② 여의도
③ 홍대거리　　　　　④ 코엑스

해 판교테크노밸리는 경기도 성남시(분당구) 권역으로 서울이 아니다.

답 ①

Q070

다음 중 서울이 아닌 곳은?

① 스타필드 하남　　　② DDP
③ 경복궁　　　　　　④ 서울시청

해 스타필드 하남은 경기도 하남시에 위치하며, 나머지는 서울 소재다.

답 ①

Q071

다음 중 '용산 문화/관광 권역'으로 가장 알맞은 조합은?

① 국립중앙박물관-전쟁기념관-이태원
② 국회의사당-63빌딩-선유도
③ 코엑스-테헤란로-강남역
④ DDP-광장시장-청계천

해 용산구는 국립중앙박물관, 전쟁기념관, 이태원 권역이 함께 묶여 출제된다.

답 ①

Q072

다음 중 '법조타운(법원·검찰)'과 가장 관련이 깊은 자치구는?

① 서초구 ② 중구
③ 마포구 ④ 성동구

해 대법원, 대검찰청, 서울중앙지방법원 등은 서초구 서초동 권역으로 묶는다.

답 ①

Q073

다음 중 대법원이 위치한 자치구는?

① 서초구 ② 강남구
③ 영등포구 ④ 종로구

해 대법원은 서초구 서초동(법원단지)에 위치한다.

답 ①

Q074

다음 중 서울중앙지방법원(법원단지)이 위치한 자치구는?

① 서초구 ② 송파구
③ 마포구 ④ 성동구

해 서울중앙지방법원은 서초구 서초동 법원단지에 있다.

답 ①

Q075

다음 중 서울동부지방법원과 가장 관련이 깊은 자치구는?

① 송파구 ② 서초구
③ 중구 ④ 마포구

해 서울동부지방법원은 송파구 문정/가락 권역으로 자주 정리된다.

답 ①

Q076

다음 중 '서울서부지방법원'과 가장 관련이 깊은 자치구는?

① 마포구 ② 서초구
③ 송파구 ④ 중구

해 서울서부지방법원은 마포구 권역으로 출제될 수 있다.

답 ①

Q077

다음 중 '전통시장/먹거리'와 가장 관련이 깊은 조합은?

① 광장시장 - 종로구 ② 광장시장 - 강남구
③ 광장시장 - 송파구 ④ 광장시장 - 서초구

해 광장시장은 종로구 권역(종로4가 인근) 대표 전통시장으로 정리한다.

답 ①

Q078

다음 중 '관광특구'로 가장 관련이 깊은 곳은?

① 이태원 ② 판교
③ 송도 ④ 청라

🗾 이태원 관광특구는 용산구 권역의 대표 관광지로 자주 출제된다.

답 ①

Q079

다음 중 같은 자치구에 속하는 조합으로 가장 알맞은 것은?

① 서울고속버스터미널-예술의전당-국립국악원
② 국회의사당-코엑스-DDP
③ 서울역-국회의사당-홍대거리
④ 김포공항-롯데월드-서울숲

🗾 서울고속버스터미널, 예술의전당, 국립국악원은 모두 서초구 권역으로 묶어 암기 가능하다.

답 ①

Q080

다음 중 같은 자치구에 속하는 조합으로 가장 알맞은 것은?

① 코엑스-봉은사-테헤란로
② 국회의사당-광화문-경복궁
③ DDP-서울숲-서울역
④ 홍대거리-명동-이태원

🗾 코엑스, 봉은사, 테헤란로는 강남구(삼성/청담/역삼 축)로 묶어 정리한다.

답 ①

Q081

다음 중 같은 자치구에 속하는 조합으로 가장 알맞은 것은?

① 홍대거리-상암 월드컵경기장-DMC
② 서울시청-국회의사당-63빌딩
③ 경복궁-코엑스-롯데월드
④ 서울숲-동서울터미널-서울역

🗾 홍대거리, 상암 월드컵경기장, DMC는 마포구 권역으로 묶어 정리한다.

답 ①

Q082

다음 중 같은 자치구에 속하는 조합으로 가장 알맞은 것은?

① 국회의사당-여의도공원-63빌딩
② 코엑스-잠실-서울숲
③ DDP-광화문-서울역
④ 이태원-명동-홍대

🗾 국회의사당, 여의도공원, 63빌딩은 영등포구(여의도) 권역으로 묶는다.

답 ①

Q083   [영동대교]

다음 교량의 남단(서울)으로 가장 알맞은 것은?

① 강남구 청담동 ② 서초구 반포동
③ 송파구 신천동 ④ 영등포구 여의도동

🗾 영동대교는 북단 광진구 자양동, 남단 강남구 청담동 방향으로 연결되는 교량으로 정리한다.

답 ①

Q084
[영동대교]

다음 교량의 북단(서울)으로 가장 알맞은 것은?

① 광진구 자양동 ② 성동구 옥수동
③ 마포구 공덕동 ④ 중구 신당동

해 영동대교 북단은 광진구 자양동 권역이다.
답 ①

Q085
[잠수교]

다음 교량의 남단(서울)으로 가장 알맞은 것은?

① 서초구 반포동 ② 강남구 압구정동
③ 송파구 풍납동 ④ 동작구 본동

해 잠수교는 남단 서초구 반포동, 북단 용산구 서빙고동 방향으로 정리한다.
답 ①

Q086
[잠수교]

다음 교량의 북단(서울)으로 가장 알맞은 것은?

① 용산구 서빙고동 ② 마포구 도화동
③ 성동구 금호동 ④ 광진구 광장동

해 잠수교 북단은 용산구 서빙고동 권역이다.
답 ①

Q087

다음 중 '지하철이 통과하는 교량'이 아닌 것은?

① 청담대교 ② 동호대교
③ 잠실철교 ④ 잠수교

해 잠수교는 지하철 통과 교량으로 정리되지 않으며, 나머지는 지하철 통과 교량/철교로 함께 출제된다.
답 ④

Q088
[광진교]

다음 교량의 남단(서울)으로 가장 알맞은 것은?

① 강동구 천호동 ② 송파구 신천동
③ 강남구 청담동 ④ 서초구 반포동

해 광진교는 북단 광진구 광장동, 남단 강동구 천호동 축으로 정리한다.
답 ①

Q089
[광진교]

다음 교량의 북단(서울)으로 가장 알맞은 것은?

① 광진구 광장동 ② 강동구 암사동
③ 성동구 성수동 ④ 마포구 합정동

해 광진교 북단은 광진구 광장동 권역이다.
답 ①

Q090
[천호대교]

다음 교량의 남단(서울)으로 가장 알맞은 것은?

① 강동구 천호동 ② 송파구 잠실동
③ 서초구 반포동 ④ 영등포구 여의도동

해 천호대교는 광진구-강동구를 잇는 교량으로, 남단은 강동구 천호동 권역으로 정리한다.
답 ①

Q091

다음 설명에 해당하는 도로 구간으로 가장 알맞은 것은?

> 서울 시내에서 강남권으로 진입하는 대표 고속도로 관문 구간

① 경부고속도로 한남IC - 양재IC
② 서해안고속도로 서서울IC - 안산IC
③ 영동고속도로 신갈JC - 호법JC
④ 중부고속도로 하남IC - 일죽IC

해 서울권 관문 구간으로 경부고속도로 한남IC - 양재IC 구간이 대표적으로 정리된다.

답 ①

Q092

다음 설명에 해당하는 구간으로 가장 알맞은 것은?

> 서울 서남권에서 인천 방향으로 이어지는 대표 고속도로 축

① 경인고속도로 신월IC - 서인천IC
② 경부고속도로 한남IC - 양재IC
③ 중부내륙고속도로 양평IC - 여주JC
④ 서울양양고속도로 강일IC - 양양JC

해 서울 서남권에서 인천 방향으로 이어지는 축은 경인고속도로 신월IC - 서인천IC로 자주 정리된다.

답 ①

Q093

다음 중 '도심권(종로/중구) 역사·관광' 조합으로 가장 알맞은 것은?

① 경복궁 - 광화문 - 덕수궁
② 코엑스 - 테헤란로 - 강남역
③ 여의도 - 63빌딩 - 선유도
④ 잠실 - 석촌호수 - 올림픽공원

해 도심권의 대표 역사/관광 축은 종로·중구의 궁궐/광장/시청권으로 묶어 이해한다.

답 ①

Q094

다음 중 '서울 3대 궁궐'에 해당하지 않는 것은?

① 경복궁   ② 창덕궁
③ 덕수궁   ④ 수원화성

해 수원화성은 경기도 수원시의 문화유산이며, 궁궐과는 구분된다.

답 ④

Q095

다음 중 '승객이 많이 찾는 대표 쇼핑/관광 상권'이 아닌 것은?

① 명동   ② 홍대
③ 이태원   ④ 문산(파주)

해 문산은 파주시 권역으로 서울 대표 상권과 구분된다.

답 ④

Q096

다음 중 '한강 교량'이 아닌 것은?

① 성수대교　　　　　② 마포대교
③ 영동대교　　　　　④ 남산1호터널

🈐 남산1호터널은 교량이 아니라 터널이다.
🈺 ④

Q097

다음 중 '남대문시장'이 위치한 자치구로 가장 알맞은
것은?

① 중구　　　　　② 종로구
③ 서대문구　　　④ 용산구

🈐 남대문시장은 중구(회현/숭례문 권역)로 정리한다.
🈺 ①

Q098

다음 중 '세브란스병원(신촌)'이 위치한 자치구로 가장
알맞은 것은?

① 서대문구　　　② 마포구
③ 중구　　　　　④ 영등포구

🈐 세브란스병원(신촌)은 서대문구 신촌 권역으로 자주
　　정리된다.
🈺 ①

Q099

다음 중 '이태원'이 위치한 자치구로 가장 알맞은 것은?

① 용산구　　　　　② 중구
③ 마포구　　　　　④ 강남구

🈐 이태원 관광특구는 용산구 이태원동 권역이다.
🈺 ①

Q100

다음 중 '롯데월드(잠실)'이 위치한 자치구로 가장 알맞
은 것은?

① 송파구　　　　　② 강남구
③ 광진구　　　　　④ 성동구

🈐 롯데월드(잠실)는 송파구 잠실동 권역으로 정리한다.
🈺 ①

CHAPTER 2

경기 (100 문항)

경기 ▶ 기본 개념 · 이론 정리

학습 방향 : 경기도는 '고속도로/간선도로/철도 환승/랜드마크' 4축으로 정리하면 문제 유형이 자연스럽게 커버된다.

A │ 주요 고속도로와 통과구간(도시 단위)

- 경부고속도로: 성남시 – 수원시 – 오산시 – 안성시
- 경인고속도로: 부천시
- 제2경인고속도로: 시흥시 – 광명시 – 안양시
- 서해안고속도로: 광명시 – 안산시 – 화성시 – 평택시
- 영동고속도로: 시흥시 – 안산시 – 군포시 – 수원시 – 용인시 – 여주시
- 용인서울고속도로: 용인시 – 수원시 – 성남시
- 중부고속도로: 하남시 – 광주시 – 이천시 – 안성시
- 중부내륙고속도로: 양평군 – 여주시

B │ 간선도로(경수대로·수인로·중부대로 등)

- 경수대로: 안양시 – 의왕시 – 수원시 – 화성시
- 수인로(수인산업도로): 인천시 – 시흥시 – 안산시 – 수원시
- 중부대로: 수원시 – 용인시 – 이천시 – 여주시

 대표 랜드마크·시설(시/군 단위)

- **고양시**: 킨텍스, 한국항공대학교, 행주산성
- **용인시**: 강남대학교, 더트리니어반스위트, 마성IC, 에버랜드, 이동저수지
- **수원시**: 가톨릭대학교 성빈센트병원, 광교산, 동수원병원, 수원시외버스터미널, 수원역, 수원역전시장, 아주대학교병원, 연무시장
- **오산시**: UN군초전기념관, 독산성, 물향기수목원, 세마대지, 오산교육지원청, 오산역, 오색시장, 조은오산병원
- **평택시**: PMC박병원, 굿모닝병원, 박애병원, 안중전통시장, 통복시장, 평택역
- **광명시**: 광명KTX역
- **포천시**: 베어스타운, 허브아일랜드
- **남양주시**: 수종사
- **파주시**: 임진각, 자유로-통일로 만나는 지점(문산읍 부근)

D **숙박·병원·철도(자주 나오는 세부 유형)**

> **포인트** 호텔/병원/역·환승은 '보기에서 1개만 다른 지역'으로 출제되기 쉽다.

- **가평군**: 마이다스호텔 & 리조트
- **부천시**: 폴라리스호텔, 고려호텔
- **성남시**: 밀리토피아호텔 바이마린
- **용인시**: 더트리니어반스위트
- **이천시**: 미란다호텔

E **자주 나오는 함정**

- '광명(시)' vs '광주(경기)'처럼 동명 지명은 단골 함정이다.
- 서울과 붙어 있어 '서울 지명처럼 들리는 경기 지역(예 판교/분당)'이 섞여 출제될 수 있다.

Q001

다음 중 [광교산]이 위치한 시/군으로 가장 알맞은 것은?

① 하남시　　　　② 오산시
③ 수원시　　　　④ 안산시

해 광교산은 수원시에 위치한다.
답 ③

Q002

다음 중 [조은오산병원]이 위치한 시/군으로 가장 알맞은 것은?

① 남양주시　　　　② 양평군
③ 오산시　　　　④ 화성시

해 조은오산병원은 오산시에 위치한다.
답 ③

Q003

다음 중 [굿모닝병원]이 위치한 시/군으로 가장 알맞은 것은?

① 평택시　　　　② 파주시
③ 수원시　　　　④ 부천시

해 굿모닝병원은 평택시에 위치한다.
답 ①

Q004

다음 중 [강남대학교]가 위치한 시/군으로 가장 알맞은 것은?

① 안성시　　　　② 이천시
③ 용인시　　　　④ 군포시

해 강남대학교는 용인시에 위치한다.
답 ③

Q005

다음 중 [오산역]이 위치한 시/군으로 가장 알맞은 것은?

① 여주시　　　　② 오산시
③ 가평군　　　　④ 남양주시

해 오산역은 오산시에 위치한다.
답 ②

Q006

다음 중 [폴라리스호텔]이 위치한 시/군으로 가장 알맞은 것은?

① 안산시　　　　② 광명시
③ 남양주시　　　　④ 부천시

해 폴라리스호텔은 부천시에 위치한다.
답 ④

Q007

다음 중 [UN군초전기념관]이 위치한 시/군으로 가장 알맞은 것은?

① 군포시　　　　　② 오산시
③ 안산시　　　　　④ 양평군

해 UN군초전기념관은 오산시에 위치한다.
답 ②

Q008

다음 중 [고려호텔]이 위치한 시/군으로 가장 알맞은 것은?

① 성남시　　　　　② 용인시
③ 남양주시　　　　④ 부천시

해 고려호텔은 부천시에 위치한다.
답 ④

Q009

다음 중 [수원시외버스터미널]이 위치한 시/군으로 가장 알맞은 것은?

① 수원시　　　　　② 화성시
③ 남양주시　　　　④ 양평군

해 수원시외버스터미널은 수원시에 위치한다.
답 ①

Q010

다음 중 [서울대공원(서울랜드 인근)]이 위치한 시/군으로 가장 알맞은 것은?

① 광주시　　　　　② 이천시
③ 과천시　　　　　④ 의왕시

해 서울대공원(서울랜드 인근)은 과천시에 위치한다.
답 ③

Q011

다음 중 [PMC박병원]이 위치한 시/군으로 가장 알맞은 것은?

① 파주시　　　　　② 안산시
③ 가평군　　　　　④ 평택시

해 PMC박병원은 평택시에 위치한다.
답 ④

Q012

다음 중 [수종사]가 위치한 시/군으로 가장 알맞은 것은?

① 파주시　　　　　② 평택시
③ 이천시　　　　　④ 남양주시

해 수종사는 남양주시에 위치한다.
답 ④

Q013

다음 중 [평택역]이 위치한 시/군으로 가장 알맞은 것은?

① 오산시　　　　② 평택시
③ 군포시　　　　④ 광명시

해 평택역은 평택시에 위치한다.
답 ②

Q014

다음 중 [베어스타운]이 위치한 시/군으로 가장 알맞은 것은?

① 의왕시　　　　② 수원시
③ 하남시　　　　④ 포천시

해 베어스타운은 포천시에 위치한다.
답 ④

Q015

다음 중 [미란다호텔]이 위치한 시/군으로 가장 알맞은 것은?

① 파주시　　　　② 이천시
③ 안산시　　　　④ 시흥시

해 미란다호텔은 이천시에 위치한다.
답 ②

Q016

다음 중 [더트리니어반스위트]가 위치한 시/군으로 가장 알맞은 것은?

① 용인시　　　　② 안산시
③ 여주시　　　　④ 가평군

해 더트리니어반스위트는 용인시에 위치한다.
답 ①

Q017

다음 중 [동수원병원]이 위치한 시/군으로 가장 알맞은 것은?

① 수원시　　　　② 포천시
③ 안성시　　　　④ 광주시

해 동수원병원은 수원시에 위치한다.
답 ①

Q018

다음 중 [마이다스호텔 & 리조트]가 위치한 시/군으로 가장 알맞은 것은?

① 광명시　　　　② 시흥시
③ 가평군　　　　④ 오산시

해 마이다스호텔 & 리조트는 가평군에 위치한다.
답 ③

Q019

다음 중 [킨텍스]가 위치한 시/군으로 가장 알맞은 것은?

① 고양시　　　　　② 이천시
③ 포천시　　　　　④ 광명시

해 킨텍스는 고양시에 위치한다.
답 ①

Q020

다음 중 [도자기 축제·도예마을]이 위치한 시/군으로 가장 알맞은 것은?

① 이천시　　　　　② 안양시
③ 고양시　　　　　④ 오산시

해 도자기 축제·도예마을은 이천시에 위치한다.
답 ①

Q021

다음 중 [수원시]와 가장 관련이 깊은 장소로 알맞은 것은?

① 밀리토피아호텔 바이마린
② 스타필드
③ PMC박병원
④ 동수원병원

해 동수원병원은 수원시의 대표 키워드/시설로 정리된다.
답 ④

Q022

다음 중 [파주시]와 가장 관련이 깊은 장소로 알맞은 것은?

① 굿모닝병원
② 자유로-통일로 만나는 지점(문산읍 부근)
③ 미란다호텔
④ 분당 정자동·서현역 상권

해 자유로-통일로 만나는 지점(문산읍 부근)은 파주시의 대표 키워드/시설로 정리된다.
답 ②

Q023

다음 중 [평택시]와 가장 관련이 깊은 장소로 알맞은 것은?

① 아주대학교병원　　② PMC박병원
③ 연무시장　　　　　④ 더트리니어반스위트

해 PMC박병원은 평택시의 대표 키워드/시설로 정리된다.
답 ②

Q024

다음 중 [가평군]과 가장 관련이 깊은 장소로 알맞은 것은?

① 더트리니어반스위트
② 미사경정공원(미사리 조정경기장)
③ 마이다스호텔 & 리조트
④ 킨텍스

해 마이다스호텔 & 리조트는 가평군의 대표 키워드/시설로 정리된다.
답 ③

Q025

다음 중 [하남시]와 가장 관련이 깊은 장소로 알맞은
것은?

① 오산역　　　　　② 허브아일랜드
③ 스타필드　　　　④ 더트리니어반스위트

해 스타필드는 하남시의 대표 키워드/시설로 정리된다.
답 ③

Q026

다음 중 [이천시]와 가장 관련이 깊은 장소로 알맞은
것은?

① 남한산성도립공원(남한산성)
② 가톨릭대학교 성빈센트병원
③ 임진각
④ 미란다호텔

해 미란다호텔은 이천시의 대표 키워드/시설로 정리된다.
답 ④

Q027

다음 중 [포천시]와 가장 관련이 깊은 장소로 알맞은
것은?

① 수원역　　　　　② 미란다호텔
③ 에버랜드　　　　④ 허브아일랜드

해 허브아일랜드는 포천시의 대표 키워드/시설로 정리
　 된다.
답 ④

Q028

다음 중 [부천시]와 가장 관련이 깊은 장소로 알맞은
것은?

① 강남대학교
② 서울대공원(서울랜드 인근)
③ 고려호텔
④ 평택역

해 고려호텔은 부천시의 대표 키워드/시설로 정리된다.
답 ③

Q029

다음 중 [용인시]와 가장 관련이 깊은 장소로 알맞은
것은?

① 수원시외버스터미널　　② 마성IC
③ 독산성　　　　　　　　④ 오산교육지원청

해 마성IC는 용인시의 대표 키워드/시설로 정리된다.
답 ②

Q030

다음 중 [성남시]와 가장 관련이 깊은 장소로 알맞은
것은?

① 수원시외버스터미널
② 독산성
③ 안중전통시장
④ 밀리토피아호텔 바이마린

해 밀리토피아호텔 바이마린은 성남시의 대표 키워드/
　 시설로 정리된다.
답 ④

Q031

다음 중 [중부내륙고속도로]의 경기도 통과 구간(정리)에 포함되는 도시는?

① 의왕시 ② 시흥시
③ 양평군 ④ 용인시

해 중부내륙고속도로 경기도 구간에는 양평군, 여주시 등이 포함되어 양평군도 해당한다.

답 ③

Q032

다음 중 [제2경인고속도로]의 경기도 통과 구간(정리)에 포함되는 도시는?

① 양평군 ② 남양주시
③ 안산시 ④ 광명시

해 제2경인고속도로 경기도 구간에는 시흥시, 광명시, 안양시 등이 포함되어 광명시도 해당한다.

답 ④

Q033

다음 중 [중부고속도로]의 경기도 통과 구간(정리)에 포함되는 도시는?

① 안양시 ② 하남시
③ 파주시 ④ 안산시

해 중부고속도로 경기도 구간에는 하남시, 광주시, 이천시, 안성시 등이 포함되어 하남시도 해당한다.

답 ②

Q034

다음 보기에서 [제2경인고속도로]의 경기도 통과 구간(정리)에 포함되는 도시는?

① 시흥시 ② 남양주시
③ 용인시 ④ 부천시

해 제2경인고속도로 경기도 구간에는 시흥시, 광명시, 안양시 등이 포함되어 시흥시도 해당한다.

답 ①

Q035

다음 중 [경부고속도로]의 경기도 통과 구간(정리)에 포함되는 도시는?

① 성남시 ② 의왕시
③ 여주시 ④ 화성시

해 경부고속도로 경기도 구간에는 성남시, 수원시, 오산시, 안성시 등이 포함되어 성남시도 해당한다.

답 ①

Q036

보기 중 [제2경인고속도로]의 경기도 통과 구간(정리)에 포함되는 도시는?

① 수원시 ② 파주시
③ 여주시 ④ 시흥시

해 제2경인고속도로 경기도 구간에는 시흥시, 광명시, 안양시 등이 포함되어 시흥시도 해당한다.

답 ④

Q037

다음 보기에서 [경부고속도로]의 경기도 통과 구간(정리)에 포함되는 도시는?

① 성남시   ② 시흥시
③ 여주시   ④ 의왕시

해 경부고속도로 경기도 구간에는 성남시, 수원시, 오산시, 안성시 등이 포함되어 성남시도 해당한다.

답 ①

Q038

다음 중 [용인서울고속도로]의 경기도 통과 구간(정리)에 포함되는 도시는?

① 부천시   ② 용인시
③ 안성시   ④ 포천시

해 용인서울고속도로 경기도 구간에는 용인시, 수원시, 성남시 등이 포함되어 용인시도 해당한다.

답 ②

Q039

다음 중 [경인고속도로]의 경기도 통과 구간(정리)에 포함되는 도시는?

① 의왕시   ② 화성시
③ 부천시   ④ 안성시

해 경인고속도로 경기도 구간에는 부천시 등이 포함되어 부천시도 해당한다.

답 ③

Q040

다음 중 [영동고속도로]의 경기도 통과 구간(정리)에 포함되는 도시는?

① 안산시   ② 하남시
③ 평택시   ④ 가평군

해 영동고속도로 경기도 구간에는 시흥시, 안산시, 군포시, 수원시, 용인시, 여주시 등이 포함되어 안산시도 해당한다.

답 ①

Q041

다음 통과 도시 조합과 가장 관련이 깊은 고속도로는?

시흥시 - 군포시 - 용인시

① 제2경인고속도로   ② 용인서울고속도로
③ 영동고속도로   ④ 중부고속도로

해 제시된 도시 조합(시흥시 - 군포시 - 용인시)은 영동고속도로 경기도 구간 정리에 포함된다.

답 ③

Q042

다음 통과 도시 조합과 가장 관련이 깊은 고속도로는?

성남시 - 오산시 - 안성시

① 서해안고속도로   ② 경부고속도로
③ 용인서울고속도로   ④ 중부내륙고속도로

해 제시된 도시 조합(성남시 - 오산시 - 안성시)은 경부고속도로 경기도 구간 정리에 포함된다.

답 ②

Q043

다음 통과 도시 조합과 가장 관련이 깊은 고속도로는?

시흥시 - 광명시 - 안양시

① 중부고속도로 ② 서해안고속도로
③ 경부고속도로 ④ 제2경인고속도로

해 제시된 도시 조합(시흥시 - 광명시 - 안양시)은 제2경인고속도로 경기도 구간 정리에 포함된다.

답 ④

Q044

다음 통과 도시 조합과 가장 관련이 깊은 고속도로는?

성남시 - 수원시 - 오산시

① 중부고속도로 ② 제2경인고속도로
③ 영동고속도로 ④ 경부고속도로

해 제시된 도시 조합(성남시 - 수원시 - 오산시)은 경부고속도로 경기도 구간 정리에 포함된다.

답 ④

Q045

제시된 통과 도시 조합과 가장 관련이 깊은 고속도로는?

성남시 - 오산시 - 안성시

① 서해안고속도로 ② 용인서울고속도로
③ 경부고속도로 ④ 경인고속도로

해 제시된 도시 조합(성남시 - 오산시 - 안성시)은 경부고속도로 경기도 구간 정리에 포함된다.

답 ③

Q046

제시된 통과 도시 조합과 가장 관련이 깊은 고속도로는?

성남시 - 수원시 - 오산시

① 경부고속도로 ② 중부고속도로
③ 제2경인고속도로 ④ 서해안고속도로

해 제시된 도시 조합(성남시 - 수원시 - 오산시)은 경부고속도로 경기도 구간 정리에 포함된다.

답 ①

Q047

다음 통과 도시 조합과 가장 관련이 깊은 고속도로는?

용인시 - 수원시 - 성남시

① 경인고속도로 ② 중부고속도로
③ 중부내륙고속도로 ④ 용인서울고속도로

해 제시된 도시 조합(용인시 - 수원시 - 성남시)은 용인서울고속도로 경기도 구간 정리에 포함된다.

답 ④

Q048

다음 통과 도시 조합과 가장 관련이 깊은 고속도로는?

하남시 - 광주시 - 이천시

① 경부고속도로 ② 경인고속도로
③ 제2경인고속도로 ④ 중부고속도로

해 제시된 도시 조합(하남시 - 광주시 - 이천시)은 중부고속도로 경기도 구간 정리에 포함된다.

답 ④

Q049

제시된 통과 도시 조합과 가장 관련이 깊은 고속도로는?

시흥시 - 광명시 - 안양시

① 경인고속도로　　　② 제2경인고속도로
③ 중부고속도로　　　④ 서해안고속도로

해 제시된 도시 조합(시흥시 - 광명시 - 안양시)은 제2
경인고속도로 경기도 구간 정리에 포함된다.

답 ②

Q050

다음 통과 도시 조합과 가장 관련이 깊은 고속도로는?

시흥시 - 군포시 - 여주시

① 중부내륙고속도로　　② 제2경인고속도로
③ 중부고속도로　　　④ 영동고속도로

해 제시된 도시 조합(시흥시 - 군포시 - 여주시)은 영동
고속도로 경기도 구간 정리에 포함된다.

답 ④

Q051

**간선도로 [경수대로]의 통과 구간(정리)에 포함되는 행
정구역으로 옳은 것은?**

① 양평군　　　　　② 포천시
③ 안양시　　　　　④ 가평군

해 경수대로는 안양시, 의왕시, 수원시, 화성시 등을 통과
하는 노선으로 정리되며 안양시도 포함된다.

답 ③

Q052

**간선도로 [수인로(수인산업도로)]의 통과 구간(정리)에
포함되는 행정구역으로 옳은 것은?**

① 화성시　　　　　② 수원시
③ 광주시　　　　　④ 성남시

해 수인로(수인산업도로)는 인천시, 시흥시, 안산시, 수
원시 등을 통과하는 노선으로 정리되며 수원시도 포
함된다.

답 ②

Q053

**아래 보기 중 간선도로 [수인로(수인산업도로)]의 통과
구간(정리)에 포함되는 행정구역으로 옳은 것은?**

① 광주시　　　　　② 화성시
③ 시흥시　　　　　④ 고양시

해 수인로(수인산업도로)는 인천시, 시흥시, 안산시, 수
원시 등을 통과하는 노선으로 정리되며 시흥시도 포
함된다.

답 ③

Q054

**아래 보기 중 간선도로 [경수대로]의 통과 구간(정리)
에 포함되는 행정구역으로 옳은 것은?**

① 양평군　　　　　② 성남시
③ 수원시　　　　　④ 평택시

해 경수대로는 안양시, 의왕시, 수원시, 화성시 등을 통과
하는 노선으로 정리되며 수원시도 포함된다.

답 ③

Q055

간선도로 [중부대로]의 통과 구간(정리)에 포함되는 행정구역으로 옳은 것은?

① 성남시　　　　　② 여주시
③ 하남시　　　　　④ 안성시

해 중부대로는 수원시, 용인시, 이천시, 여주시 등을 통과하는 노선으로 정리되며 여주시도 포함된다.

답 ②

Q056

아래 보기 중 간선도로 [중부대로]의 통과 구간(정리)에 포함되는 행정구역으로 옳은 것은?

① 군포시　　　　　② 남양주시
③ 성남시　　　　　④ 여주시

해 중부대로는 수원시, 용인시, 이천시, 여주시 등을 통과하는 노선으로 정리되며 여주시도 포함된다.

답 ④

Q057

다음 통과 구간 설명과 가장 관련이 깊은 것은?

용인시 - 이천시 - 여주시

① 경수대로　　　　② 중부대로
③ 중부내륙고속도로　④ 수인로(수인산업도로)

해 용인시 - 이천시 - 여주시 구간은 중부대로 통과 구간 정리와 일치한다.

답 ②

Q058

다음 통과 구간 설명과 가장 관련이 깊은 것은?

수원시 - 용인시 - 이천시

① 수인로(수인산업도로)　② 중부대로
③ 경수대로　　　　④ 영동고속도로

해 수원시 - 용인시 - 이천시 구간은 중부대로 통과 구간 정리와 일치한다.

답 ②

Q059

다음 통과 구간 설명과 가장 관련이 깊은 것은?

수원시 - 용인시 - 이천시

① 수인로(수인산업도로)
② 제2경인고속도로
③ 중부대로
④ 경수대로

해 수원시 - 이천시 - 여주시 구간은 중부대로 통과 구간 정리와 일치한다.

답 ③

Q060

다음 통과 구간 설명과 가장 관련이 깊은 것은?

인천시 - 시흥시 - 안산시

① 경수대로　　　　② 서해안고속도로
③ 중부대로　　　　④ 수인로(수인산업도로)

해 인천시 - 시흥시 - 안산시 구간은 수인로(수인산업도로) 통과 구간 정리와 일치한다.

답 ④

Q061

다음 중 [고양시]에 속하지 않는 것은?

① 행주산성　　　　② 한국항공대학교
③ 킨텍스　　　　　④ 물향기수목원

🈐 물향기수목원은 고양시 소속이 아니라 다른 지역의 항목이다.

🈁 ④

Q062

다음 중 [용인시]에 속하지 않는 것은?

① 강남대학교
② 서울대공원(서울랜드 인근)
③ 이동저수지
④ 에버랜드

🈐 서울대공원(서울랜드 인근)은 용인시 소속이 아니라 다른 지역의 항목이다.

🈁 ②

Q063

다음 중 [수원시]에 속하지 않는 것은?

① 연무시장　　　　② UN군초전기념관
③ 수원역전시장　　④ 수원역

🈐 UN군초전기념관은 수원시 소속이 아니라 다른 지역의 항목이다.

🈁 ②

Q064

다음 중 [오산시]에 속하지 않는 것은?

① 조은오산병원
② 오산역
③ 독산성
④ 분당 정자동·서현역 상권

🈐 분당 정자동·서현역 상권은 오산시 소속이 아니라 다른 지역의 항목이다.

🈁 ④

Q065

다음 중 [평택시]에 속하지 않는 것은?

① 평택역　　　　　② 안중전통시장
③ 연무시장　　　　④ 박애병원

🈐 연무시장은 평택시 소속이 아니라 다른 지역의 항목이다.

🈁 ③

Q066

다음 중 [부천시]에 속하지 않는 것은?

① BIFAN(국제판타스틱영화제)
② 더트리니어반스위트
③ 고려호텔
④ 폴라리스호텔

🈐 더트리니어반스위트는 부천시 소속이 아니라 다른 지역의 항목이다.

🈁 ②

Q067

다음 중 [성남시]에 속하지 않는 것은?

① 판교테크노밸리
② 밀리토피아호텔 바이마린
③ 임진각
④ 분당 정자동·서현역 상권

해 임진각은 성남시 소속이 아니라 다른 지역의 항목이다.
답 ③

Q068

아래 보기 중 [고양시]에 속하지 않는 것은?

① 킨텍스
② 한국항공대학교
③ 행주산성
④ 남한산성도립공원(남한산성)

해 남한산성도립공원(남한산성)은 고양시 소속이 아니라 다른 지역의 항목이다.
답 ④

Q069

아래 보기 중 [용인시]에 속하지 않는 것은?

① 더트리니어반스위트　② 강남대학교
③ 에버랜드　④ 베어스타운

해 베어스타운은 용인시 소속이 아니라 다른 지역의 항목이다.
답 ④

Q070

아래 보기 중 [수원시]에 속하지 않는 것은?

① 아주대학교병원
② 미란다호텔
③ 수원시외버스터미널
④ 가톨릭대학교 성빈센트병원

해 미란다호텔은 수원시 소속이 아니라 다른 지역의 항목이다.
답 ②

Q071

다음 중 같은 시/군에 속하는 조합으로 가장 알맞은 것은?

① 한국항공대학교 · 도자기 축제·도예마을
② 수종사 · 자유로-통일로 만나는 지점(문산읍 부근)
③ 광명KTX역 · 남한산성도립공원(남한산성)
④ 임진각 · 자유로-통일로 만나는 지점(문산읍 부근)

해 임진각과 자유로-통일로 만나는 지점(문산읍 부근)은 모두 파주시에 속한다.
답 ④

Q072

(변형2)

다음 중 같은 시/군에 속하는 조합으로 가장 알맞은 것은?

① 고려호텔 · 대부도(대부도 관광권)
② 남한산성도립공원(남한산성) · 광명KTX역
③ 미란다호텔 · 고려호텔
④ 에버랜드 · 더트리니어반스위트

해 에버랜드와 더트리니어반스위트는 모두 용인시에 속한다.
답 ④

Q073 (변형3)

다음 중 같은 시/군에 속하는 조합으로 가장 알맞은 것은?

① 더트리니어반스위트 · 킨텍스
② 분당 정자동·서현역 상권 · 수종사
③ 킨텍스 · 굿모닝병원
④ 마이다스호텔 & 리조트 · 아침고요수목원

해 마이다스호텔 & 리조트와 아침고요수목원은 모두 가평군에 속한다.

답 ④

Q074 (변형4)

다음 중 같은 시/군에 속하는 조합으로 가장 알맞은 것은?

① 대부도(대부도 관광권) · 행주산성
② 임진각 · 분당 정자동·서현역 상권
③ 오산교육지원청 · 광명KTX역
④ 밀리토피아호텔 바이마린 · 판교테크노밸리

해 밀리토피아호텔 바이마린과 판교테크노밸리는 모두 성남시에 속한다.

답 ④

Q075 (변형5)

다음 중 같은 시/군에 속하는 조합으로 가장 알맞은 것은?

① 수원역전시장 · 왕송호수 레일바이크
② 독산성 · 마이다스호텔 & 리조트
③ 판교테크노밸리 · 두물머리
④ 이동저수지 · 더트리니어반스위트

해 이동저수지와 더트리니어반스위트는 모두 용인시에 속한다.

답 ④

Q076 (변형6)

다음 중 같은 시/군에 속하는 조합으로 가장 알맞은 것은?

① 자유로-통일로 만나는 지점(문산읍 부근) · 임진각
② 대부도(대부도 관광권) · 임진각
③ 두물머리 · 서울대공원(서울랜드 인근)
④ 굿모닝병원 · 미사경정공원(미사리 조정경기장)

해 자유로-통일로 만나는 지점(문산읍 부근)과 임진각은 모두 파주시에 속한다.

답 ①

Q077 (변형7)

다음 중 같은 시/군에 속하는 조합으로 가장 알맞은 것은?

① 고려호텔 · 광명KTX역
② 미란다호텔 · 고려호텔
③ 조은오산병원 · 오산교육지원청
④ 판교테크노밸리 · 자유로-통일로 만나는 지점(문산읍 부근)

해 조은오산병원과 오산교육지원청은 모두 오산시에 속한다.

답 ③

Q078

(변형8)

다음 중 같은 시/군에 속하는 조합으로 가장 알맞은 것은?

① 수종사 · 스타필드
② 수원시외버스터미널 · 아침고요수목원
③ 폴라리스호텔 · BIFAN(국제판타스틱영화제)
④ 서울대공원(서울랜드 인근) · 대부도(대부도 관광권)

해 폴라리스호텔과 BIFAN(국제판타스틱영화제)은 모두 부천시에 속한다.

답 ③

Q079

(변형9)

다음 중 같은 시/군에 속하는 조합으로 가장 알맞은 것은?

① 남한산성도립공원(남한산성) · 자유로-통일로 만나는 지점(문산읍 부근)
② 아침고요수목원 · 마이다스호텔 & 리조트
③ 수종사 · 오산역
④ 두물머리 · BIFAN(국제판타스틱영화제)

해 아침고요수목원과 마이다스호텔 & 리조트는 모두 가평군에 속한다.

답 ②

Q080

(변형10)

다음 중 같은 시/군에 속하는 조합으로 가장 알맞은 것은?

① 베어스타운 · 아침고요수목원
② 세마대지 · 오산역
③ 서울대공원(서울랜드 인근) · 임진각
④ 광명KTX역 · 마이다스호텔 & 리조트

해 세마대지와 오산역은 모두 오산시에 속한다.

답 ②

Q081

[용인서울고속도로]의 경기도 구간을 책의 정리 순서대로 보았을 때, [수원시] 다음에 오는 도시는?

① 평택시 　　　　② 군포시
③ 양평군 　　　　④ 성남시

해 용인서울고속도로 정리 순서는 용인시, 수원시, 성남시이며 수원시 다음은 성남시이다.

답 ④

Q082

(변형2)

[용인서울고속도로]의 경기도 구간을 책의 정리 순서대로 보았을 때, [수원시] 다음에 오는 도시는?

① 부천시 　　　　② 성남시
③ 안양시 　　　　④ 안성시

해 용인서울고속도로 정리 순서는 용인시, 수원시, 성남시이며 수원시 다음은 성남시이다.

답 ②

Q083

[영동고속도로]의 경기도 구간을 책의 정리 순서대로 보았을 때, [시흥시] 다음에 오는 도시는?

① 이천시 　　　　② 안산시
③ 안성시 　　　　④ 수원시

해 영동고속도로 정리 순서는 시흥시, 안산시, 군포시, 수원시, 용인시, 여주시이며 시흥시 다음은 안산시이다.

답 ②

Q084

[제2경인고속도로]의 경기도 구간을 책의 정리 순서대로 보았을 때, [시흥시] 다음에 오는 도시는?

① 수원시   ② 광명시
③ 화성시   ④ 부천시

해 제2경인고속도로 정리 순서는 시흥시, 광명시, 안양시이며 시흥시 다음은 광명시이다.

답 ②

Q085

[용인서울고속도로]의 경기도 구간을 책의 정리 순서대로 보았을 때, [용인시] 다음에 오는 도시는?

① 시흥시   ② 안성시
③ 하남시   ④ 수원시

해 용인서울고속도로 정리 순서는 용인시, 수원시, 성남시이며 용인시 다음은 수원시이다.

답 ④

Q086

[서해안고속도로]의 경기도 구간을 책의 정리 순서대로 보았을 때, [화성시] 다음에 오는 도시는?

① 평택시   ② 의왕시
③ 오산시   ④ 용인시

해 서해안고속도로 정리 순서는 광명시, 안산시, 화성시, 평택시이며 화성시 다음은 평택시이다.

답 ①

Q087   (변형2)

[서해안고속도로]의 경기도 구간을 책의 정리 순서대로 보았을 때, [화성시] 다음에 오는 도시는?

① 평택시   ② 수원시
③ 파주시   ④ 포천시

해 서해안고속도로 정리 순서는 광명시, 안산시, 화성시, 평택시이며 화성시 다음은 평택시이다.

답 ①

Q088   (변형2)

[제2경인고속도로]의 경기도 구간을 책의 정리 순서대로 보았을 때, [시흥시] 다음에 오는 도시는?

① 양평군   ② 광주시
③ 안성시   ④ 광명시

해 제2경인고속도로 정리 순서는 시흥시, 광명시, 안양시이며 시흥시 다음은 광명시이다.

답 ④

Q089

다음 중 고속도로와 경기도 통과 도시의 연결이 옳은 것은?

① 경부고속도로 ↔ 가평군
② 서해안고속도로 ↔ 성남시
③ 서해안고속도로 ↔ 화성시
④ 중부고속도로 ↔ 안산시

해 화성시는 서해안고속도로 경기도 구간 정리에 포함된다.

답 ③

Q090 (변형2)

다음 중 고속도로와 경기도 통과 도시의 연결이 옳은 것은?

① 중부고속도로 ↔ 하남시
② 경인고속도로 ↔ 파주시
③ 경인고속도로 ↔ 군포시
④ 중부고속도로 ↔ 군포시

해 하남시는 중부고속도로 경기도 구간 정리에 포함된다.
답 ①

Q091 (변형3)

다음 중 고속도로와 경기도 통과 도시의 연결이 옳은 것은?

① 제2경인고속도로 ↔ 광명시
② 중부고속도로 ↔ 여주시
③ 서해안고속도로 ↔ 안양시
④ 제2경인고속도로 ↔ 여주시

해 광명시는 제2경인고속도로 경기도 구간 정리에 포함된다.
답 ①

Q092 (변형4)

다음 중 고속도로와 경기도 통과 도시의 연결이 옳은 것은?

① 중부고속도로 ↔ 이천시
② 서해안고속도로 ↔ 수원시
③ 중부고속도로 ↔ 의왕시
④ 영동고속도로 ↔ 화성시

해 이천시는 중부고속도로 경기도 구간 정리에 포함된다.
답 ①

Q093 (변형5)

다음 중 고속도로와 경기도 통과 도시의 연결이 옳은 것은?

① 영동고속도로 ↔ 시흥시
② 중부내륙고속도로 ↔ 안산시
③ 영동고속도로 ↔ 평택시
④ 경인고속도로 ↔ 여주시

해 시흥시는 영동고속도로 경기도 구간 정리에 포함된다.
답 ①

Q094 (변형6)

다음 중 고속도로와 경기도 통과 도시의 연결이 옳은 것은?

① 경부고속도로 ↔ 화성시
② 경부고속도로 ↔ 수원시
③ 용인서울고속도로 ↔ 양평군
④ 영동고속도로 ↔ 부천시

해 수원시는 경부고속도로 경기도 구간 정리에 포함된다.
답 ②

Q095 (동명 함정 문제)

다음 중 '광명(시)'과 가장 관련이 깊은 키워드는?

① 킨텍스
② 판교테크노밸리
③ 남한산성도립공원(남한산성)
④ 광명KTX역

해 광명KTX역은 광명시로 정리되는 대표 교통거점이다.
답 ④

Q096

문서에서 '서울 지명처럼 들리는 경기 지역(판교/분당)'의 예시로 묶여 나온 도시는?

① 수원시 ② 성남시
③ 광명시 ④ 하남시

해 판교/분당은 성남시 권역 예시로 정리된다.

답 ②

Q097

(동명 함정 문제)

다음 중 '광주(경기)'와 가장 관련이 깊은 것은?

① 수원역
② 광명KTX역
③ 남한산성도립공원(남한산성)
④ 평택역

해 남한산성은 경기도 광주시 일대와 관련이 깊다.

답 ③

Q098

다음 중 [마이다스호텔 & 리조트]의 소재지(시/군)로 가장 알맞은 것은?

① 광명시 ② 광주시
③ 성남시 ④ 가평군

해 마이다스호텔 & 리조트는 가평군에 속하는 시설로 정리된다.

답 ④

Q099

다음 중 [밀리토피아호텔 바이마린]의 소재지(시/군)로 가장 알맞은 것은?

① 성남시 ② 안성시
③ 용인시 ④ 안산시

해 밀리토피아호텔 바이마린은 성남시에 속하는 시설로 정리된다.

답 ①

Q100

다음 중 [미란다호텔]의 소재지(시/군)로 가장 알맞은 것은?

① 이천시 ② 오산시
③ 하남시 ④ 부천시

해 미란다호텔은 이천시에 속하는 시설로 정리된다.

답 ①

CHAPTER 3

인천 (100 문항)

인천 ▶ 기본 개념 · 이론 정리

학습 방향 :

- 인천은 '구 + 군(강화군/옹진군)' 구조가 핵심이다.
- 공항·항만·송도(연수구)·청라(서구)·섬(옹진/강화) 축으로 정리한다.

A 공항·항만·터미널(거점)

- 인천종합버스터미널 — 미추홀구
- 인천항 국제여객터미널 — 연수구
- 인천국제공항 여객터미널 — 중구
- 인천항 연안여객터미널 — 중구
- 인아라뱃길 여객터미널 — 서구

B 주요 교량(섬/국제공항/송도 연결)

- **무의대교**: 중구 무의도 ↔ 중구 잠진도
- **영종대교**: 중구 운북동 ↔ 서구 경서동
- **인천대교**: 중구 운서동 ↔ 연수구 송도동
- **교동대교**: 강화군 교동도 ↔ 강화군 양서면
- **석모대교**: 강화군 석모도 ↔ 강화군 내가면
- **강화대교**: 강화군 강화읍 ↔ 김포시 월곶면
- **초지대교**: 강화군 길상면 ↔ 김포시 대곶면
- **영흥대교**: 옹진군 영흥도 ↔ 옹진군 선재도
- **선재대교**: 옹진군 선재도 ↔ 안산시 대부도

C 구·군별 대표 명소(출제용 키워드)

- **연수구**: 인천도시역사관, 인천상륙작전기념관, 능허대공원, 아암도해안공원, 인천시립박물관
- **서구**: 검단선사박물관, 청라중앙호수공원, 인천아시아드주경기장, 콜롬비아군참전기념비
- **남동구**: 인천대공원, 소래포구, 약사사
- **동구**: 배다리 성냥마을박물관, 수도국산달동네박물관, 도깨비시장, 화도진지, 작약도
- **부평구**: 부평공원, 부평역사박물관, 인천나비공원, 인천삼산월드체육관, 인천가족공원
- **미추홀구**: 송암미술관, 인천문학경기장, 인천향교, 문학산
- **계양구**: 호텔카리스, 반도호텔, 캐피탈관광호텔, 계양산, 계양산성
- **강화군**: 교동대룡리시장, 마니산, 동막해수욕장, 보문사
- **옹진군**: 백령도, 대청도, 연평도, 두무진, 십리해수욕장, 자월도, 모도

D 대학·캠퍼스(구 단위)

- **계양구**: 경인교육대학교, 경인여자대학교
- **동구**: 인천재능대학
- **미추홀구**: 인하공업전문대학
- **남동구**: 한국방송통신대학교 인천지역대학
- **연수구**: 연세대 국제캠퍼스, 인천대 송도캠퍼스, 가천대 메디컬캠퍼스, 인천가톨릭대 송도국제캠퍼스

E 자주 나오는 함정

- '송도'는 연수구(송도동)로 고정 출제되는 편이라, 공항(중구)과 세트로 묶여 나온다.
- 강화·옹진은 '섬 이름 ↔ 면(面)' 형태로 변형 출제되므로, 군 단위부터 확실히 잡는다.

Q001

[영종대교]

다음 교량이 연결하는 주요 구간으로 가장 알맞은 것은?

① 중구 운서동 - 연수구 송도동
② 중구 운북동 - 서구 경서동
③ 중구 무의도 - 중구 잠진도
④ 강화군 길상면 - 김포시 대곶면

해 영종대교는 중구 운북동 - 서구 경서동 구간을 연결한다.

답 ②

Q002

다음 중 '인천항 국제여객터미널'과 같은 자치구에 속하는 것은?

① 반도호텔
② 인천도시역사관
③ 인천가족공원
④ 인천나비공원

해 인천항 국제여객터미널과 같은 자치구의 예로 인천도시역사관을 들 수 있다.

답 ②

Q003

다음 중 인천 동구와 가장 관련이 깊은 곳은?

① 인천삼산월드체육관
② 능허대공원
③ 작약도
④ 인천국제공항 여객터미널

해 작약도는 인천 동구 대표 항목으로 정리된다.

답 ③

Q004

다음 중 같은 자치구(또는 같은 군)에 속하는 조합으로 가장 알맞은 것은?

① 인천문학경기장 + 인천향교
② 대청도 + 잠진도
③ 연세대 국제캠퍼스 + 수도국산달동네박물관
④ 인천국제공항(중구·영종) + 인하공업전문대학

해 인천문학경기장과 인천향교는 같은 행정구역(미추홀구)에 속한다.

답 ①

Q005

다음 중 옹진군(섬 지역)에 속하는 것으로 가장 알맞은 것은?

① 자월도
② 배다리 성냥마을박물관
③ 인천나비공원
④ 송암미술관

해 자월도는 인천 옹진군에 속하는 섬/지역이다.

답 ①

Q006

다음 중 인천 남동구에 속하는 대학/캠퍼스로 가장 알맞은 것은?

① 한국방송통신대학교 인천지역대학
② 인천재능대학
③ 인하공업전문대학
④ 경인여자대학교

해 한국방송통신대학교 인천지역대학은 인천 남동구 권역으로 정리된다.

답 ①

Q007

[인천대교]

다음 교량이 연결하는 주요 구간으로 가장 알맞은 것은?

① 중구 운서동 - 연수구 송도동
② 강화군 길상면 - 김포시 대곶면
③ 중구 운북동 - 서구 경서동
④ 강화군 교동도 - 강화군 양서면

해 인천대교는 중구 운서동 - 연수구 송도동 구간을 연결한다.

답 ①

Q008

다음 중 '인천항 연안여객터미널'과 같은 자치구에 속하는 것은?

① 능허대공원
② 송도국제도시
③ 인천국제공항 여객터미널
④ 인천향교

해 인천항 연안여객터미널과 같은 자치구의 예로 인천국제공항 여객터미널을 들 수 있다.

답 ③

Q009

다음 중 인천 서구와 가장 관련이 깊은 곳은?

① 인천아시아드주경기장
② 부평역
③ 인천가족공원
④ 인천상륙작전기념관

해 인천아시아드주경기장은 인천 서구 대표 항목으로 정리된다.

답 ①

Q010

다음 중 같은 자치구(또는 같은 군)에 속하는 조합으로 가장 알맞은 것은?

① 계양산 + 청라중앙호수공원
② 백령도 + 영흥도
③ 문학산 + 경인여자대학교
④ 송암미술관 + 영흥도

해 백령도과 영흥도는 같은 행정구역(옹진군)에 속한다.

답 ②

Q011

다음 중 옹진군(섬 지역)에 속하는 것으로 가장 알맞은 것은?

① 약사사　　　　　② 월미도
③ 작약도　　　　　④ 백령도

해 백령도는 인천 옹진군에 속하는 섬/지역이다.

답 ④

Q012

다음 중 인천 계양구에 속하는 대학/캠퍼스로 가장 알맞은 것은?

① 한국방송통신대학교 인천지역대학
② 가천대 메디컬캠퍼스
③ 경인교육대학교
④ 인천대 송도캠퍼스

해 경인교육대학교는 인천 계양구 권역으로 정리된다.

답 ③

Q013

[무의대교]

다음 교량이 연결하는 주요 구간으로 가장 알맞은 것은?

① 중구 무의도 - 중구 잠진도
② 옹진군 영흥도 - 옹진군 선재도
③ 중구 운북동 - 서구 경서동
④ 옹진군 선재도 - 안산시 대부도

해 무의대교는 중구 무의도 - 중구 잠진도 구간을 연결한다.

답 ①

Q014

다음 중 '인천종합버스터미널'과 같은 자치구에 속하는 것은?

① 반도호텔
② 인천역
③ 배다리 성냥마을박물관
④ 송암미술관

해 인천종합버스터미널과 같은 자치구의 예로 송암미술관을 들 수 있다.

답 ④

Q015

다음 중 인천 계양구와 가장 관련이 깊은 곳은?

① 계양산
② 인아라뱃길 여객터미널
③ 인천항 국제여객터미널
④ 약사사

해 계양산은 인천 계양구 대표 항목으로 정리된다.

답 ①

Q016

다음 중 같은 자치구(또는 같은 군)에 속하는 조합으로 가장 알맞은 것은?

① 청라국제도시 + 청라중앙호수공원
② 가천대 메디컬캠퍼스 + 검단선사박물관
③ 배다리 성냥마을박물관 + 선재도
④ 두무진 + 인천광역시청

해 청라국제도시과 청라중앙호수공원은 같은 행정구역(서구)에 속한다.

답 ①

Q017

다음 중 옹진군(섬 지역)에 속하는 것으로 가장 알맞은 것은?

① 배다리 성냥마을박물관
② 송도 센트럴파크
③ 연평도
④ 반도호텔

해 연평도는 인천 옹진군에 속하는 섬/지역이다.

답 ③

Q018

다음 중 인천 동구에 속하는 대학/캠퍼스로 가장 알맞은 것은?

① 한국방송통신대학교 인천지역대학
② 경인여자대학교
③ 인천재능대학
④ 인하공업전문대학

해 인천재능대학은 인천 동구 권역으로 정리된다.

답 ③

Q019

[교동대교]

다음 교량이 연결하는 주요 구간으로 가장 알맞은 것은?

① 옹진군 영흥도 - 옹진군 선재도
② 강화군 길상면 - 김포시 대곶면
③ 강화군 석모도 - 강화군 내가면
④ 강화군 교동도 - 강화군 양서면

🔲 교동대교는 강화군 교동도 - 강화군 양서면 구간을 연결한다.

🔲 ④

Q020

다음 중 '인아라뱃길 여객터미널'과 같은 자치구에 속하는 것은?

① 검단선사박물관
② 반도호텔
③ 인천국제공항(중구·영종)
④ 배다리 성냥마을박물관

🔲 인아라뱃길 여객터미널과 같은 자치구의 예로 검단선사박물관을 들 수 있다.

🔲 ①

Q021

다음 중 인천 연수구와 가장 관련이 깊은 곳은?

① 부평역
② 인천항 국제여객터미널
③ 인천나비공원
④ 인천역

🔲 인천항 국제여객터미널은 인천 연수구 대표 항목으로 정리된다.

🔲 ②

Q022

다음 중 같은 자치구(또는 같은 군)에 속하는 조합으로 가장 알맞은 것은?

① 두무진 + 영흥도
② 도깨비시장 + 잠진도
③ 마니산 + 소래포구
④ 계양산성 + 교동대룡리시장

🔲 두무진과 영흥도는 같은 행정구역(옹진군)에 속한다.

🔲 ①

Q023

다음 중 옹진군(섬 지역)에 속하는 것으로 가장 알맞은 것은?

① 영흥도
② 배다리 성냥마을박물관
③ 반도호텔
④ 부평역

🔲 영흥도는 인천 옹진군에 속하는 섬/지역이다.

🔲 ①

Q024

다음 중 인천 남동구에 속하는 대학/캠퍼스로 가장 알맞은 것은?

① 인천재능대학
② 경인교육대학교
③ 한국방송통신대학교 인천지역대학
④ 경인여자대학교

🔲 한국방송통신대학교 인천지역대학은 인천 남동구 권역으로 정리된다.

🔲 ③

Q025

[석모대교]

다음 교량이 연결하는 주요 구간으로 가장 알맞은 것은?

① 강화군 강화읍 - 김포시 월곶면
② 강화군 석모도 - 강화군 내가면
③ 중구 운북동 - 서구 경서동
④ 옹진군 영흥도 - 옹진군 선재도

해 석모대교는 강화군 석모도 - 강화군 내가면 구간을 연결한다.

답 ②

Q026

다음 중 '인천국제공항 여객터미널'과 같은 자치구에 속하는 것은?

① 인천가족공원
② 청라국제도시
③ 월미도
④ 배다리 성냥마을박물관

해 인천국제공항 여객터미널과 같은 자치구의 예로 월미도를 들 수 있다.

답 ③

Q027

다음 중 인천 서구와 가장 관련이 깊은 곳은?

① 검단선사박물관   ② 인천가족공원
③ 화도진지   ④ 문학산

해 검단선사박물관은(는) 인천 서구 대표 항목으로 정리된다.

답 ①

Q028

다음 중 같은 자치구(또는 같은 군)에 속하는 조합으로 가장 알맞은 것은?

① 수도국산달동네박물관 + 콜롬비아군참전기념비
② 송암미술관 + 작약도
③ 인천 차이나타운 + 인천항 연안여객터미널
④ 능허대공원 + 부평역사박물관

해 인천 차이나타운과 인천항 연안여객터미널은 같은 행정구역(중구)에 속한다.

답 ③

Q029

다음 중 옹진군(섬 지역)에 속하는 것으로 가장 알맞은 것은?

① 검단신도시   ② 수도국산달동네박물관
③ 인천도시역사관   ④ 대청도

해 대청도는 인천 옹진군에 속하는 섬/지역이다.

답 ④

Q030

다음 중 인천 미추홀구에 속하는 대학/캠퍼스로 가장 알맞은 것은?

① 가천대 메디컬캠퍼스
② 한국방송통신대학교 인천지역대학
③ 인하공업전문대학
④ 인천대 송도캠퍼스

해 인하공업전문대학은 인천 미추홀구 권역으로 정리된다.

답 ③

Q031

[강화대교]

다음 교량이 연결하는 주요 구간으로 가장 알맞은 것은?

① 중구 운서동 - 연수구 송도동
② 강화군 길상면 - 김포시 대곶면
③ 강화군 강화읍 - 김포시 월곶면
④ 중구 무의도 - 중구 잠진도

해 강화대교는 강화군 강화읍 - 김포시 월곶면 구간을 연결한다.

답 ③

Q032

다음 중 '국제여객터미널'로 분류되는 시설은?

① 인천종합버스터미널
② 인천항 국제여객터미널
③ 인천항 연안여객터미널
④ 인아라뱃길 여객터미널

해 국제여객터미널은 해외 여객 항로와 연결되는 항만 여객터미널을 말한다.

답 ②

Q033

다음 중 인천 동구와 가장 관련이 깊은 곳은?

① 호텔카리스   ② 계양산성
③ 약사사   ④ 화도진지

해 화도진지는 인천 동구 대표 항목으로 정리된다.

답 ④

Q034

다음 중 같은 자치구(또는 같은 군)에 속하는 조합으로 가장 알맞은 것은?

① 마니산 + 송도국제도시
② 강화도 + 선재도
③ 배다리 성냥마을박물관 + 십리해수욕장
④ 백령도 + 자월도

해 백령도과 자월도는 같은 행정구역(옹진군)에 속한다.

답 ④

Q035

다음 중 옹진군(섬 지역)에 속하는 것으로 가장 알맞은 것은?

① 인천아시아드주경기장
② 석모도
③ 자월도
④ 작약도

해 자월도는 인천 옹진군에 속하는 섬/지역이다.

답 ③

Q036

다음 중 인천 미추홀구에 속하는 대학/캠퍼스로 가장 알맞은 것은?

① 인천대 송도캠퍼스   ② 인하공업전문대학
③ 경인교육대학교   ④ 연세대 국제캠퍼스

해 인하공업전문대학은 인천 미추홀구 권역으로 정리된다.

답 ②

Q037

[초지대교]

다음 교량이 연결하는 주요 구간으로 가장 알맞은 것은?

① 중구 운서동 - 연수구 송도동
② 강화군 길상면 - 김포시 대곶면
③ 강화군 교동도 - 강화군 양서면
④ 중구 운북동 - 서구 경서동

㈜ 초지대교는 강화군 길상면 - 김포시 대곶면 구간을 연결한다.
답 ②

Q038

다음 중 '연안여객터미널'로 분류되는 시설은?

① 인천항 연안여객터미널
② 인천항 국제여객터미널
③ 인천종합버스터미널
④ 인천국제공항 여객터미널

㈜ 연안여객터미널은 국내 연안 항로(섬 등) 여객 운송과 연결되는 터미널이다.
답 ①

Q039

다음 중 인천 연수구와 가장 관련이 깊은 곳은?

① 인천역   ② 송도 센트럴파크
③ 소래포구   ④ 검단신도시

㈜ 송도 센트럴파크는 인천 연수구 대표 항목으로 정리된다.
답 ②

Q040

다음 중 같은 자치구(또는 같은 군)에 속하는 조합으로 가장 알맞은 것은?

① 작약도 + 인천광역시청
② 청라국제도시 + 무의도
③ 콜롬비아군참전기념비 + 인천국제공항(중구·영종)
④ 검단신도시 + 청라중앙호수공원

㈜ 검단신도시과 청라중앙호수공원은 같은 행정구역(서구)에 속한다.
답 ④

Q041

다음 중 강화군과 가장 관련이 깊은 것으로 알맞은 것은?

① 호텔카리스
② 인천항 국제여객터미널
③ 동막해수욕장
④ 인천도시역사관

㈜ 동막해수욕장은 강화군 권역으로 정리된다.
답 ③

Q042

다음 중 '경인교육대학교'과 같은 구에 속하는 대학/캠퍼스로 가장 알맞은 것은?

① 인천가톨릭대 송도국제캠퍼스
② 인천재능대학
③ 가천대 메디컬캠퍼스
④ 경인여자대학교

㈜ 경인교육대학교과 경인여자대학교는 모두 계양구에 속한다.
답 ④

Q043

[영흥대교]

다음 교량이 연결하는 주요 구간으로 가장 알맞은 것은?

① 강화군 교동도 - 강화군 양서면
② 옹진군 영흥도 - 옹진군 선재도
③ 강화군 강화읍 - 김포시 월곶면
④ 중구 운북동 - 서구 경서동

㉔ 영흥대교는 옹진군 영흥도 - 옹진군 선재도 구간을 연결한다.

답 ②

Q044

다음 중 '공항 거점'에 해당하는 것은?

① 인천종합버스터미널
② 인천항 국제여객터미널
③ 인천국제공항 여객터미널
④ 인천대공원

㉔ 인천국제공항 여객터미널은 공항 여객 거점이다.

답 ③

Q045

다음 중 인천 남동구와 가장 관련이 깊은 곳은?

① 인천대공원　　　② 월미도
③ 인천역　　　　　④ 계양산

㉔ 인천대공원은 인천 남동구 대표 항목으로 정리된다.

답 ①

Q046

다음 중 같은 자치구(또는 같은 군)에 속하는 조합으로 가장 알맞은 것은?

① 한국방송통신대학교 인천지역대학 + 인천가톨릭대 송도국제캠퍼스
② 호텔카리스 + 캐피탈관광호텔
③ 인천아시아드주경기장 + 교동대룡리시장
④ 청라중앙호수공원 + 강화도

㉔ 호텔카리스과 캐피탈관광호텔은 같은 행정구역(계양구)에 속한다.

답 ②

Q047

다음 중 강화군과 가장 관련이 깊은 것으로 알맞은 것은?

① 월미도
② 배다리 성냥마을박물관
③ 교동도
④ 백령도

㉔ 교동도는 강화군 권역으로 정리된다.

답 ③

Q048

다음 중 '인천대 송도캠퍼스'와 같은 구에 속하는 대학/캠퍼스로 가장 알맞은 것은?

① 인하공업전문대학
② 한국방송통신대학교 인천지역대학
③ 인천재능대학
④ 인천가톨릭대 송도국제캠퍼스

㉔ 인천대 송도캠퍼스과 인천가톨릭대 송도국제캠퍼스는 모두 연수구에 속한다.

답 ④

Q049

[선재대교]

다음 교량이 연결하는 주요 구간으로 가장 알맞은 것은?

① 강화군 길상면 - 김포시 대곶면
② 강화군 석모도 - 강화군 내가면
③ 옹진군 선재도 - 안산시 대부도
④ 강화군 강화읍 - 김포시 월곶면

해 선재대교는 옹진군 선재도 - 안산시 대부도 구간을 연결한다.

답 ③

Q050

다음 중 연수구(송도권)와 가장 관련이 깊은 시설은?

① 인천항 국제여객터미널
② 인천항 연안여객터미널
③ 인천종합버스터미널
④ 인천국제공항 여객터미널

해 인천항 국제여객터미널은 연수구(송도권)으로 정리한다.

답 ①

Q051

다음 중 인천 부평구와 가장 관련이 깊은 곳은?

① 인천아시아드주경기장
② 호텔카리스
③ 청라중앙호수공원
④ 부평공원

해 부평공원은 인천 부평구 대표 항목으로 정리된다.

답 ④

Q052

다음 중 같은 자치구(또는 같은 군)에 속하는 조합으로 가장 알맞은 것은?

① 인천대공원 + 마니산
② 석모도 + 강화도
③ 석모도 + 인천가족공원
④ 가천대 메디컬캠퍼스 + 석모도

해 석모도과 강화도는 같은 행정구역(강화군)에 속한다.

답 ②

Q053

다음 중 강화군과 가장 관련이 깊은 것으로 알맞은 것은?

① 도깨비시장
② 송암미술관
③ 인천국제공항 여객터미널
④ 보문사

해 보문사는 강화군 권역으로 정리된다.

답 ④

Q054

다음 중 '인천대 송도캠퍼스'과 같은 구에 속하는 대학/캠퍼스로 가장 알맞은 것은?

① 인천가톨릭대 송도국제캠퍼스
② 경인여자대학교
③ 경인교육대학교
④ 한국방송통신대학교 인천지역대학

해 인천대 송도캠퍼스과 인천가톨릭대 송도국제캠퍼스는 모두 연수구에 속한다.

답 ①

Q055

다음 연결구간에 해당하는 교량으로 가장 알맞은 것은?

중구 운북동 - 서구 경서동

① 초지대교   ② 무의대교
③ 영종대교   ④ 인천대교

🅗 중구 운북동 - 서구 경서동 구간을 잇는 대표 교량은
영종대교이다.

🅓 ③

Q056

**인천에서 섬(연안)으로 가는 여객선 이용을 가정할 때,
가장 직접적으로 연결되는 시설은?**

① 인천항 연안여객터미널
② 인천항 국제여객터미널
③ 인천종합버스터미널
④ 송도 센트럴파크

🅗 섬(연안) 여객선 이용은 인천항 연안여객터미널과 연
결되는 경우가 많다.

🅓 ①

Q057

다음 중 인천 계양구와 가장 관련이 깊은 곳은?

① 인천도시역사관   ② 도깨비시장
③ 계양산성   ④ 부평역사박물관

🅗 계양산성은 인천 계양구 대표 항목으로 정리된다.

🅓 ③

Q058

**다음 중 같은 자치구(또는 같은 군)에 속하는 조합으로
가장 알맞은 것은?**

① 모도 + 영흥도
② 인하공업전문대학 + 보문사
③ 교동도 + 송도국제도시
④ 부평역사박물관 + 인천종합버스터미널

🅗 모도와 영흥도는 같은 행정구역(옹진군)에 속한다.

🅓 ①

Q059

**다음 중 강화군과 가장 관련이 깊은 것으로 알맞은 것
은?**

① 보문사   ② 대청도
③ 계양산성   ④ 자월도

🅗 보문사는 강화군 권역으로 정리된다.

🅓 ①

Q060

**다음 중 '인천가톨릭대 송도국제캠퍼스'과 같은 구에
속하는 대학/캠퍼스로 가장 알맞은 것은?**

① 인천재능대학
② 한국방송통신대학교 인천지역대학
③ 연세대 국제캠퍼스
④ 경인여자대학교

🅗 인천가톨릭대 송도국제캠퍼스과 연세대 국제캠퍼스
는 모두 연수구에 속한다.

🅓 ③

Q061

다음 연결구간에 해당하는 교량으로 가장 알맞은 것은?

중구 운서동 - 연수구 송도동

① 석모대교　　　　② 영종대교
③ 영흥대교　　　　④ 인천대교

해 중구 운서동 - 연수구 송도동 구간을 잇는 대표 교량
은 인천대교이다.
답 ④

Q062

다음 중 인천 부평구와 가장 관련이 깊은 곳은?

① 반도호텔　　　　② 월미도
③ 인천삼산월드체육관　④ 도깨비시장

해 인천삼산월드체육관은 인천 부평구 대표 항목으로 정
리된다.
답 ③

Q063

다음 중 같은 자치구(또는 같은 군)에 속하는 조합으로
가장 알맞은 것은?

① 송도 센트럴파크 + 선재도
② 인아라뱃길 여객터미널 + 화도진지
③ 부평공원 + 십리해수욕장
④ 송도 센트럴파크 + 송도국제도시

해 송도 센트럴파크과 송도국제도시는 같은 행정구역(연
수구)에 속한다.
답 ④

Q064

다음 중 강화군과 가장 관련이 깊은 것으로 알맞은 것
은?

① 인천국제공항 여객터미널
② 석모도
③ 인천상륙작전기념관
④ 인천가족공원

해 석모도는 강화군 권역으로 정리된다.
답 ②

Q065

다음 중 '송도권(연수구)' 캠퍼스로만 묶인 조합으로
가장 알맞은 것은?

① 경인교육대학교 + 인천재능대학
② 연세대 국제캠퍼스 + 인천대 송도캠퍼스
③ 인하공업전문대학 + 한국방송통신대학교 인천
　지역대학
④ 경인여자대학교 + 호텔카리스

해 연세대 국제캠퍼스와 인천대 송도캠퍼스는 모두 연수
구 송도권에 속한다.
답 ②

Q066

다음 연결구간에 해당하는 교량으로 가장 알맞은 것은?

중구 무의도 - 중구 잠진도

① 무의대교　　　　② 인천대교
③ 초지대교　　　　④ 교동대교

해 중구 무의도 - 중구 잠진도 구간을 잇는 대표 교량은
무의대교이다.
답 ①

Q067

다음 중 인천 부평구와 가장 관련이 깊은 곳은?

① 작약도
② 청라중앙호수공원
③ 부평공원
④ 인천도시역사관

해 부평공원은 인천 부평구 대표 항목으로 정리된다.

답 ③

Q068

다음 중 같은 자치구(또는 같은 군)에 속하는 조합으로 가장 알맞은 것은?

① 선재도 + 인천항 국제여객터미널
② 십리해수욕장 + 인천 차이나타운
③ 도깨비시장 + 선재도
④ 검단선사박물관 + 콜롬비아군참전기념비

해 검단선사박물관과 콜롬비아군참전기념비는 같은 행정구역(서구)에 속한다.

답 ④

Q069

다음 중 강화군과 가장 관련이 깊은 것으로 알맞은 것은?

① 문학산
② 도깨비시장
③ 보문사
④ 인천도시역사관

해 보문사는 강화군 권역으로 정리된다.

답 ③

Q070

다음 중 '계양구'에 속하는 대학 조합으로 가장 알맞은 것은?

① 경인교육대학교 + 경인여자대학교
② 인하공업전문대학 + 인천문학경기장
③ 연세대 국제캠퍼스 + 가천대 메디컬캠퍼스
④ 인천재능대학 + 배다리 성냥마을박물관

해 경인교육대학교와 경인여자대학교는 계양구 권역으로 정리된다.

답 ①

Q071

다음 연결구간에 해당하는 교량으로 가장 알맞은 것은?

강화군 교동도 – 강화군 양서면

① 교동대교
② 인천대교
③ 초지대교
④ 강화대교

해 강화군 교동도 – 강화군 양서면 구간을 잇는 대표 교량은 교동대교이다.

답 ①

Q072

다음 중 인천 동구와 가장 관련이 깊은 곳은?

① 인천역
② 인천종합버스터미널
③ 화도진지
④ 청라중앙호수공원

해 화도진지는 인천 동구 대표 항목으로 정리된다.

답 ③

Q073

다음 중 같은 자치구(또는 같은 군)에 속하는 조합으로 가장 알맞은 것은?

① 백령도 + 문학산　　② 작약도 + 보문사
③ 작약도 + 부평역　　④ 연평도 + 영흥도

해 연평도과 영흥도는 같은 행정구역(옹진군)에 속한다.
답 ④

Q074

다음 중 섬/명소와 소속 행정구역(구/군)의 연결이 올바른 것은?

① 모도 - 옹진군　　② 모도 - 연수구
③ 모도 - 중구　　④ 모도 - 강화군

해 모도는 옹진군에 속한다.
답 ①

Q075

다음 연결구간에 해당하는 교량으로 가장 알맞은 것은?

강화군 석모도 - 강화군 내가면

① 교동대교　　② 무의대교
③ 석모대교　　④ 영흥대교

해 강화군 석모도 - 강화군 내가면 구간을 잇는 대표 교량은 석모대교이다.
답 ③

Q076

다음 중 인천 연수구와 가장 관련이 깊은 곳은?

① 부평역사박물관　　② 도깨비시장
③ 송도 센트럴파크　　④ 인천나비공원

해 송도 센트럴파크는 인천 연수구 대표 항목으로 정리된다.
답 ③

Q077

다음 중 같은 자치구(또는 같은 군)에 속하는 조합으로 가장 알맞은 것은?

① 교동대룡리시장 + 검단선사박물관
② 부평역사박물관 + 부평역
③ 십리해수욕장 + 반도호텔
④ 모도 + 소래포구

해 부평역사박물관과 부평역은 같은 행정구역(부평구)에 속한다.
답 ②

Q078

다음 중 섬/명소와 소속 행정구역(구/군)의 연결이 올바른 것은?

① 동막해수욕장 - 강화군
② 동막해수욕장 - 연수구
③ 동막해수욕장 - 중구
④ 동막해수욕장 - 옹진군

해 동막해수욕장은 강화군에 속한다.
답 ①

Q079

다음 연결구간에 해당하는 교량으로 가장 알맞은 것은?

> 강화군 강화읍 - 김포시 월곶면

① 영종대교　　　　② 강화대교
③ 초지대교　　　　④ 영흥대교

🖭 강화군 강화읍 - 김포시 월곶면 구간을 잇는 대표 교량은 강화대교이다.

답 ②

Q080

다음 중 인천 서구와 가장 관련이 깊은 곳은?

① 인천국제공항(중구·영종)
② 콜롬비아군참전기념비
③ 배다리 성냥마을박물관
④ 부평공원

🖭 콜롬비아군참전기념비는 인천 서구 대표 항목으로 정리된다.

답 ②

Q081

다음 중 같은 자치구(또는 같은 군)에 속하는 조합으로 가장 알맞은 것은?

① 약사사 + 인천국제공항 여객터미널
② 부평역사박물관 + 인천삼산월드체육관
③ 인천아시아드주경기장 + 교동대룡리시장
④ 인천상륙작전기념관 + 무의도

🖭 부평역사박물관과 인천삼산월드체육관은 같은 행정구역(부평구)에 속한다.

답 ②

Q082

다음 중 섬/명소와 소속 행정구역(구/군)의 연결이 올바른 것은?

① 연평도 - 연수구　　② 연평도 - 강화군
③ 연평도 - 옹진군　　④ 연평도 - 중구

🖭 연평도는 옹진군에 속한다.

답 ③

Q083

다음 연결구간에 해당하는 교량으로 가장 알맞은 것은?

> 강화군 길상면 - 김포시 대곶면

① 영흥대교　　　　② 초지대교
③ 영종대교　　　　④ 무의대교

🖭 강화군 길상면 - 김포시 대곶면 구간을 잇는 대표 교량은 초지대교이다.

답 ②

Q084

다음 중 인천 서구와 가장 관련이 깊은 곳은?

① 청라중앙호수공원　　② 인천향교
③ 부평역　　　　　　④ 월미도

🖭 청라중앙호수공원은 인천 서구 대표 항목으로 정리된다.

답 ①

Q085

다음 중 같은 자치구(또는 같은 군)에 속하는 조합으로 가장 알맞은 것은?

① 두무진 + 인천종합버스터미널
② 인천종합버스터미널 + 송암미술관
③ 선재도 + 인천삼산월드체육관
④ 화도진지 + 강화도

해 인천종합버스터미널과 송암미술관은 같은 행정구역(미추홀구)에 속한다.

답 ②

Q086

다음 중 섬/명소와 소속 행정구역(구/군)의 연결이 올바른 것은?

① 백령도 - 서구   ② 백령도 - 연수구
③ 백령도 - 옹진군   ④ 백령도 - 중구

해 백령도는 옹진군에 속한다.

답 ③

Q087

다음 연결구간에 해당하는 교량으로 가장 알맞은 것은?

옹진군 영흥도 - 옹진군 선재도

① 교동대교   ② 강화대교
③ 선재대교   ④ 영흥대교

해 옹진군 영흥도 - 옹진군 선재도 구간을 잇는 대표 교량은 영흥대교이다.

답 ④

Q088

다음 중 인천 중구와 가장 관련이 깊은 곳은?

① 인천국제공항(중구·영종)
② 인천삼산월드체육관
③ 인천향교
④ 부평역사박물관

해 인천국제공항(중구·영종)은(는) 인천 중구 대표 항목으로 정리된다.

답 ①

Q089

다음 중 같은 자치구(또는 같은 군)에 속하는 조합으로 가장 알맞은 것은?

① 인천대 송도캠퍼스 + 인천국제공항 여객터미널
② 송도 센트럴파크 + 인천항 연안여객터미널
③ 인천아시아드주경기장 + 인아라뱃길 여객터미널
④ 캐피탈관광호텔 + 작약도

해 인천아시아드주경기장과 인아라뱃길 여객터미널은 같은 행정구역(서구)에 속한다.

답 ③

Q090

다음 중 섬/명소와 소속 행정구역(구/군)의 연결이 올바른 것은?

① 동막해수욕장 - 강화군
② 동막해수욕장 - 서구
③ 동막해수욕장 - 옹진군
④ 동막해수욕장 - 중구

해 동막해수욕장은 강화군에 속한다.

답 ①

Q091

다음 연결구간에 해당하는 교량으로 가장 알맞은 것은?

옹진군 선재도 - 안산시 대부도

① 무의대교　　　　② 선재대교
③ 인천대교　　　　④ 영흥대교

해 옹진군 선재도 - 안산시 대부도 구간을 잇는 대표 교량은 선재대교이다.

답 ②

Q092

다음 중 인천 서구와 가장 관련이 깊은 곳은?

① 반도호텔　　　　② 문학산
③ 청라국제도시　　④ 인천역

해 청라국제도시는 인천 서구 대표 항목으로 정리된다.

답 ③

Q093

다음 중 같은 자치구(또는 같은 군)에 속하는 조합으로 가장 알맞은 것은?

① 마니산 + 검단신도시
② 인천 차이나타운 + 인아라뱃길 여객터미널
③ 검단선사박물관 + 인천아시아드주경기장
④ 부평역사박물관 + 검단선사박물관

해 검단선사박물관과 인천아시아드주경기장은 같은 행정구역(서구)에 속한다.

답 ③

Q094

다음 중 섬/명소와 소속 행정구역(구/군)의 연결이 올바른 것은?

① 대청도 - 연수구　　② 대청도 - 강화군
③ 대청도 - 옹진군　　④ 대청도 - 서구

해 대청도는 옹진군에 속한다.

답 ③

Q095

다음 중 인천 남동구와 가장 관련이 깊은 곳은?

① 인천대공원
② 송암미술관
③ 인천항 연안여객터미널
④ 도깨비시장

해 인천대공원은 인천 남동구 대표 항목으로 정리된다.

답 ①

Q096

다음 중 같은 자치구(또는 같은 군)에 속하는 조합으로 가장 알맞은 것은?

① 능허대공원 + 인천도시역사관
② 송암미술관 + 청라국제도시
③ 연평도 + 소래포구
④ 검단신도시 + 인천대공원

해 능허대공원과 인천도시역사관은 같은 행정구역(연수구)에 속한다.

답 ①

Q097

다음 중 섬/명소와 소속 행정구역(구/군)의 연결이 올바른 것은?

① 모도 - 강화군　　② 모도 - 옹진군
③ 모도 - 서구　　　④ 모도 - 연수구

해 모도는 옹진군에 속한다.
답 ②

Q098

다음 중 인천 부평구와 가장 관련이 깊은 곳은?

① 검단선사박물관
② 부평역사박물관
③ 수도국산달동네박물관
④ 송도 센트럴파크

해 부평역사박물관은 인천 부평구 대표 항목으로 정리된다.
답 ②

Q099

다음 중 같은 자치구(또는 같은 군)에 속하는 조합으로 가장 알맞은 것은?

① 자월도 + 수도국산달동네박물관
② 계양산 + 호텔카리스
③ 청라국제도시 + 문학산
④ 송도국제도시 + 인천나비공원

해 계양산과 호텔카리스는 같은 행정구역(계양구)에 속한다.
답 ②

Q100

다음 중 섬/명소와 소속 행정구역(구/군)의 연결이 올바른 것은?

① 동막해수욕장 - 서구
② 동막해수욕장 - 중구
③ 동막해수욕장 - 연수구
④ 동막해수욕장 - 강화군

해 동막해수욕장은 강화군에 속한다.
답 ④

PART 5

실전 모의고사
1~2회차분 (각 70문항)

CHAPTER 1

모의고사 1회

구성 법규 20 + 안전 20 + 서비스 20 + 지리 10

Q001

다음 중 용어와 설명의 연결이 잘못된 것은?

① 정차 - 운전자가 5분을 초과하지 않고 차를 정지시키는 것으로 주차 외의 정지 상태
② 도로 - 도로법에 따른 도로, 유료도로법에 따른 유료도로, 농어촌도로정비법에 따른 농어촌도로 및 그 밖에 현실적으로 불특정 다수의 사람 또는 차마가 통행할 수 있도록 공개된 장소로서 안전하고 원활한 교통을 확보할 필요가 있는 장소
③ 택시정책위원회 - 다른 사람의 수요에 응하여 자동차를 사용해 유상으로 여객을 운송하는 사업
④ 여객자동차운송사업 - 다른 사람의 수요에 응하여 자동차를 사용해 유상으로 여객을 운송하는 사업

해 정의·구분 문항은 키워드가 바뀌면 오답이 되기 쉽다.
답 ③

Q002

교통사고 벌점 기준에서 '중상 1명'에 해당하는 진단 기준으로 가장 알맞은 것은?

① 치료기간 1주 이상
② 치료기간 3일 이상
③ 치료기간 30일 이상
④ 치료기간 3주 이상

해 벌점 기준에서 중상은 '3주 이상 치료' 진단이 있는 경우로 본다.
답 ④

Q003

도로교통법상 정차의 시간 기준은 최대 몇 분 이하인가?

① 10분
② 3분
③ 15분
④ 5분

해 숫자·기준 문항은 자주 반복 출제된다.

암기: 정차 5분 이하.

답 ④

Q004

운전자가 도로에서 '주의의무'를 다하지 못했다고 평가될 수 있는 상황으로 가장 알맞은 것은?

① 보행자 유무를 확인하고 서행
② 시야가 가려진 횡단보도 앞에서 감속하지 않고 그대로 진행
③ 신호에 따라 정지
④ 안전거리 확보

해 시야가 가려진 위험 상황에서 감속·주의를 하지 않으면 주의의무 위반으로 평가될 수 있다.
답 ②

Q005

승객이 '정액으로 받자'고 제안해 미터기를 끄고 임의로 요금을 요구했다. 가장 알맞은 평가는?

① 정상 영업행위다
② 부당요금(요금부정)으로 제재 대상이 될 수 있다
③ 합승 강요에 해당한다
④ 승차거부로만 문제된다

해 택시요금은 미터기 사용과 정해진 절차 준수가 원칙이며, 임의 요금 요구는 부당요금으로 문제될 수 있다.

답 ②

Q006

택시운송사업자의 운수종사자 요건 미충족자를 종사하게 한 경우 과징금(1차) 예시는?

① 720만원　　　　② 120만원
③ 360만원　　　　④ 180만원

해 운수종사자 요건은 운전업무 종사자격(나이·운전경력·자격시험 합격, 적성검사 기준 충족 등)과 결격사유 여부를 포함한다. 요건을 갖추지 못한 자를 종사하게 하면 행정처분(과징금·사업정지 등) 대상이 되며, 본 문항의 360만원은 1차 과징금 예시에 해당한다.

답 ③

Q007

법령위반이 확인된 운수종사자에게 적용되는 교육 형태로 가장 알맞은 것은?

① 정기 보수교육만 받으면 된다
② 교육은 전면 면제된다
③ 수시교육(필요 시 추가 교육)이 될 수 있다
④ 교육 대신 벌점만 부과한다

해 법령위반 운수종사자는 개선을 위해 수시교육 대상으로 지정될 수 있다.

답 ③

Q008

교통사고처리특례법의 중대법규 12개 항목에 포함되는 것으로 가장 알맞은 것은?

① 전방주시 태만　　　② 안전거리 미확보
③ 신호·지시 위반　　　④ 서행 의무 위반

해 중대법규 12개에는 신호·지시 위반 등이 포함되며, 단순 주의태만·안전거리 미확보 등은 일반적으로 구분된다.

답 ③

Q009

택시운전자가 호출 앱으로 배차된 승객을 정당한 사유 없이 취소·거부했다. 가장 적절한 평가는?

① 정당한 사유 없는 거부는 부당한 운송행위로 제재 대상이 될 수 있다
② 호출은 법과 무관하므로 문제되지 않는다
③ 호출 승객은 요금을 내지 않아도 된다
④ 호출은 무조건 무료다

해 호출 형태라도 정당한 사유 없는 운송 거부는 부당행위로 문제될 수 있다.

답 ①

Q010

다음 중 택시운전자격의 '부정한 방법 취득'에 해당할 소지가 가장 큰 것은?

① 필요서류를 빠짐없이 제출하고 절차대로 응시했다
② 보수교육 안내문을 수령했다
③ 시험일정 변경을 확인했다
④ 타인의 검사 결과나 서류를 도용하여 자격을 취득했다

해 허위·도용 등 부정한 방법으로 자격을 취득하면 취소 등 중한 처분 대상이 될 수 있다.

답 ④

Q011

택시 서비스 평가 결과를 활용할 수 있는 방향으로 가장 알맞은 것은?

① 평가 결과는 공개가 금지되어 어떤 개선에도 쓰지 않는다
② 평가 결과는 오직 지리 문제 출제에만 쓰인다
③ 교육·제도 개선·서비스 향상 등 정책 수단으로 연계될 수 있다
④ 평가 결과는 운전면허 종류를 바꾸는 데 사용된다

해 평가 결과는 서비스 개선과 정책 보완의 근거로 활용될 수 있다.
답 ③

Q012

교통사고 후 2차 사고를 예방하기 위한 조치로 가장 적절한 것은?

① 차량을 그대로 방치하고 도로 한가운데 서있기
② 상대 차량 사진만 찍고 떠나기
③ 경적을 계속 울리기
④ 비상등 점등, 안전표지 설치, 필요 시 안전한 장소로 이동 등

해 2차 사고 예방을 위해 비상등, 안전표지 설치, 후속 차량 주의 유도 등이 중요하다.
답 ④

Q013

다음 설명에 해당하는 용어로 가장 알맞은 것은?

> 긴급한 용도로 사용 중인 자동차로서 소방차, 구급차, 혈액 공급차량 등 및 대통령령이 정하는 자동차

① 차도　　　　　　② 긴급자동차
③ 차로　　　　　　④ 무면허운전

해 제시된 설명은 '긴급자동차'에 해당한다.
답 ②

Q014

다음 중 '개인택시운송사업'의 설명으로 옳은 것은?

① 사업구역에서 자동차 1대를 사업자가 직접 운전하여 여객을 운송하는 사업
② 도로법에 따른 도로, 유료도로법에 따른 유료도로, 농어촌도로정비법에 따른 농어촌도로 및 불특정 다수의 통행을 위해 공개되어 교통 확보가 필요한 장소
③ 운전자가 5분을 초과하지 않고 차를 정지시키는 것으로 주차 외의 정지 상태
④ 연석선 등으로 경계를 표시하여 보행자가 통행하도록 설치된 도로의 부분

해 '개인택시운송사업'의 정의는 법령에서 위와 같이 정한다.
답 ①

Q015

다음 중 용어와 설명의 연결이 잘못된 것은?

① 반의사불벌 특례 - 택시운송사업 관련 중요 정책을 심의하기 위해 필요 시 구성·운영할 수 있는 기구
② 여객자동차터미널 - 일반교통에 사용되는 장소가 아닌 곳에서 승합자동차를 정류시키거나 여객을 승하차시키기 위한 시설과 장소
③ 택시정책위원회 - 택시운송사업 관련 중요 정책을 심의하기 위해 필요 시 구성·운영할 수 있는 기구
④ 도로 - 도로법에 따른 도로, 유료도로법에 따른 유료도로, 농어촌도로정비법에 따른 농어촌도로 및 그 밖에 현실적으로 불특정 다수의 사람 또는 차마가 통행할 수 있도록 공개된 장소로서 안전하고 원활한 교통을 확보할 필요가 있는 장소

해 정의·구분 문항은 키워드가 바뀌면 오답이 되기 쉽다.
답 ①

Q016

다음 설명에 해당하는 용어로 가장 알맞은 것은?

택시운송사업의 건전한 발전을 도모하고 택시운수종사자 복지 및 국민 교통편의 제고에 이바지

① 횡단보도
② 택시운송사업발전법 목적
③ 규제표지
④ 안전지대

해 제시된 설명은 '택시운송사업발전법 목적'에 해당한다.
답 ②

Q017

다음 중 '중앙선'의 설명으로 옳은 것은?

① 면허 없이 운전하거나 면허 효력이 정지된 상태에서 운전하는 행위 등을 말함
② 보도와 차도가 구분되지 않은 도로에서 보행자 안전을 위해 가장자리에 경계를 표시한 부분
③ 차마의 통행 방향을 명확히 구분하기 위해 황색 실선/점선 등 또는 중앙분리대 등으로 표시한 것
④ 긴급한 용도로 사용 중인 자동차로서 소방차, 구급차, 혈액 공급차량 등 및 대통령령이 정하는 자동차

해 '중앙선'의 정의는 법령에서 위와 같이 정한다.
답 ③

Q018

다음 중 범칙금에 대한 설명으로 가장 알맞은 것은?

① 운전자가 특정되지 않아도 차량 소유자에게 부과된다
② 지방자치단체장이 부과하는 행정질서벌이다
③ 통고처분 대상 위반에 대해 운전자가 납부하는 금전이다
④ 납부 여부와 관계없이 벌점이 즉시 소멸된다

해 범칙금은 통고처분 대상 위반 시 운전자가 납부하며, 운전자 미확인 시 부과되는 과태료와 구분된다.
답 ③

Q019

다음 중 '보도'의 설명으로 옳은 것은?

① 사업구역에서 운행계통을 정하지 않고 자동차를 사용해 여객을 운송하는 택시운송사업
② 연석선 등으로 경계를 표시하여 보행자가 통행하도록 설치된 도로의 부분
③ 횡단 보행자나 통행 차마의 안전을 위해 안전표지 등으로 표시한 도로의 부분
④ 연석선 등으로 경계를 표시하여 모든 차가 통행하도록 설치된 도로의 부분

해 '보도'의 정의는 법령에서 위와 같이 정한다.
답 ②

Q020

다음 설명에 해당하는 용어로 가장 알맞은 것은?

> 운행계통을 정하지 않고 사업구역을 정하여 그 구역 안에서 여객을 운송하는 사업

① 구역 여객자동차운송사업
② 술에 취한 상태
③ 차로
④ 주의표지

해 제시된 설명은 '구역 여객자동차운송사업'에 해당한다.
답 ①

Q021

차선이 잘 보이지 않는 야간에 차로 유지에 도움이 되는 시선 처리로 옳은 것은?

① 계기판을 오래 본다
② 바로 앞 노면만 가까이 본다
③ 마주오는 차만 계속 본다
④ 멀리(전방 원거리)를 보며 차선 반사체·도로 가장자리 기준을 함께 참고한다

해 전방 원거리 시선과 차선·가장자리 기준을 함께 보면 방향 유지가 쉬워 급조향을 줄일 수 있다.
답 ④

Q022

폭우에서 물웅덩이를 만났을 때 위험이 큰 이유는?

① 타이어가 더 잘 붙음
② 엔진이 더 강해짐
③ 수막현상·제동거리 증가 가능성
④ 조향이 더 가벼워짐

해 물웅덩이는 수막현상과 조향·제동 상실 위험을 키운다.
답 ③

Q023

자동심장충격기(AED) 사용 시 가장 올바른 행동은?

① 충격은 주지 말고 바로 종료한다
② 패드를 붙인 뒤에도 환자를 계속 만진다
③ 충격(분석) 지시가 나오면 모두 환자에서 떨어져 접촉을 중단한다
④ 젖은 상태로 그대로 사용한다

해 분석·충격 시 접촉하면 감전 위험이 있으므로 모두 떨어져야 한다.
답 ③

Q024

젖은 노면에서 제동거리가 길어지는 이유로 알맞은 것은?

① 핸들이 가벼워진다
② 타이어가 더 잘 붙는다
③ 엔진 출력이 감소한다
④ 노면 마찰계수가 낮아진다

해 마찰이 떨어지면 같은 속도에서도 정지에 필요한 거리가 늘어난다.

답 ④

Q025

야간 주행에서 전조등 눈부심을 줄이는 행동으로 알맞은 것은?

① 상대차를 계속 응시
② 차선·가장자리 기준으로 시선을 분산하고 감속
③ 상향등을 계속
④ 가까운 곳만 본다

해 야간은 시인성이 낮아 시선 분산과 속도 조절이 필요하다.

답 ②

Q026

고속도로 합류 차량을 만났을 때 가장 안전한 태도는?

① 필요 시 속도를 조절해 합류를 돕는다
② 속도를 올려 진입을 막는다
③ 차로를 급변경한다
④ 경적을 길게 울린다

해 합류 구간에서는 속도 조절과 공간 제공이 충돌 위험을 줄인다.

답 ①

Q027

안개길을 주행해야 한다. 안전운전 요령으로 가장 알맞은 것은?

① 전조등을 끄고 안개등만 켠다
② 대향차 전조등을 똑바로 바라보며 주행한다
③ 앞차 미등만 보고 속도를 올려 따라간다
④ 전조등·안개등을 켜고 감속하며 차간거리를 충분히 확보한다

해 안개길은 시야가 짧아 급정지에 대응하기 어렵다. 전조등(하향)과 안개등을 켜고, 감속·차간거리 확대·급조작 금지를 함께 지켜야 한다.

답 ④

Q028

정체 중 긴급차량이 접근한다. 가장 알맞은 대응은?

① 갓길로 무리하게 들어가 추월한다
② 상향등을 계속 비춰 앞차를 재촉한다
③ 가능한 범위에서 서서히 공간을 만들어 통행로를 확보하고, 급조작을 피한다
④ 경적을 계속 울린다

해 정체에서는 급조작이 치명적이므로, 서서히 공간을 만들며 양보하는 것이 안전하다.

답 ③

Q029

주행 중 타이어 공기압 경고등이 켜졌다. 가장 알맞은 대응은?

① 무시하고 목적지까지 계속 운행한다
② 속도를 올려 주행하면 꺼질 수 있다
③ 안전한 곳에 정차해 공기압·타이어 상태를 확인한다
④ 핸들을 크게 흔들어 경고를 해제한다

해 공기압 이상은 조향·제동 성능에 영향을 줄 수 있어 안전한 곳에서 확인 후 조치하는 것이 원칙이다.
답 ③

Q030

승객 탑승 직후 가장 먼저 해야 할 안전 행동은?

① 안전띠 착용 안내, 문이 완전히 닫힌 후 출발
② 급가속으로 합류
③ 경적을 울려 출발
④ 핸드폰부터 확인

해 승객 안전띠와 개문 상태는 사고 시 피해를 크게 키울 수 있다.
답 ①

Q031

고속도로에서 삼각대 설치 시 가장 바람직한 방식은?

① 차도 안쪽에 세워 잘 보이게 한다
② 안전을 확보한 뒤, 후방에서 충분히 먼 거리(곡선·야간은 더 멀리)에 설치한다
③ 차량 뒤 바로 옆에 놓는다
④ 설치하지 않아도 된다

해 충분한 거리에서 경고해야 뒤차가 반응·감속할 시간을 확보할 수 있다.
답 ②

Q032

심폐소생술에서 가슴압박과 인공호흡의 기본 비율은?

① 10:1　　　② 20:2
③ 50:5　　　④ 30:2

해 일반 성인 기준으로 30회 압박 후 2회 호흡을 반복한다.
답 ④

Q033

LPG 누출 여부를 확인할 때 가장 안전하고 적절한 방법은?

① 비눗물(거품)로 연결부를 확인해 기포 발생 여부를 본다
② 전기 스위치를 반복해서 켜고 끄며 반응을 본다
③ 성냥/라이터 불로 가까이 가져가 확인한다
④ 밀폐된 곳에서 냄새를 맡기 위해 창문을 닫는다

해 누출 확인은 점화원을 쓰지 않는 방식이 원칙이며, 비눗물로 기포 발생을 확인하는 방법이 대표적이다.
답 ①

Q034

정체 구간의 '정체 꼬리'에 접근할 때 가장 안전한 행동은?

① 꼬리까지 최대한 빨리 가서 급제동한다
② 앞차에 바짝 붙어 끼어들기를 막는다
③ 미리 감속하고 필요 시 비상등을 짧게 점멸해 뒤차에 알린다
④ 차로를 연속으로 바꾸며 빈 공간을 찾는다

해 선제 감속과 뒤차에 정체를 알리는 행동이 연쇄 추돌 위험을 줄인다.
답 ③

Q035

대형차(버스·트럭) 옆을 주행할 때 사각지대 위험을 줄이는 방법으로 옳은 것은?

① 옆에 나란히 오래 붙어 주행한다
② 가능하면 대형차 운전자가 나를 볼 수 있는 위치로 이동하고, 사각지대 체류 시간을 최소화한다
③ 사각지대에 들어가면 속도를 줄여 천천히 따라간다
④ 대형차 앞쪽으로 무리하게 끼어든다

해 사각지대에서는 대형차가 택시를 인지하지 못할 수 있어, 보이는 위치 유지와 신속 통과가 안전하다.

답 ②

Q036

긴급차량이 지나갈 때 뒤따라가며 빠르게 통과하는 행동이 위험한 이유는?

① 다른 차량의 급진입·급제동과 맞물려 추돌 위험이 커진다
② 법적으로 허용된다
③ 연료가 절약된다
④ 도로가 비어 있어 안전하다

해 긴급차량 뒤를 따라가면 다른 차량의 양보·복귀 동작과 충돌할 수 있어 위험하다.

답 ①

Q037

고속도로에서 차량 고장으로 정차 후 차량 밖으로 나올 때 가장 안전한 행동은?

① 차도 쪽으로 내려가 삼각대를 든다
② 차량 뒤 차로에 서서 뒤차를 본다
③ 가능하면 가드레일 밖 등 안전지대로 이동한다
④ 차량 앞쪽에서 손짓으로 신호한다

해 고속도로는 후속 차량 속도가 높아 2차 사고 위험이 크므로 차도에서 멀리 떨어진 안전지대로 이동하는 것이 원칙이다.

답 ③

Q038

적재물(개인 물품 포함)이 실내에서 움직인다. 올바른 조치는?

① 급제동으로 붙인다
② 라디오를 끈다
③ 고정해 2차 사고 위험을 줄인다
④ 창문을 연다

해 급제동·충돌 시 물품이 투사체가 될 수 있어 고정이 필요하다.

답 ③

Q039

골절이 의심되는 부상자에게 가장 적절한 처치로 알맞은 것은?

① 억지로 뼈 위치를 맞춘다
② 움직임을 최소화하고 부목 등으로 고정한다
③ 통증 부위를 강하게 마사지한다
④ 부상자를 일으켜 걷게 한다

해 골절 의심 시에는 추가 손상을 막기 위해 움직임을 줄이고 고정하는 것이 기본이다.

답 ②

Q040

앞을 분간하기 어려울 정도로 짙은 안개가 낀 상황이다. 가장 안전한 행동은?

① 안전한 곳에 정차하고 비상점멸등을 켠 뒤 잠시 기다린다
② 경적을 길게 울리며 속도를 유지한다
③ 상향등을 계속 켠 채 운행한다
④ 앞차가 안 보이니 최대한 가까이 붙어 따라간다

해 시야가 거의 없을 때는 주행 자체가 고위험이다. 도로 밖 안전한 곳에 정차해 후속차에 위치를 알리고, 시야가 회복될 때까지 대기하는 것이 원칙이다.

답 ①

Q041

승객이 탑승 직후 '에어컨/히터 좀 조절해 주세요'라고 한다. 올바른 대응은?

① 차내 온도·환기 요청을 무시한다.
② 차내 바닥이 젖어도 방치한다.
③ 승객 상태를 확인해 적정 온도로 조절하고 필요하면 재조정한다.
④ 차량 내 청결이 중요하지 않다고 생각하고 방치한다.

해 쾌적함은 기본 서비스다.

답 ③

Q042

승객이 요청한 사항을 즉시 해줄 수 없을 때 가장 좋은 말하기 방식은?

① '급하면 택시 말고 다른 걸 타라'는 식으로 말한다.
② 불가 이유를 짧게 설명하고, 가능한 대안을 제시한다.
③ 불만을 들으면 '규정이라 어쩔 수 없다'며 대화를 끊는다.
④ 승객에게 계속 사생활 질문을 던진다.

해 거절에도 대안이 있으면 불만이 줄어든다.

답 ②

Q043

의식이 없거나 구토하는 부상자를 발견했다. 가장 알맞은 응급처치는?

① 물을 마시게 한다
② 목을 뒤로 젖혀 기도를 확보하고, 질식 예방을 위해 옆으로 눕힌다
③ 몸을 강하게 흔들어 깨운다
④ 바로 앉힌 뒤 등을 세게 두드린다

해 의식이 없거나 구토 시에는 기도 확보가 중요하며, 기도 막힘(질식)을 예방하기 위해 옆으로 눕히는 것이 도움이 된다. 119 신고를 우선한다.

답 ②

Q044

청각장애인 승객과 의사소통이 필요하다. 가장 적절한 방법은?

① 큰 소리로 같은 말을 반복한다
② 메모/휴대폰 화면 등 글자로 목적지와 요청을 확인한다
③ 승객이 착석하기 전에 출발한다
④ 승차를 거부한다

해 청각 정보가 제한될 수 있어 글자·화면 등 시각적 소통이 효과적이다.

답 ②

Q045

운송사업자가 운수종사자를 위한 휴게·대기 공간에 설치하도록 하는 편의시설로 가장 알맞은 것은?

① 광고용 대형 전광판
② 고가의 개인용 게임기
③ 승객 전용 라운지
④ 난방장치·냉방장치·음수대 등 기본 편의시설

해 운송사업자는 운수종사자의 휴게·대기 공간에 난방·냉방·음수대 등 편의시설을 갖추도록 운영한다.

답 ④

Q046

승객이 하차 후 '기사님 전화번호 알려달라'고 요청한다. 가장 바람직한 대응은?

① 개인번호를 바로 알려준다.
② 불쾌하니 거칠게 거절한다.
③ 필요 목적을 확인한 뒤, 가능한 공식 채널(택시회사·플랫폼 고객센터 등)을 안내한다.
④ 연락을 받고 싶으면 돈을 달라고 한다.

해 개인 연락처 제공은 사생활 침해와 분쟁 위험이 있다. 공식 채널을 안내하면 서로를 보호할 수 있다.

답 ③

Q047

역 앞에서 승객이 손을 흔든다. 그곳이 정차 금지/위험 구간이다. 올바른 대응은?

① 승하차가 끝났는데도 정류소를 점유한다.
② 정류소 앞에서 이중주차로 장시간 대기한다.
③ 안전한 승하차 지점으로 유도하고 그곳에서 승객을 태운다.
④ 불법정차 구간이라도 손님이 보이면 멈춘다.

해 위험구간 승하차는 사고 위험이 크다.
답 ③

Q048

서비스의 '소멸성' 특성을 고려할 때, 택시 서비스 운영에서 가장 바람직한 태도는?

① 빈차 시간은 어쩔 수 없으니 관리하지 않는다.
② 예약·호출이 와도 상황을 설명하지 않고 무조건 취소한다.
③ 승객이 없으면 아무 계획 없이 장시간 정차한다.
④ 수요가 몰리는 시간대에는 배차·대기·동선 관리를 통해 공차·대기 손실을 줄이려 노력한다.

해 서비스는 저장이 안 된다. 한 시간의 공차·대기 손실은 되돌릴 수 없으므로, 시간대별 수요를 고려한 동선·대기 전략이 필요하다.
답 ④

Q049

승객이 '차가 너무 덥다/춥다'며 온도 조절을 요청했다. 올바른 대응은?

① 요청을 무시하고 그대로 운행한다
② 온도·풍량을 조절하고 필요하면 재조정한다
③ 창문을 열어 놓고 고정한다
④ 요금이 오르니 추가요금을 요구한다

해 쾌적함은 서비스 품질과 직결되므로 승객 요청을 반영해 적정 온도로 조절하는 것이 바람직하다.
답 ②

Q050

지팡이를 짚는 승객이 내리려 한다. 올바른 하차 지원은?

① 안전한 정차 지점을 확보하고, 문을 열어 하차를 돕고 주변 차량을 확인한다.
② 승객이 착석하기 전에 출발한다.
③ 승객이 느리다고 재촉하며 급출발한다.
④ 짐을 싣는 과정에서 교통 흐름을 무시하고 위험하게 정차한다.

해 하차 시 2차 사고 예방이 핵심이다.
답 ①

Q051

승객이 통화 중이다. 올바른 태도는?

① 필수 안내 외에는 말을 줄이고 조용한 환경을 유지한다.
② 운전 중 휴대폰을 보며 응대한다.
③ 승객에게 계속 사생활 질문을 던진다.
④ 승객이 조용히 있어도 계속 농담을 강요한다.

해 승객 상황을 배려한다.
답 ①

Q052

할증이 적용되는 시간대에 승객이 이유를 묻는다. 가장 적절한 응대는?

① 승객이 요청해도 영수증 발급을 거부한다.
② 결제 오류가 나면 '그냥 내려라'며 승객에게 책임을 전가한다.
③ 분실·오류를 이유로 결제내역 확인을 해주지 않는다.
④ 할증 적용 시간/기준을 간단히 안내하고, 영수증에 표시되는 항목을 설명한다.

해 기준 안내는 오해를 줄인다.
답 ④

Q053

승객이 영수증을 분실했지만 결제내역 확인을 원한다. 가장 알맞은 대응은?

① 불가하다고 말하고 대화를 종료한다
② 가능한 확인 방법(승차기록/결제기록 등)과 절차를 안내한다
③ 개인정보가 포함되니 무조건 공개한다
④ 승객에게 책임을 전가하고 현금만 요구한다

해 정해진 범위에서 확인 가능한 방법과 절차를 안내하면 분쟁을 줄일 수 있다.
답 ②

Q054

승객이 '이 길 맞아요?'라며 의심한다. 가장 적절한 응대는?

① 승객이 요청하지 않았는데도 유료도로·우회로를 고집한다.
② 현재 경로와 이유(교통량/신호/유료도로 여부)를 짧게 설명하고 원하면 경로를 즉시 조정한다.
③ 승객의 질문을 무시하고 불쾌한 표현으로 응대한다.
④ 요금이 적을 것 같다는 이유로 승차를 거부한다.

해 설명과 선택권 제공이 갈등을 낮춘다.
답 ②

Q055

승객이 차량 높이가 불편하다고 한다. 올바른 지원은?

① 승객이 착석하기 전에 출발한다.
② 안전한 정차 후 탑승 자세를 안내하고 필요한 경우 손을 빌려준다.
③ 승하차 위치를 안전 확인 없이 급하게 정한다.
④ 보행 보조기구/휠체어를 이유로 승차를 거부한다.

해 승하차 편의 제공이 좋다.
답 ②

Q056

불만을 말하는 승객에게 갈등을 줄이는 응대 방식으로 가장 알맞은 것은?

① 승객 탓으로 돌리는 표현을 먼저 한다
② 핵심을 한 문장으로 요약해 확인한 뒤 대안을 제시한다
③ 상대 말이 끝나기 전에 결론을 단정한다
④ 농담으로 분위기를 바꾸려 계속 말을 건다

해 요약 확인은 오해를 줄이고, 가능한 대안을 제시하면 갈등이 낮아진다.
답 ②

Q057

승객이 도착 후 차 문을 세게 닫으며 불만을 표출한다. 올바른 대응은?

① 감정 대응을 피하고 필요한 안내만 한 뒤 상황을 정리한다.
② 위험하더라도 빨리 끝내려 과속·급가속한다.
③ 승객을 흥분시키는 말로 맞받아친다.
④ 언성을 높여 제압하려 한다.

해 불필요한 갈등 확대를 피한다.
답 ①

Q058

보행이 불편한 승객이 비 오는 날 내리려 한다. 올바른 행동은?

① 승하차 위치를 안전 확인 없이 급하게 정한다.
② 짐을 싣는 과정에서 교통 흐름을 무시하고 위험하게 정차한다.
③ 미끄럼을 고려해 안전한 지점에 정차하고 천천히 하차하도록 돕는다.
④ 보행 보조기구/휠체어를 이유로 승차를 거부한다.

해 악천후에는 위험이 커진다.
답 ③

Q059

승객이 목적지 도착 후 요금을 지불하지 않으려 한다. 올바른 대응은?

① 감정 대응을 피하고, 안전을 확보한 상태에서 절차(신고/증빙 확보)를 따른다.
② 차문을 잠가 승객을 강제로 통제한다.
③ 승객을 흥분시키는 말로 맞받아친다.
④ 위험하더라도 빨리 끝내려 과속·급가속한다.

해 안전 확보 후 절차 대응이 원칙이다.
답 ①

Q060

미터기 요금과 앱 예상요금이 다르다. 올바른 대응은?

① 분실·오류를 이유로 결제내역 확인을 해주지 않는다.

② 요금 변경·할증을 안내하지 않고 사후 통보한다.

③ 실제 요금은 미터 기준이며, 차이가 생기는 이유(교통/우회/통행료)를 설명한다.

④ 미터기 요금과 무관하게 임의로 금액을 부른다.

해 기준을 분명히 하면 오해가 줄어든다.

답 ③

Q061

다음 중 서울아산병원이 위치한 자치구는?

① 광진구　　　　　② 송파구
③ 서초구　　　　　④ 강남구

해 서울아산병원은 송파구 풍납동(아산병원사거리 인근)에 있다.

답 ②

Q062

다음 중 강남구의 주요 간선도로로 보기 어려운 것은?

① 도산대로　　　　② 테헤란로
③ 논현로　　　　　④ 올림픽대로

해 올림픽대로는 강남구의 간선도로 목록에 포함되지 않는다.

답 ④

Q063

다음 중 노원구의 주요 간선도로로 보기 어려운 것은?

① 능동로　　　　　② 동일로
③ 월계로　　　　　④ 동부간선도로

해 능동로는 노원구의 간선도로 목록에 포함되지 않는다.

답 ①

Q064　　　　　　　　　　[서울동부지방검찰청]

다음 장소의 소재지(구)으로 가장 알맞은 것은?

① 강서구　　　　　② 송파구
③ 마포구　　　　　④ 서초구

해 서울동부지방검찰청의 소재지(구)는 송파구이다.

답 ②

Q065

다음 중 장흥유원지(장흥 관광지구)와 관련이 깊은 도시는?

① 김포시　　　　　② 파주시
③ 안성시　　　　　④ 양주시

해 장흥유원지는 양주시 장흥면 일대다.

답 ④

Q066

간선도로 [수인로(수인산업도로)]의 통과구간(주요 경유지)에 포함되는 행정구역은?

① 여주시 ② 인천시
③ 시흥시 ④ 안산시

해 수인로(수인산업도로)는(은) 인천시, 시흥시, 안산시, 수원시 등을 통과하는 노선으로 정리된다.
답 ③

Q067

[인천국제공항]

다음 장소의 시/군으로 가장 알맞은 것은?

① 포천시 ② 평택시
③ 파주시 ④ 가평군

해 평택역의 시/군은(는) 평택시이다.
답 ②

Q068

[인천국제공항]

다음 장소의 소재지(구/군)으로 가장 알맞은 것은?

① 중구 ② 강화군
③ 남동구 ④ 옹진군

해 인천국제공항의 소재지(구/군)은(는) 중구이다.
답 ①

Q069

[경인교육대학교]

다음 대학교(캠퍼스)의 소재지로 가장 알맞은 것은?

① 연수구 ② 동구
③ 계양구 ④ 남동구

해 경인교육대학교는(은) 계양구에 속한다.
답 ③

Q070

[인천항 국제여객터미널]

다음 장소의 소재지(구/군)으로 가장 알맞은 것은?

① 서구 ② 남동구
③ 미추홀구 ④ 연수구

해 인천항 국제여객터미널의 소재지(구/군)은(는) 연수구이다.
답 ④

모의고사 2회

Q001

택시운전자가 정당한 사유 없이 승객의 승차를 거부했다. 가장 알맞은 평가는?

① 정상 영업행위다
② 운수종사자 준수사항 위반 소지가 있다
③ 민사만 문제되고 행정제재는 없다
④ 승객이 단거리면 거부할 수 있다

📖 정당한 사유 없는 승차거부는 운수종사자 준수사항 위반으로 제재 대상이 될 수 있다.

답 ②

Q002

택시운전업무 종사자격의 기본 연령 기준으로 가장 알맞은 것은?

① 18세 이상　　② 19세 이상
③ 20세 이상　　④ 21세 이상

📖 택시 운전업무 종사자격 요건은 기본적으로 만 20세 이상이 핵심이다.

답 ③

Q003

택시요금을 미터기 없이 임의로 요구했다. 가장 알맞은 평가는?

① 승객이 동의하면 항상 가능하다
② 부당요금(요금부정)으로 제재 대상이 될 수 있다
③ 미터기는 권장사항이라 위반이 아니다
④ 도로교통법상 중앙선 침범에 해당한다

📖 택시요금은 미터기 사용과 절차 준수가 원칙이며 임의 요금 요구는 위반 소지가 크다.

답 ②

Q004

운전석 좌우 옆면 창유리 가시광선 투과율 기준으로 가장 알맞은 것은?

① 30% 이상　　② 40% 이상
③ 50% 이상　　④ 70% 이상

📖 앞면 창유리는 70% 이상, 운전석 좌우 옆면 창유리는 40% 이상이 기준으로 정리된다.

답 ②

Q005

운전면허 정지 처분이 시작되는 처분벌점 기준으로 가장 알맞은 것은?

① 30점 이상　　　② 35점 이상
③ 40점 이상　　　④ 50점 이상

해 1회의 위반·사고로 인한 처분벌점이 40점 이상이면 면허정지 산정이 시작된다.

답 ③

Q006

운전면허 취소 누산점수 기준(대표 표기)으로 옳은 것은?

① 1년 100점 / 2년 200점 / 3년 300점
② 1년 121점 / 2년 201점 / 3년 271점
③ 1년 120점 / 2년 180점 / 3년 240점
④ 1년 90점 / 2년 180점 / 3년 270점

해 위반·사고로 쌓이는 누산점수가 기준을 넘으면 면허 취소 대상이 될 수 있다.

답 ②

Q007

음주운전 금지 기준(혈중알코올농도)으로 가장 알맞은 것은?

① 0.01% 이상　　　② 0.02% 이상
③ 0.03% 이상　　　④ 0.05% 이상

해 시험에서는 혈중알코올농도 0.03% 이상을 기본 음주운전 금지 기준으로 안내한다.

답 ③

Q008

교통사고 벌점 산정에서 '사망'으로 보는 시간 기준으로 가장 알맞은 것은?

① 24시간 이내　　　② 48시간 이내
③ 72시간 이내　　　④ 96시간 이내

해 벌점 산정에서 사망은 사고 발생 시점부터 72시간 이내 사망한 경우로 본다.

답 ③

Q009

교통사고처리특례법의 '중대법규 12개'에 포함되는 것으로 가장 알맞은 것은?

① 서행 의무 위반　　　② 안전거리 미확보
③ 제한속도 20km/h 초과　　④ 전방주시 태만

해 제한속도 20km/h 초과는 중대법규 12개 항목에 포함되는 대표 위반이다.

답 ③

Q010

택시운전업무 종사자격 요건과 관련해 가장 알맞은 조합은?

① 제2종 보통 이상 + 만 20세 이상 + 운전경력 1년 이상 + 운전적성정밀검사 적합 등
② 제1종 대형 + 만 18세 이상 + 운전경력 6개월 이상 + 시력검사만
③ 제2종 소형 + 만 19세 이상 + 운전경력 2년 이상 + 교육이수
④ 면허만 있으면 나이·검사와 무관

해 연령·경력·검사 적합 등 복합요건 프레임으로 출제된다.

답 ①

Q011

황색 점멸 신호등이 켜진 교차로에서 운전자의 올바른 행동은?

① 무조건 일시정지 후 진행한다
② 경적을 울리며 빠르게 통과한다
③ 서행하며 좌우 안전을 확인하고 진행한다
④ 적색 신호와 동일하게 정지한다

해 황색 점멸은 주의 신호로, 속도를 줄이고 좌우 안전을 확인하며 진행하는 것이 원칙이다.

답 ③

Q012

택시운전자가 승객의 카드 결제를 거부하고 현금 결제만 요구했다. 가장 알맞은 평가는?

① 합승 강요에 해당한다
② 카드·영수증 제공 의무 관련 위반 소지가 있다
③ 교통사고처리특례법의 중대법규 위반이다
④ 자동차 검사 유효기간 경과 운행에 해당한다

해 결제 수단·영수증 제공을 정당한 사유 없이 거부하면 준수사항 위반으로 제재 대상이 될 수 있다.

답 ②

Q013

교통사고로 사람이 다쳤다. 운전자의 올바른 초동조치로 가장 알맞은 것은?

① 연락처만 남기고 현장을 떠난다
② 즉시 정차 → 부상자 구호 → 2차 사고 방지 → 신고(경찰·119) 순으로 조치한다
③ 보험사에만 연락하면 된다
④ 현장 사진만 찍고 신고는 나중에 한다

해 인명피해 사고는 구호와 현장 안전 확보가 우선이며 필요한 신고 의무를 지체 없이 이행해야 한다.

답 ②

Q014

택시 서비스 분쟁을 줄이는 가장 기본적인 행동으로 알맞은 것은?

① 목적지는 모호하게 듣고 출발한다
② 출발 전에 목적지 확정 + 유료도로 포함 여부 + 예상 소요를 간단히 확인한다
③ 도착 후에만 경로를 설명한다
④ 승객이 묻기 전에는 안내하지 않는다

해 사전 확인(목적지·경로·유료도로 여부)이 경로·요금 분쟁을 크게 줄인다.

답 ②

Q015

사업용자동차 표시(표시등·표지 등)에 관한 설명으로 옳은 것은?

① 표시는 선택사항이며 소비자와 무관하다
② 사업용 표시를 하지 않으면 법령 위반으로 제재 대상이 될 수 있다
③ 표시는 고속도로에서만 필요하다
④ 표시는 개인택시에만 적용된다

해 사업용 표시 의무는 이용자 보호와 관리·감독 목적이 있어 미이행 시 제재 대상이 될 수 있다.

답 ②

Q016

운송사업자가 운수종사자를 지도·감독해야 할 내용으로 가장 알맞은 것은?

① 승객의 사생활을 캐묻도록 적극 권장한다
② 정류소 질서 준수 및 안전운전·사고조치 준수
③ 정당한 사유 없는 승차거부를 허용한다
④ 요금 협상을 적극 권장한다

해 운송사업자는 운수종사자의 안전·질서·사고조치 등 준수사항을 지도·감독해야 한다.

답 ②

Q017

'정차'의 설명으로 옳은 것은?

① 운전자가 5분을 초과하지 않고 차를 정지시키는 것으로 주차 외의 정지 상태
② 승객 대기·화물 적재 등으로 차를 계속 정지 상태에 두는 것
③ 운전자가 차에서 떠나 즉시 운전할 수 없는 상태로 두는 것
④ 통행방법·통행구분 등 지시를 알리는 표지

해 정차는 5분을 초과하지 않는 주차 외 정지 상태로 정리된다.

답 ①

Q018

'주차'에 해당하는 사례로 가장 알맞은 것은?

① 승객 승하차를 위해 잠시 멈춤
② 5분 이내 잠시 정지
③ 승객 대기·화물 적재·고장 등으로 계속 정지 상태에 두거나 운전자가 떠나 즉시 운전할 수 없는 상태
④ 신호대기

해 주차는 계속 정지 또는 운전자가 차에서 떠나 즉시 운전 불가 상태를 포함한다.

답 ③

Q019

여객운송에서 '운송약관'의 역할로 가장 알맞은 것은?

① 운전면허를 발급하기 위해
② 사업자와 이용자 간 권리·의무, 운송 조건 등을
   정해 분쟁을 예방하기 위해
③ 항공기 운항을 통제하기 위해
④ 도로를 건설하기 위해

해 운송약관은 이용자 보호를 위해 운송 조건과 책임 범위를 정해 분쟁을 예방하는 역할을 한다.

답 ②

Q020

운전적성정밀검사(신규검사)와 시험 절차의 관계로 옳은 것은?

① 시험 합격 후 1개월 이내에만 적합 판정이면 된다
② 시험 접수 단계에서 신규검사 기준 적합 여부가
   요구될 수 있다
③ 검사 적합 여부는 시험과 무관하다
④ 검사는 지리 과목에만 적용된다

해 택시운전자격시험은 접수/요건 단계에서 운전적성정밀검사 적합 판정을 요구하는 프레임으로 출제된다.

답 ②

Q021

비가 내려 노면이 젖어 있는 경우 감속 기준으로 가장 알맞은 것은?

① 감속 없이 제한속도 유지
② 최고속도의 10% 감속
③ 최고속도의 20% 감속
④ 최고속도의 50% 감속

해 노면이 젖은 경우 최고속도의 20% 감속(=80% 운행) 기준을 적용한다.

답 ③

Q022

폭우·폭설·안개 등으로 가시거리가 100m 이내인 경우 감속 기준으로 옳은 것은?

① 최고속도의 20% 감속
② 최고속도의 30% 감속
③ 최고속도의 50% 감속
④ 감속 기준 없음(제한속도 유지)

해 가시거리 100m 이내(폭우·폭설·안개 등)에는 최고속도의 50% 감속 기준을 적용한다.

답 ③

Q023

결빙·적설 20mm 이상 구간에서 감속 기준으로 옳은 것은?

① 최고속도의 10% 감속　② 최고속도의 20% 감속
③ 최고속도의 30% 감속　④ 최고속도의 50% 감속

해 결빙·적설 20mm 이상은 최고속도의 50% 감속 기준을 적용한다.

답 ④

Q024

출발 전 점검(3대) 항목 조합으로 가장 알맞은 것은?

① 타이어 / 등화 / 브레이크 감각
② 블랙박스 / 라디오 / 향수
③ 실내조명 / 내비 업데이트 / 음료
④ 시트커버 / 바닥매트 / 스피커

🔠 출발 전 기본 3대 점검은 타이어·등화·브레이크 감각
이다.
🄰 ①

Q025

제동 시 차량이 한쪽으로 쏠리는 느낌이 반복된다. 가장 적절한 대응은?

① 정상일 수 있으니 그대로 운행한다
② 속도를 올려 원인을 더 확인한다
③ 안전한 곳에 정차 후 점검·정비를 받는다
④ 핸들을 강하게 잡아당기며 계속 운행한다

🔠 브레이크 불균형이나 타이어 문제 등 가능성이 있어
안전 확보 후 점검이 필요하다.
🄰 ③

Q026

주행 중 배터리 경고등이 점등됐다. 가장 가능성이 큰 원인으로 알맞은 것은?

① 연료탱크 과충전   ② 충전(발전) 계통 이상
③ 타이어 공기압 과다   ④ 에어컨 필터 막힘

🔠 배터리 경고등은 발전기·벨트 등 충전 계통 이상을
의심하는 것이 일반적이다.
🄰 ②

Q027

안개 등 시야가 제한된 상황에서 등화 사용 원칙으로 가장 알맞은 것은?

① 상향등을 계속 켠다
② 전조등을 끄고 비상등만 켠다
③ 하향등(필요 시 안개등)을 켜고 감속·차간거리 확보
④ 라이트를 껐다 켰다 반복한다

🔠 시야 제한 시 상향등 반사로 더 안 보일 수 있어 하향
등 중심으로 운용한다.
🄰 ③

Q028

수막현상(핸들이 가볍고 차가 뜨는 느낌)이 발생했다. 가장 안전한 행동은?

① 가속해 접지를 회복한다
② 급브레이크를 밟아 멈춘다
③ 핸들을 크게 꺾어 차선을 유지한다
④ 가속 페달을 떼고 직진을 유지하며 속도가 자연스
럽게 줄도록 한다

🔠 급제동·급조향은 위험하므로 가속을 풀고 직진 유지
로 자연 감속한다.
🄰 ④

Q029

ABS 장착 차량이 미끄러운 노면에서 긴급 제동이 필요하다. 올바른 제동 방법은?

① 브레이크 페달을 강하게 밟은 상태로 유지하며 조향은 부드럽게 한다
② 브레이크를 펌핑하며 천천히 밟는다
③ 주차브레이크를 당겨 제동한다
④ 중립으로 놓고 관성으로 내려간다

🔲 ABS는 바퀴 잠김을 방지하므로 페달을 꾸준히 밟아 작동을 유지하는 것이 기본이다.
🔲 ①

Q030

사고 현장에서 뒤차 추돌을 줄이기 위한 조치로 가장 알맞은 것은?

① 차도에 서서 손짓으로 뒤차를 막는다
② 비상등을 켜고 안전표지를 설치해 후방에 사고를 알린다
③ 경적을 계속 울리며 차량 옆에 서 있는다
④ 상대 차량을 먼저 사진 촬영한 뒤 조치한다

🔲 후속 차량이 일찍 인지하도록 비상등·안전표지 등으로 존재를 알리고, 필요 시 안전지대로 이동하는 것이 핵심이다.
🔲 ②

Q031

사고 직후 4단계(순서)로 가장 알맞은 것은?

① 탈출 → 인명구조 → 후방방호 → 신고·대기
② 신고·대기 → 후방방호 → 인명구조 → 탈출
③ 인명구조 → 후방방호 → 탈출 → 신고·대기
④ 후방방호 → 탈출 → 신고·대기 → 인명구조

🔲 사고 직후 기본 흐름은 탈출-구호-2차사고 방지-신고/대기다.
🔲 ①

Q032

출혈이 심한 부상자에게 가장 우선적인 처치는?

① 상처를 계속 문지른다　② 직접 압박 지혈
③ 음료를 제공한다　　　④ 상처를 말린다

🔲 출혈은 생명을 위협할 수 있어 직접 압박 지혈이 최우선이다.
🔲 ②

Q033

의식이 없거나 구토하는 부상자를 발견했다. 가장 알맞은 처치는?

① 바로 눕힌다
② 옆으로 눕혀 기도 확보
③ 바로 앉힌다
④ 찬물을 마시게 한다

🔲 질식 예방을 위해 옆으로 눕혀 기도를 확보한다(119 신고 우선).
🔲 ②

Q034

성인 CPR 기본 비율로 알맞은 것은?

① 10 : 1　　　　② 20 : 2
③ 30 : 2　　　　④ 50 : 5

해 가슴압박 30회 후 인공호흡 2회(30 : 2)가 기본이다.
답 ③

Q035

성인 CPR 가슴압박 속도로 알맞은 것은?

① 분당 60~80회　　　　② 분당 80~90회
③ 분당 100~120회　　　④ 분당 140~160회

해 가슴압박은 분당 100~120회 정도 속도로 실시한다.
답 ③

Q036

결제 단말기 네트워크가 불안정하다. 올바른 대응은?

① 결제 오류가 나면 승객에게 책임을 전가한다
② 재시도하며 진행 상황을 공유하고 다른 결제 방법
　을 준비한다
③ 카드결제 단말기 점검을 미루고 현금만 받는다
④ 영수증 발급을 거부한다

해 상황 공유와 대체 결제수단 안내가 분쟁을 줄인다.
답 ②

Q037

LPG 누출 여부를 확인할 때 가장 안전한 방법은?

① 라이터로 누출 부위를 확인한다
② 전기 스위치를 켰다 껐다 하며 확인한다
③ 비눗물(거품)로 연결부 기포 발생 여부를 확인한다
④ 밀폐된 공간에서 냄새를 맡는다

해 점화원 사용 금지, 비눗물로 기포 확인이 대표 안전
　방법이다.
답 ③

Q038

**야간 주행 시 가장 바람직한 속도 운용으로 알맞은 것
은?**

① 주간과 동일하게 제한속도를 유지한다
② 전조등 범위 안에서 정지 가능한 범위로 감속한다
③ 뒤차가 있으니 가속한다
④ 차로를 자주 바꿔 빠르게 간다

해 야간은 발견 지연이 있어 정지 가능 거리 내 속도 운용
　이 원칙이다.
답 ②

Q039

차로 변경의 올바른 순서로 알맞은 것은?

① 신호 → 거울/사각 확인 → 부드럽게 변경
② 핸들을 먼저 돌린다
③ 경적 → 급가속 → 변경
④ 뒤차가 비키면 바로 끼어든다

해 방향지시등으로 의사를 알리고 거울·사각 확인 후 여유
　공간에서 변경한다.
답 ①

Q040

대형차가 우회전하려는 상황에서 가장 안전한 행동으로 알맞은 것은?

① 대형차 우측에 바짝 붙어 함께 우회전한다
② 대형차의 회전 궤적을 고려해 충분한 거리를 두고 진행한다
③ 대형차 앞쪽으로 무리하게 끼어든다
④ 대형차 옆에서 오래 나란히 주행한다

해 대형차는 회전 시 궤적이 크고 사각이 넓어 끼임 사고 위험이 크므로, 안전거리 확보가 안전하다.
답 ②

Q041

승객이 '빠른 길로 가주세요'라고 말한다. 가장 적절한 응대는?

① 출발 전에 유료도로 포함 여부와 예상 소요를 간단히 확인한다
② 확인 없이 대충 아는 길로 간다
③ 승객이 항의하면 언성을 높인다
④ 목적지를 듣지 않고 출발한다

해 경로·요금에 영향이 있으니 출발 전 확인이 분쟁을 줄인다.
답 ①

Q042

승객이 탑승했지만 목적지를 바로 말하지 않고 통화 중이다. 가장 바람직한 응대는?

① 목적지 없이 출발한다
② 통화가 끝나면 목적지를 다시 확인하겠다고 안내하고 안전하게 대기한다
③ 통화 내용을 듣고 목적지를 추측해 출발한다
④ 목적지를 말할 때까지 재촉한다

해 승객 상황을 존중하면서도 목적지 확인은 반드시 필요하다.
답 ②

Q043

승객이 목적지를 말했지만 발음이 불명확해 오해가 우려된다. 가장 좋은 대응은?

① 아는 대로 판단해 출발한다
② 목적지를 반복 확인하고 필요하면 지도·건물명·주소로 교차확인 후 출발한다
③ 승객이 알아서 방향을 지시하도록 기다린다
④ 내비 첫 검색 결과로 출발한다

해 목적지 재확인이 오인 운행과 분쟁을 막는다.
답 ②

Q044

승객이 '이 길 맞아요?'라며 의심한다. 가장 적절한 응대는?

① 질문을 무시한다
② 현재 경로와 이유를 짧게 설명하고 원하면 경로를 즉시 조정한다
③ 불쾌한 표현으로 맞대응한다
④ 유료도로·우회로를 고집한다

해 설명과 선택권 제공이 갈등을 낮춘다.
답 ②

Q045

승객이 '현금이 없는데 계좌이체로 될까요?'라고 한다. 올바른 대응은?

① 바로 승차를 거부한다
② 가능한 결제수단을 안내하고 현장에서 합리적으로 해결한다
③ 현금만 요구한다
④ 요금을 깎아 주며 합의한다

해 결제 분쟁은 대안을 안내해 조정하는 것이 좋다.
답 ②

Q046

승객이 단거리 이동을 요청한다. 적절한 태도는?

① 단거리라 불친절하게 응대한다
② 단거리라도 동일하게 친절히 응대하고 안전한 승하차를 우선한다
③ 단거리면 승차를 거부한다
④ 단거리는 추가요금을 받는다

해 단거리 승차거부는 민원·처분 리스크가 커 금지되는 편이다.
답 ②

Q047

할증이 적용되는 시간대에 승객이 이유를 묻는다. 가장 적절한 응대는?

① '원래 그렇다'고만 말한다
② 할증 적용 시간/기준을 간단히 안내하고 영수증 표시 항목을 설명한다
③ 질문을 무시한다
④ 영수증 발급을 거부한다

해 기준 안내와 영수증 설명이 오해를 줄인다.
답 ②

Q048

승객이 목적지 도착 직전에 '여기 말고 한 블록 더'라고 요청한다. 올바른 대응은?

① 즉시 급정지한다
② 교통 흐름을 해치지 않는 범위에서 가능한지 확인 후 안전한 지점에서 반영한다
③ 요청을 무시한다
④ 언성을 높여 대응한다

해 추가 이동은 안전과 교통 흐름을 우선으로 판단한다.
답 ②

Q049

분실물 민원을 줄이기 위한 하차 직전 운수종사자 습관으로 가장 적절한 것은?

① 도착하면 바로 출발한다
② 하차 안내와 함께 좌석·바닥에 물건이 없는지 확인 부탁드립니다라고 안내한다
③ 분실물은 어쩔 수 없으니 신경 쓰지 않는다
④ 승객이 내리면 즉시 문을 닫는다

해 하차 직전 5초 안내가 분실 민원을 크게 줄인다.
답 ②

Q050

분실물에서 신분증·카드가 나왔다. 올바른 처리 방법은?

① 사진을 찍어 SNS에 올린다
② 개인정보가 보이지 않게 보관하고 절차에 따라 신고·인계한다
③ 운전자가 임의로 집에 가져가 보관한다
④ 바로 폐기한다

㉻ 신분증·카드는 개인정보가 포함되어 노출 자체가 위험하므로 절차대로 인계한다.
답 ②

Q051

외국인 승객과 의사소통이 어렵다. 가장 적절한 대응은?

① 의사소통이 안 되니 승차를 거부한다
② 간단한 문장과 번역 앱·지도 화면으로 목적지와 경로를 확인한다
③ 큰 소리로 한국말을 반복한다
④ 승객이 내비를 조작하게 한다

㉻ 핵심은 목적지 확정이며 번역 앱과 지도 화면이 오해를 줄인다.
답 ②

Q052

외국인 승객이 유료도로 이용을 꺼린다. 올바른 대응은?

① 무조건 유료도로로 간다
② 무료도로 경로를 선택하고 소요 시간이 늘 수 있음을 안내한다
③ 추가요금을 요구한다
④ 설명 없이 우회한다

㉻ 경로는 합의가 원칙이며, 대안 제시가 신뢰를 만든다.
답 ②

Q053

승객이 하차하며 '별점 낮게 줄 거예요'라고 말한다. 가장 바람직한 응대는?

① 맞대응하며 승객을 비난한다
② 불편이 무엇이었는지 짧게 확인하고 사과할 부분은 사과한 뒤 개선 의지를 전한다
③ 평가를 바꾸면 할인해주겠다고 제안한다
④ 아무 말 없이 출발한다

㉻ 감정 상황에서는 짧은 확인-사과-개선이 갈등을 낮춘다.
답 ②

Q054

승객이 차량 내에서 담배를 피우려 한다. 가장 적절한 응대는?

① 창문만 열면 괜찮다며 허용한다
② 정중히 차량 내 금연을 안내하고 필요하면 안전한 곳에 정차해 해결한다
③ 불쾌하니 바로 언성을 높인다
④ 요금을 더 내면 허용한다

해 차량 내 금연 안내는 위생·안전·민원 예방과 연결된다.
답 ②

Q055

승객이 목적지 도착 후 요금을 지불하지 않으려 한다. 올바른 대응은?

① 차문을 잠가 강제로 통제한다
② 감정 대응을 피하고 안전을 확보한 상태에서 절차(신고/증빙 확보)를 따른다
③ 승객을 폭언으로 제압한다
④ 급출발로 현장을 이탈한다

해 안전 확보 후 절차 대응이 원칙이며, 무리한 대응은 위험을 키운다.
답 ②

Q056

승객 하차 시 도어링 사고를 줄이는 안내로 알맞은 것은?

① 빨리 내리라고 재촉한다
② 뒤차(자전거·오토바이) 확인 후 문 열도록 안내한다
③ 차도 쪽으로 바로 내리게 한다
④ 문을 확 열어준다

해 후방 차량·자전거 확인 안내가 도어링 사고를 줄인다.
답 ②

Q057

요금·경로 분쟁 예방을 위한 출발 전 확인으로 가장 알맞은 것은?

① 우회 사유 + 예상 소요 + 유료도로 포함 여부를 출발 전에 확인한다
② 도착 후에만 설명한다
③ 승객이 묻지 않으면 숨긴다
④ 요금은 기사 재량으로 바꾼다

해 출발 전 확인이 분쟁을 줄이는 핵심이다.
답 ①

Q058

승객이 '기사님 번호 좀 주세요'라고 한다. 개인정보 관점에서 적절한 대응은?

① 개인번호를 바로 제공한다
② 공식적으로 제공 가능한 문의 경로를 안내하고 개인 연락처 제공은 신중히 한다
③ 거칠게 거절한다
④ 번호를 주는 대신 요금을 더 받는다

해 개인 연락처 제공은 분쟁·사생활 침해 위험이 있어 공식 채널 안내가 안전하다.
답 ②

Q059

차량 내 블랙박스 영상 제공 요청을 받았다. 가장 적절한 대응은?

① 즉시 영상을 전송한다
② 제공 가능 여부는 절차(요청 주체·법적 근거 등)에 따라 달라짐을 안내하고 공식 절차로 안내한다
③ 무조건 제공을 거부한다
④ SNS에 공개한다

해 영상 정보는 임의 제공을 피하고 절차에 따라 제공 여부를 판단한다.

답 ②

Q060

민원 대응 4단계로 가장 알맞은 것은?

① 사과 → 사실 확인 → 해결안 제시 → 마무리
② 사실 확인 → 사과 → 마무리 → 해결안 제시
③ 해결안 제시 → 사과 → 사실 확인 → 마무리
④ 사과 → 마무리 → 사실 확인 → 해결안 제시

해 표준 흐름을 암기해 실전에서 일관되게 대응하는 것이 중요하다.

답 ①

Q061

다음 중 '서울' 교통거점 조합으로 가장 알맞은 것은

① 김포국제공항-강서구 / SRT 수서역-강남구
② 인천국제공항-중구 / 김포공항-부평구
③ 광명KTX역-파주시 / 킨텍스-수원시
④ 송도센트럴파크-동구 / 청라-연수구

해 김포국제공항은 서울 강서구, SRT 수서역은 서울 강남구로 정리된다.

답 ①

Q062

다음 중 '인천 중구'와 가장 관련이 깊은 조합은?

① 인천국제공항 / 월미도(월미권)
② 송도 센트럴파크 / 인천대 송도캠퍼스
③ 청라국제도시 / 검단신도시
④ 소래포구 / 인천대공원

해 인천국제공항과 월미권(월미도)은 인천 중구 축으로 자주 출제된다.

답 ①

Q063

다음 중 '경기도 파주시'와 가장 관련이 깊은 것은?

① 임진각·평화누리공원　　② 두물머리
③ 에버랜드　　　　　　　④ 산정호수

해 임진각·평화누리공원은 파주시 대표 키워드다.

답 ①

Q064

동명 함정에 해당하는 조합으로 가장 알맞은 것은?

① 광명(시) vs 광주(경기)
② 송파구 vs 송도(연수구)
③ 중구 vs 중랑구
④ 서구(인천) vs 강서구(서울)

해 서구(인천)와 강서구(서울)는 시·도부터 구분하는 단골 함정이다.

답 ④

Q065

다음 중 '송도'와 가장 관련이 깊은 자치구는?

① 연수구   ② 남동구
③ 서구   ④ 부평구

해 송도국제도시는 인천 연수구(송도동)로 고정 출제되는 편이다.

답 ①

Q066

다음 중 '경기도 광명시'와 가장 관련이 깊은 시설은?

① 광명KTX역   ② 수원역
③ 오산역   ④ 평택항

해 광명KTX역은 광명시 대표 교통거점이다.

답 ①

Q067

다음 중 '서울 서초구'와 가장 관련이 깊은 조합은?

① 대법원/서울고속버스터미널
② 국회의사당/여의도공원
③ 코엑스/봉은사로
④ 김포공항/공항대로

해 대법원(서초동 법원단지)과 고속터미널은 서초구 축이다.

답 ①

Q068

다음 중 '인천 서구'와 가장 관련이 깊은 조합은?

① 청라국제도시 / 검단권
② 송도국제도시 / 컨벤시아
③ 소래포구 / 인천대공원
④ 부평역 / 부평공원

해 청라·검단은 인천 서구 핵심 키워드다.

답 ①

Q069

다음 중 '경기도 하남시'와 가장 관련이 깊은 것은?

① 미사경정공원(미사리 권역)
② 두물머리
③ 산정호수
④ 헤이리 예술마을

해 미사리 권역(미사경정공원)은 하남시 대표 키워드다.

답 ①

Q070

다음 중 '서울 영등포구'와 가장 관련이 깊은 것은?

① 국회의사당   ② 동서울종합터미널
③ 서울고속버스터미널   ④ 코엑스

해 국회의사당은 영등포구(여의도)로 자주 출제된다.

답 ①

NOTES

NOTES

NOTES

2026 100% 무료강의 유튜버 이영민의 택시운전자격시험

직전 3일 완성 요약＋문제 - 서울,경기,인천지역 -

초판 발행 2026년 3월 5일

발행처 인성재단(지식오름)

발행인 조순자

편저자 이영민

편집디자인 장영은

※ 낙장이나 파본은 교환해 드립니다.
※ 이 책의 무단 전재 또는 복제행위는 저작권법 제136조에 의거하여 처벌을 받게 됩니다.

정 가 13,000원   **ISBN** 979-11-7491-098-1